Magie und Mystik im 3. Jahrtausend

Emil Stejnar

DAS SCHUTZENGELBUCH

Wie erlangt man Kontakt mit höheren Wesen

Dieses Buch ist ein Weg und Wege wollen gegangen sein

ibera

Für MARGARETA

die, so wie der Engel aus dem Psalm, mir vierzig Jahre lang die Steine aus dem Weg geräumt und mit Sanftmut jenen Frieden geschaffen hat, der Fundament für unsere Familie und meine Forschungsarbeit war.

MAGIE UND MYSTIK
IM 3. JAHRTAUSEND

DAS SCHUTZENGELBUCH

Wie erlangt man Kontakt mit höheren Wesen

von EMIL STEJNAR

ibera verlag, wien

Der Verlag dankt EMIL STEJNAR dafür, dass er uns sein Lebenswerk zur Veröffentlichung anvertraut hat und es damit einer breiten Öffentlichkeit zugänglich wird.
Emil Stejnar gilt in Fachkreisen als profunder Kenner der Materie, der sein gesamtes Leben der Erforschung und praktischen Anwendung der hermetischen Wissenschaften gewidmet hat.

Die Deutsche Bibliothek – CIP-Einheitsaufnahme
Stejnar, Emil:
Das Schutzengelbuch:
Wie erlangt man Kontakt mit den höheren Wesen / Emil Stejnar.
– Wien: Ibera-Verl., 2007
ISBN 978-3-85052-251-9

1. Auflage
Herstellung: Graphik & Buchdesign
Zeichnungen: Emil Stejnar
Druck: Druckerei Theiss GmbH, A-9431 St. Stefan
ISBN 978-3-85052-251-9

INHALT

VORWORT

In einem Punkt sind sich alle Religionen einig: Es gibt neben Gott auch andere unsichtbare Wesen, die uns helfen, die uns lenken, die uns schützen können, die ENGEL. Sie sind die Wächter des irdischen Glücks und die Wegbereiter zur himmlischen Glückseligkeit. Sie bilden die geistige Hierarchie, in die wir eingebettet sind, und sind die Mittler zwischen Gott und den Menschen.

Dieses Buch handelt davon, wie jeder mit den Engeln in Verbindung treten kann und wie er von ihnen Hilfe bekommt. In diesem Buch wird das Wirken der Engel beschrieben. Für jeden Lebensbereich gibt es einen zuständigen Genius: für Liebe, Gesundheit, Erfolg und Geld. Es wird erklärt, wie man einen Engel um Hilfe bittet und an welchen Engel man sich jeweils wenden soll. Eine einfache Methode ermöglicht es, den Kontakt zu dem gewünschten Engel herzustellen. Was früher nur wenigen Eingeweihten möglich war, gelingt jetzt jedem, der den gezeigten Weg beschreitet. Sobald er die angeführten Gebete, Opfer und Meditationen durchführt, ist er als Pilger aufgenommen in den Bund der Wanderer.

Dieser Bund wurde zwischen den hohen positiven Intelligenzen der Erdgürtelzone und den Menschen geschlossen. Durch das bewusste Zusammenwirken der himmlischen und irdischen Wesen wird den bösen, zerstörenden Mächten, die zur Zeit die menschlichen Bereiche überfluten, Einhalt geboten. Denn jedes durch Engelhilfe geschaffene Erdenglück eines Einzelnen wird als Keim des Friedens allen übrigen Menschen zuteil werden. So beschreibt der Autor für alle Lebensprobleme den jeweils zuständigen Engel, der helfen kann. Aus seiner jahrzehntelangen Praxis als astrologischer Lebensberater weiß er um die häufigsten Sorgen der Menschen Bescheid. Seine Erfahrungen im Verkehr mit den unsichtbaren Intelligenzen beschreibt er in Form von Fallbeispielen, wo er durch ein Amulett mit dem Siegel eines Engels helfen konnte. Die Zitate aus Dankschreiben sind der Beweis für das segensreiche Wirken der Engel.

Persönliche Belehrungen der jeweiligen Engel ergänzen die Beschreibung ihrer Tätigkeit. Dadurch wird jeder in die Lage versetzt, von sich aus sein Leben mitzugestalten. Durch diese bewusste Zusammenarbeit zwischen den Schutzengeln und den Menschen ist eine optimale Hilfe möglich.

Auf diese Weise wurde ein völlig neues Lebenshilfebuch geschaffen. Die Gesetze des Erfolgs und irdischen Glücks, aus der Sicht der Engel beschrieben, lassen vieles in einem neuen Licht erscheinen. Ein Weg wird gewiesen, der in geistige Bereiche führt. Ohne religiöse Dogmen und ohne den ungewissen Zwang magischer Beschwörungsformeln findet man in der Gemeinschaft mit den Engeln Trost und Hilfe.

Das Buch zeigt bisher unbekannte Möglichkeiten und streng geheime Methoden, erstmals unverschlüsselt, auf. Die Zeit ist reif dafür und auch der Mensch. Dieses Buch schließt damit die Lücke zwischen Religion, Magie und Mystik.

Es ist notwendig, dass sich die Menschen wieder auf geistige Werte besinnen. Statt ethischer Grundhaltung und Verantwortungsbewusstsein bestimmt kriminelle Selbstbereicherung das Handeln der Manager in den Führungsgremien in Politik, Wirtschaft, Industrie und Banken.

Die Welt wird heute fast ausschließlich von Kriminellen, Mördern, Betrügern oder korrupten machthungrigen Opportunisten, die sich mit ihnen arrangieren, regiert. Wie nie zuvor in der Entwicklung der Menschheit liegt es daher am Einzelnen, ob den geistigen Mächten, die hinter diesen irdischen Handlangern und Marionetten des Bösen stehen, Einhalt geboten werden kann. Keiner soll meinen, dass ihn diese Welt hier nichts mehr angeht, weil ihn doch „drüben" sein Paradies erwarte. Das wäre einfältig, frommer Aberglaube.

Trauer, Schrecken, Angst und Leid, Hass und Wut, Lüge, Gier, Gewalt, Hoffnungslosigkeit, Ausschweifung, Mitleidlosigkeit und Gleichgültigkeit – das sind die Seelenregungen, die heute am häufigsten in den Menschen wachgerufen werden. Seelenregungen sind aber feinstofflicher Natur und nicht von dieser Welt. Es sind die geistigen Bausteine, die das Jenseits formen und seine Bewohner, die Verstorbenen, die Götter und die Geister, aufbauen und ernähren.

Genauso wenig wie man sich hier in der physischen Welt der verpesteten Luft, dem verschmutzten Wasser und den vergifteten Lebensmitteln entziehen kann, kann man sich in der feinstofflichen Welt den Unglücksschemen entziehen, die schon jetzt über den Seelenraum Millionen Leidender das Jenseits belasten. Die geistige Umweltverschmutzung ist eine Angelegenheit des Geistes und keineswegs auf die grobstoffliche Ebene beschränkt. Jeder wird drüben hautnah damit konfrontiert sein. Im Jenseits gibt es neben

Engeln auch Dämonen. Und jeder ist mitschuldig, wenn er mit seinem Seelenmüll das Jenseits verdreckt und diese Schattenmächte nährt, statt dass er seine Seelenwesenszellen, die Gedanken und Gefühle reinigt und seinen Geist bewusst stärkt, solange er noch die Möglichkeit dazu hat.

Mögen dieses Buch und meine andere Bücher der Magie und Mystik dem Leser helfen, sein Leben und sich selbst positiv zu gestalten und im Dienste von Wahrheit, Gerechtigkeit und Mitgefühl ein lebendiger Baustein und ein Mitstreiter für eine bessere Welt im Diesseits und im Jenseits zu sein.

Emil Stejnar
Wien, im Oktober 2007

DIE HIERARCHIEN

Jeder Mensch besitzt auch einen feinstofflichen Körper, die so genannte Seele, welche den physischen Körper durchdringt. Und so wie es die physische Welt gibt, gibt es auch eine feinstoffliche Welt für diesen Seelenkörper. In jener Welt wohnen neben den Verstorbenen auch Wesen, die nie einen Körper hatten: Engel und Dämonen.

So wie sich der Seelenkörper des Menschen mit seinem physischen Leib für die Zeit des Lebens verbunden hat, ihn durchdringt, so durchdringt auch die feinstoffliche Welt die physische. Daher ist jeder Mensch ständig von den verschiedensten unsichtbaren Wesen umgeben, die er zwar nicht sehen kann, die ihn aber doch ohne sein Wissen beschützen, beeinflussen oder gar bedrängen können. Dämonen nannte man die Bösen, und als Schutzengel haben die guten, hilfreichen Wesen Eingang in das Bewusstsein der Menschen gefunden. Dabei kam dem Schutzengel nicht nur die Funktion des Lebensretters zu, wie es oft auf Bildern dargestellt wird. Man erwartete sich Schutz vor allen Gefahren, denen man im Irdischen ausgesetzt ist, besonders aber vor der Versuchung des Bösen.

Die größte Gefahr droht nämlich durch den Absturz der Seele in das Reich der Finsternis. Der erste Schritt dazu ist getan, sobald man sich der inneren Stimme des Gewissens verschließt und egoistischen Regungen nachgibt. Den bösen Mächten geht es dabei gar nicht darum, den Menschen zu schaden, sondern sie versuchen diese einzustimmen, auf ihre Art zu denken und zu fühlen. Dadurch ziehen sie jene Seelen in ihre Nähe und fühlen sich gestärkt bei ihrer zerstörenden und letzten Endes immer leidschaffenden Tätigkeit.

Um zu verhindern, dass die Menschen Schuld auf sich laden und sich so immer tiefer in Leid verstricken, wirken die lichten Mächte, die guten Engel. Sie wahren das Gleichgewicht zwischen Gut und Böse, indem sie den Menschen beistehen in irdischer und geistiger Not.

So gibt es unzählige Intelligenzen, die mit den unterschiedlichsten Fähigkeiten ausgestattet sind. Es gibt Engel, die trösten, beschützen, heilen, beraten, inspirieren, stärken, verklären, beruhigen. Es gibt Engel, die speziell zuständig sind für Rechtsangelegenheiten, Liebe, Frieden, Technik, Medizin, Ehe, Schule, Prüfungen usw. Die einen inspirieren Pharmazeuten, andere wieder Künstler, Techniker oder Landwirte. Spezialbereiche wie zum Beispiel Politik,

Wirtschaft, Religion oder Kunst haben jeweils ihren Vorsteher auf der unsichtbaren Ebene. Jeder Beruf und jedes Handwerk werden von einem dafür bestimmten Engel gefördert.

In der Bibel begegnen uns häufig Engel als Boten Gottes, die Botschaften überbringen, Hoffnungen wecken und Mut schenken. Auch im Neuen Testament wird oft von Engeln berichtet. Unsichtbare Intelligenzen als Vermittler zwischen Mensch und Gott – was auch immer damit bezeichnet wird – findet man in jeder Kulturepoche und Religion. Je nach Intelligenz und Macht werden sie dabei bestimmten Hierarchien zugeordnet. Entsprechend ihren Fähigkeiten haben sie im Evolutionsplan der Schöpfung spezielle Aufgaben zu erfüllen und stehen so den Irdischen näher oder fremd bis hinderlich gegenüber.

Durch seine Gedanken und Charakterschwingung zieht jeder Mensch entsprechende, gleichgesinnte Engel oder Dämonen unbewusst in seine Nähe. Aber auch bewusst und willentlich lässt sich eine Verbindung zu einem Engel herstellen, wenn man dessen Name, Siegel und Charakter kennt. Bisher waren dazu ganz bestimmte geistige und seelische Eigenschaften und Fähigkeiten nötig, die erst mühsam erarbeitet werden mussten. In den alten Tempelschulen wurde dieses Wissen an wenige würdige, auserwählte Priester weitergegeben.

Von abergläubigen Vorstellungen durchsetzt, wird heute die Anrufung der Engel mit der Beschwörung von Geistern verwechselt und völlig missverstanden. Denn eigentlich ist jedes Gebet magisch und eine Anrufung eines Wesens in einer anderen Welt. Wer zu seinem Gott betet: „Vater unser, der du bist im Himmel“, ruft damit die höchste und mächtigste Intelligenz, die für einen Menschen vorstellbar ist und die er sich im Himmel wohnend denkt.

So wie die Erde in Erdteile und Länder räumlich unterteilt ist, kann man sich auch die feinstoffliche Welt, den „Himmel“, in verschiedene Ebenen gegliedert vorstellen. Diese Ebenen durchdringen einander zwar wie Wasser den Badeschwamm, aber deren Bewohner sind durch ihre Eigenschaften an die Ebene gebunden, die ihrem Wesen und Wirken entspricht. Man spricht dabei von Elementargeistern, Engeln, Erzengeln und Genien. Da deren Wirkungsbereiche Analogien zu den bekannten Elemente- und Planetenprinzipien aufweisen, wurde den Sphären auch diese Bezeichnung gegeben.

Ein bestimmter Bereich aus diesen verschiedenen Abteilungen des Himmels ist die so genannte Erdgürtelzone. Diese Ebene ist der irdischen Welt unmittelbar angeschlossen. Die Engel, von denen dieses Buch handelt, sind Bewohner dieser Sphäre und stehen den Menschen besonders nahe. Mit diesen Genien wurde ein Bund geschlossen. Durch die speziellen Anleitungen, die sie für die Wanderer des Bundes gaben, ist es jetzt jedem möglich, mit ihnen ohne besondere „magische“ Fähigkeiten in passiven Kontakt zu kommen. Die wichtigsten von ihnen beschreibe ich in diesem Buch.

Weitere Namen und Siegel dieser Genien sind dem Buch „DIE PRAXIS DER MAGISCHEN EVOKATION“ von Franz Bardon zu entnehmen. Dabei ist zu beachten, dass nur die Engel der Erdgürtelzone auf diese Art erreichbar sind. Die Genien der Sonnen- und Mondhierarchie sind außerdem durch einen bedauerlichen Fehler des Verlages in der Geheimschrift belassen, welche Franz Bardon und seine Freunde für ihre Aufzeichnungen verwendeten. Zwei Engel – CONCARION für die Mondsphäre und BIALOTH für die Sonnensphäre – haben mich auf diesen Fehler aufmerksam gemacht, als ich mich bei meinen okkulten Forschungen mit der Mond- und Sonnenebene beschäftigte. Die entschlüsselten Namen der Mondebene decken sich in Wirklichkeit exakt mit den alten Überlieferungen der 28 Mondstationen, wie sie in verschiedenen okkulten Werken, zum Beispiel von Agrippa von Nettesheim, aufscheinen. Die 45 Sonnenengel dagegen ergeben entschlüsselt bekannte Namen von Fixsternen.

Es handelt sich dabei aber nicht um die Namen der Wesen, sondern die Fixsterne bzw. die Mondstationen erleichtern nur das Auffinden des besten Zeitpunktes für eine Kontaktaufnahme mit diesen Wesen, welche diesem Umraum vorstehen.

Ich gebe nachstehend den Schlüssel dieser Geheimschrift weiter, um endlich diese Fehler, für die Franz Bardon keine Schuld trifft, aus der Welt zu schaffen. Er starb kurz nach Drucklegung seiner Werke in der Tschechoslowakei. Das Manuskript musste damals in den Westen gebracht werden und er hatte offensichtlich nicht mehr die Möglichkeit einer Berichtigung.

Der erste Genius der Sonnenengel lautet bei Bardon EMNASUT, entschlüsselt ergibt sich ALGENIB, das ist ein Fixstern im Tierkreiszeichen Widder der Ekliptik. Der zweite Sonnenengel LUBECH wird entschlüsselt zum Fixstern SIRAH, der dritte heißt nach Bardon TERAS, das ergibt den Fixsternnamen BATEN, ebenfalls im Tierkreiszeichen Widder, usf. Das gleiche gilt für die 28 Mondstationen. Ein A bei Bardon ist richtig als E zu schreiben:

A = E	F = V	LH = SCH	R = T	V = D
B = R	G = W	M = L	S = N	W = P
CH = H	I = O	N = G	T = B	Y = J
D = M	K = Z	O = U	TZ = K	ZH = CH
E = A	L = S	P = F	U = I	Z = C

Nach diesem Schlüssel sind alle übrigen Namen der Sonnen- und Mondorte richtig übertragbar. Die Engel, die sich so auffinden lassen, sind aber nur hohen Eingeweihten zugänglich und den Pilgern dieses Bundes nicht verpflichtet. Die einzelnen Engel unseres Bundes sind zu bestimmten Zeiten leichter anzurufen als die anderen. Jeder nimmt einen bestimmten Grad in der Ekliptik ein und hat vier Minuten, in denen er an jedem Tag am leichtesten erreichbar ist. Für die Pilger ist das jedoch nicht von Bedeutung, da vorerst nur ein passiver Kontakt mit den Engeln angestrebt wird, und der ist jederzeit möglich. Wer sich eigehender mit Anrufungen beschäftigen will, findet im Thebaischen Genienkalender eine einfache Methode, den jeweils besten Zeitpunkt für jeden der 360 Genien zu berechnen.*

Die geistige Einstimmung auf die Eigenschaften des angerufenen Engels ist viel wichtiger als sein Name, Siegel und Zeitpunkt des Kontaktes. Franz Bardon hat sich persönlich auf die jeweilige Ebene jedes Engels versetzt und 360 Orte der Erdgürtelzone qualitativ beschrieben. Die Namen der diesen Orten vorstehenden Engel stammen aus älteren Aufzeichnungen und sind im Buch „Die Praxis der magischen Evokation“ teilweise leider ebenfalls unrichtig angeführt. Zum Unterschied zu den Namen der Sonnen- und Mondsphärenwesen können die Namen der Engel der Erdgürtelzone aber trotzdem so, wie sie in Bardons Buch angegeben wurden, erfolgreich verwendet werden. Allerdings sind die Namen, so wie ich sie angebe, vorzuziehen, weil sie die Engel eher ansprechen.

Der Pilger wendet sich am besten überhaupt vorerst nur an jene Engel, die ich in diesem Buch angebe. Sie stehen den Menschen besonders nahe, weil ich ihnen über meine Amulette den Weg ins Irdische erleichtert habe. Die von mir strahlend gemachten – also geweihten – Siegel bilden Berührungspunkte zwischen den Welten, und je mehr solcher Kontakte geschaffen werden, umso leichter ist es, neue Verbindungen herzustellen. Je mehr Siegel eines Engels in Verwendung sind, umso besser kann dieser seinen Einfluss geltend machen.

* Der Thebaische Genienkalender“ von Emil Stejnar, Ibera Verlag

DIE WELT DER ENGEL

Die Welt der Engel ist auch die Welt der Menschen. Sie ist nur scheinbar von ihr getrennt. In Wirklichkeit ist das grobstoffliche Irdische vom feinstofflichen Geistigen dieser himmlischen Welten durchdrungen. Jeder Mensch hat in seinem physischen Körper auch einen feinstofflichen Körper, der dem der Engel gleicht und der auch diesen Regionen angehört. Dieser feinstoffliche Körper besteht aus einem Energieteil, den psychischen Kräften, die als Gefühl wahrgenommen werden, und einem geistigen Teil, den Vorstellungen, die man als Gedankenbilder erkennt. Er ist der wahre Bewusstseinsträger – nicht der physische Leib. Der irdische Leib dient dem feinstofflichen lediglich als Instrument, um sich in der irdischen Welt sinnvoll betätigen zu können. Durch die Sinnesorgane ermöglicht er es, Wahrnehmungen aus dieser Welt ins Feinstoffliche zu übertragen und bewusst zu machen. Als Verbindungsmedium und Matrize ist dazu der Lebensstrom nötig. Dieser wird durch die Zersetzung der Elemente, also die Nahrungsaufnahme, den Stoffwechsel und den Atem, im Körper produziert und bildet die Brücke zwischen den Welten.

Der Mensch ist also ein Geistwesen wie die Engel. Durch die Sinneseindrücke aus der irdischen Welt fühlt er sich jedoch an diese gebunden und hat auch den Eindruck, in dieser zu leben, obwohl das wahre Ich stets in den feinstofflichen Welten verbleibt.

Alle Wahrnehmungen erfolgen ja auf diesen geistigen Ebenen durch gedankenbildliche Vorstellungen, die selbst nicht physisch, sondern feinstofflich sind. Obwohl die Welt der Engel auch die geistige Heimat des Menschen ist, ist dieser jedoch von den irdischen Eindrücken und seinem Leib so gefesselt, dass er sich völlig mit diesem identifiziert. Die feinstoffliche Welt erscheint ihm unwirklich, weil er sich so sehr an die irdischen Gegebenheiten gewöhnt hat. Ort und Raumbegriff sind in der jenseitigen Welt nämlich anders als auf der physischen, grobmateriellen Ebene. Als räumlich nahe wird dort alles empfunden, was dem eigenen Wesen ähnlich ist. Was dem inneren Wesen fremd ist, erscheint einem weit entfernt.

Auch der Zeitablauf wird auf der feinstofflichen Ebene anders wahrgenommen als im irdischen Bereich. Man erkennt dort besser den Zusammenhang von Ursache und Wirkung. Da sich Auswirkungen leicht zu ihrem Ursprung zurückverfolgen lassen, erscheinen auch die Folgen von Ursachen zeitlich nicht getrennt, sondern sind sofort erkennbar wie ein mathematisches Ergebnis. Dadurch entsteht ein Zeitraffereffekt. Was im irdischen Bereich eine Entwicklungsperiode des Reifens benötigt, ist geistig sofort aus der gegebenen Ursache heraus sichtbar und verwirklicht. Die Andersartigkeit des Zeit- und Raumbegriffs ist vom irdischen Standpunkt aus schwer zu verstehen.

Am nächsten kommt ihm der Bewusstseinszustand, wie er in der Traumwelt erlebt wird. Die Schlafregion, aus der das Bewusstsein Eindrücke aufnimmt, sobald keine Wahrnehmungen aus dem physischen Bereich die Aufmerksamkeit auf sich lenken, ist die erste Ebene, auf der du einem Engel begegnen kannst. Es ist zwar nicht die Welt der Engel, genauso wenig wie es deine Welt ist, aber es ist der einzige Bereich, in dem sich das Bewusstsein eines Menschen dem Bewusstsein eines feinstofflichen Wesens mitteilen kann, ohne die Verbindung mit der Welt, aus der es kommt, zu verlieren und ohne besondere Vorkehrungen treffen zu müssen. Denn wollte ein Engel in der physischen Welt sichtbar erscheinen, müsste er erst die dazu nötigen Bedingungen herstellen und sich aus festem Stoff, zumindest aus Licht, einen Körper schaffen. Um dann diesen Körper zu verwenden, müsste er sich damit bekleiden und dazu seine Welt verlassen, sobald er in diesen Körper eindringt. Umgekehrt musst auch du (dein Bewusstsein) deinen Körper verlassen, sobald du als Geistwesen die Welt der Engel, das so genannte Jenseits, bewusst aufsuchen willst. Ein Vorgang, der sich durch den Tod automatisch vollzieht, aber für Lebende ungeheuer schwer nachzuvollziehen ist. Nur langjährige, gezielte Schulung, wie du sie auf dem Weg des Meisters bekommst, würde das ermöglichen.

Einfacher ist es, die Welt des Traumes aufzusuchen. Dazu brauchst du diese Welt nicht zu verlassen. Die Welt des Traumes erlebst du noch im physischen Körper, du musst nur den Blick von der äußeren auf die innere Welt lenken. Sobald du deine Aufmerksamkeit von allen irdischen Dingen, welche durch die Sinne erfasst werden, abziehst, erlischt für dein Bewusstsein die irdische Welt und die feineren, leiseren Eindrücke aus der feinstofflichen werden dir bewusst.

Wohlgemerkt: nicht das Bewusstsein schwindet, sondern die Welt verschwindet aus deinem Bewusstsein! Die Wahrnehmungen bleiben für dich genauso wirklich wie im Wachzustand. Du siehst, hörst, riechst, schmeckst und denkst und fühlst. Jeder erlebt es im Traum, wie Gedankenbilder sich zu realen Wirklichkeiten formen, sobald die lauten, starken Eindrücke aus der physischen Welt ausgeschaltet werden. Die Ursache für das Entstehen dieser Bilder ist aber dann nicht mehr ein physischer Eindruck, sondern ein seelischer.

Du siehst im Traum nicht nur Abbilder, hervorgerufen durch die äußere Umwelt, sondern innere Gefühle formen für deine Wahrnehmung Bilder, an die du dich später als Traum vielleicht erinnerst. Gefühle sind ständig wogende Kräfte und keine ruhenden Fixpunkte wie ein Stein oder ein Baum. Da die Traumwelt sichtbarer Ausdruck dieser sich rasch verändernden Gefühlsenergien ist, entsteht der Eindruck von Verwirrung, sobald man irdische Maßstäbe von Raum und Zeit anwendet.

Je ausgeglichener, ruhiger und harmonischer dein Seelenleben ist, umso schöner und vernünftiger sind dein Traumleben und dein Leben nach dem Tod. Das Gefühl der Angst vor einer Aufgabe, die vor dir liegt, kann zum Beispiel Bilder von Situationen beleben, in denen du ebenfalls Angst hattest. Du träumst dann von einer Prüfung aus deiner Schulzeit.

Auf der unteren Ebene der feinstofflichen Welt werden die Energien deiner Gefühle durch die Bilder, die sie zu einer Traumlandschaft formen, zum scheinbar festen Boden für dich. Als Ausgangspunkt aller Wahrnehmungen kommt dann deinen Gefühlen dieselbe Bedeutung zu wie den äußeren Dingen im Wachzustand. Das gilt für den Traumzustand genauso wie für dein Bewusstsein nach dem Ableben des physischen Körpers im Tod.

Die Gesetze der Traumwelt gelten auch für Wesen, die nicht an einen irdischen Körper gebunden sind, und somit auch für die Engel. Ihre Welt ist aus demselben Stoff, aus dem die Träume sind, aus dem Mentalstoff, der sich zu Gedankenbildern formen lässt.

Die Engel sind Geistwesen, die auf der feinstofflichen Ebene leben. Gedankenbilder und Gefühle sind für sie genauso sichtbare Wirklichkeit wie für dich die irdischen Dinge. Die Annäherung an einen Engel geschieht daher immer im Inneren durch gedankliche und gefühlsbetonte Zuwendung. Umgekehrt wird auch er auf dieser Ebene zu dir sprechen. Die ersten Kontakte werden im Schlaf stattfinden, ohne dass du dich bewusst daran erinnerst, wenn du erwachst. Vielleicht bleibt von dieser Begegnung nur das unbestimmte Gefühl einer hoffnungsvollen Erwartung zurück oder ein schöner Traum.

Wenn sich ein Engel tagsüber mit deiner Angelegenheit und dir beschäftigt, geschieht das ebenfalls ohne spektakuläre äußere Begleitumstände: Eine Inspiration, unmerklich zart aus deinem Inneren, gibt dir ein: „Tue dies! Mach das!", als ob du selbst zu dir sprächest: „Hörst du? Warte noch! Bleib ruhig!", oder „Geh und handle!", und du fühlst sogleich einen Strom der Ruhe oder Stärke. Ganz kurz kann dies sein, einen Augenblick nur, wo seine unsichtbare Hand dich berührt.

DIE REDE DES ENGELS

- „So fordere ich dich auf, den Bund mit den Überirdischen aufs neue zu begründen, das Band zu knüpfen, das uns Unsichtbare mit euch Menschen aus der Welt des Irdischen verbindet! Es ist der Bund, jedoch nicht Religionsersatz oder gar Sekte, wenngleich so manche Religion von uns als Engel oder Götter spricht. Der Bund ist kein Geheimbund, denn wir sind für alle da und werden doch für viele nicht erreichbar bleiben, denn edler Sinn und reiner Glaube nur zeigt auf den Weg zu uns."

So begann die Rede der jenseitigen Intelligenz, und ich fühle noch heute den Nachhall seiner ruhigen, doch eindringlichen Worte. Und weiter sprach er:

- „Die zerstörenden Kräfte, gelenkt durch das organisierte Böse, sind wie nie zuvor in eure menschliche Welt eingedrungen. Unsichtbar tobt der Kampf auf den feinstofflichen Ebenen und zieht immer mehr Bewohner der physischen Welt in den Bann der Finsternis. Der Kampf der überirdischen Mächte geht weiter in der Welt der Menschen. In jedem Menschen nistet das Böse und wohnt das Gute. Um euch zu helfen, hat die Göttliche Vorsehung beschlossen, geheimstes Wissen allen Suchenden, Leidenden und Kämpfenden zugänglich zu machen, damit ein Tor geöffnet werde und das Sichtbare mit dem Unsichtbaren sich verbinde. So wird auch in der Zeit der Prüfung und Bewährung auf dieser physischen Ebene ein Licht- und Kraftquell euch zuströmen durch den Kontakt mit uns Unsichtbaren aus der geistigen Welt und euch helfen, dieses Leben erträglich und sinnvoll zu gestalten.

Ein neues Zeitalter ist angebrochen für die Menschheit. So wie einst die Nutzung des elektrischen Stroms euch zum Segen ward, wird nun die Kraft und Macht der Überirdischen wieder stärker für euch wirken dürfen. Jeder ist berufen, sich mit uns zu verbinden, und wird alsdann beschützt, gefördert und belehrt. Auf allen Ebenen, die wir beherrschen, wird Hilfe ihm alsdann zuteil. Und je nach Wunsch und Fähigkeit kann er hoffen, von uns mit Aufgaben und Macht betraut, am großen Schöpfungsplane mitzuwirken."

Die meisten Mitteilungen und Belehrungen durch die Genien erhalte ich in Form einer Inspiration. Alle anderen Formen der „medialen" Durchsagen – Channeling, Erscheinungen, Evokationsmagie usw. – sind höchst fragwürdige Methoden. Die erkenntnisse daraus stammen in der Regel von Foppgeistern oder sind Phantasien des Mediums. Außerdem ist es für ein Wesen einfacher, einen Menschen durch eine Eingebung zu inspirieren, als sich akustisch zu manifestieren. Es ist also wichtig, die Inspirationen sofort in „eigene"Worte zu fassen, da sonst der Sinn sehr rasch wie ein Traum verblasst.

Ganz anders war es mit dieser bedeutsamen Aufforderung an mich, den Bund zu begründen, indem ich meine Erfahrungen veröffentliche. Diese Rede blieb mir sehr lang in Erinnerung, sodass teilweise noch die sonderbare, den Wesen eigene Ausdrucksweise erhalten geblieben ist.

DIE DREI WEGE

Und weiter ging die Rede, indem mir die Gliederung, der Aufbau und die Bedingungen gezeigt wurden, unter denen die Verbindung und die Aufnahme in den Bund herzustellen sind.

So sprach der Engel:

- „Drei der vier Wege, welche dir erschlossen wurden, sollst du beschreiben, damit die Menschen uns erreichen können:

Der erste Weg ist der Weg der Andacht. Opfer, Glaube und Gebet sind die Mittel. Von Verehrung und vertrauensvoller Zuwendung werden eure Gedanken zu uns getragen. Mit dem geheimen Siegel und dem Namen sprecht ihr uns dann persönlich an. Ab jetzt sind wir für jeden, der uns richtig ruft, erreichbar, sobald er sich zu uns bekennt. Wer diesen Weg beschreitet, wird zum Pilger dieses Bundes. Wir helfen ihm, solange er sich an die Pflichten hält.

Der zweite Weg ist der Weg des Handelns. Er führt über das Priesterritual zu uns. In dieser besonderen Anleitung und Zeremonie helft ihr uns und erleichtert uns die Arbeit, die wir für euch tun sollen. Ihr lernt dann, wie man ein Siegel strahlend macht. Durch das bewusste Schaffen eines Empfangsgerätes für unsere Kraft kommt ihr uns ein weiteres Stück des Weges entgegen. Ihr ruft uns und schafft selbst wichtige Voraussetzungen für unser Wirken. Das erleichtert und beschleunigt unsere Arbeit. Ihr werdet dadurch Mittler zwischen der irdischen und der überirdischen Welt. Wer diesen Weg geht, wird zu einem Priester. Sein Zeichen ist der Wanderstab, der ihm Symbol und Stütze ist. Er hat sich auf den Weg gemacht zum Licht und zu uns Wesen aus der anderen Welt.

Der dritte Weg ist der Weg der Weisheit und führt über das ‚Ritual der hermetischen Vier', das große Tempelritual der Meister, zu uns Engeln. Jeder Priester, der den seiner Zeit entsprechenden Schlüssel zum vierpoligen Magneten besitzt und die entsprechenden Anleitungen befolgt, also eine ritualgemäße Tempelarbeit durchführt und auch die nötigen Exerzitien macht, wird zum Meister und ist auf dem höchsten Weg der Wanderschaft des Bundes. Das große Tempelritual hat die mächtigste Wirkung. Durch diese Arbeit auf der physischen Ebene wird automatisch eine Kraft freigesetzt, welche für uns auf der geistigen Ebene wohnende Wesen als Licht sichtbar wird. Durch die gemeinsame Konzentration vervielfältigt sich die Kraft und steigt höher, als ein Einzelner zuwege bringen würde. Wer uns mit diesem Ritual ruft, erreicht uns sofort und gibt uns auch die Möglichkeit, die Arbeit entsprechend seinem Wunsch zu beginnen. Je nach Stärke und Reinheit eures Wunsches werden wir dann sofort die nötigen Voraussetzungen zum Gelingen schaffen.

Trotz dieser drei Wege – dem des **Pilgers,** dem des **Priesters** und dem des **Meisters der Elemente** – gibt es keine hierarchisch

gegliederte Führung. Es gibt keine Dogmen oder Lehren für euch Wanderer, sondern nur stetige Belehrung durch uns Engel, die der Auffassung des Einzelnen angepasst sein wird und dem Zeitgeist entspricht. Die Gliederung wird sich ganz von selbst ergeben. Jeder wird sein, was er ist, denn die Befugnisse werden von uns Engeln auf der feinstofflichen Welt erteilt.
Als Pilger ist jeder ein Suchender, der sein irdisches Glück zu erlangen sucht. Sobald er aber auch versucht, das Leid der um ihn Lebenden zu lindern, und nicht nur für sich allein nach Liebe, Macht und Anerkennung strebt, wird er zum Priester und folgt einem neuen Weg. Er hat von uns gelernt, den wahren Wert und auch den Grund des Leides zu begreifen. Er ist befreit, indem er nicht mehr leidet, oder trägt tapfer seine Last, die er zu tragen sich als Aufgabe gestellt. Er wird dadurch zu einem Lastenträger für die anderen. Nicht Schwäche lässt ihn Sklave sein, sondern die Stärke, die er hat, lässt ihn seine Fähigkeiten verpflichtend für die anderen einsetzen. Er sucht nicht mehr nur nach seinem Glück, er sucht den Sinn des Daseins, indem er seinem Dasein Sinn zu geben sucht.
Wir werden ihm seinen Anlagen entsprechend dabei helfen. Den vier Elementen gemäß, die auch euch Menschen formen, hat jeder in sich ein Element, das seine Stärke ist und ihm besonders liegt. Als Element der Seelenenergie sind euch die Temperamente wohl bekannt. Doch auch der Geist hat seine vier Gewichte und äußert sich im Wesen als bestimmter Typ. Der eine weiß, der andere will, der dritte hat, der vierte fühlt. So ergeben sich durch die persönlichen geistigen Schwerpunkte der Wanderer vier richtungsweisende Pioniere auf dem Weg:

1. Wissende
2. Lenkende
3. Bewahrende
4. Schenkende.

Wissende sind diejenigen unter euch Menschen, deren Schwerpunkt im erkennenden Prinzip des Geistes liegt. Wir werden deren Intellekt fördern und sie mit unserer Hilfe zu den Spitzen der Wissenschaften, Philosophie und Priesterschaft machen. Lenkende sind diejenigen, deren Sinnen und Trachten auf Herrschen, Anführen, Wagen gerichtet ist. Wir geben ihnen die wahre Macht und Mut und Selbstvertrauen. Sie werden herrschen, indem sie Schwächere führen und lenken, sei es als Staatsmann, Kapitän oder als Personalchef in einem Büro. Bewahrende sind jene Menschen, welche ordnen, verwalten, verwerten, die Kaufleute und die Industriellen. Wir werden sie inspirieren und reich machen, wenn sie sich an uns wenden und sich für unsere Ideale einsetzen, wenn sie den Weg des Rechten gehen als Angehörige des Bundes der Wanderer. Schenkende sind die Künstler und Tröster unter euch Menschen. Ihre Talente fördern wir, und sie erhalten durch unsere Hilfe die wohlverdiente Anerkennung und den Erfolg. Auch sorgen wir für die nötige Fähigkeit durch Förderung ihrer Möglichkeiten."

DER AUFSTIEG

Dieser Mitteilung des Engels folgte später eine eindringliche Warnung, die ich weitergeben soll. Es beschäftigen sich zur Zeit Hunderte Millionen Menschen auf dieser Welt mit okkulten Praktiken. Allein in den USA versuchen nach einer neuen Studie cirka 10 Millionen mit so genannter Schwarzer Magie rasch und leicht zu Reichtum, zu Macht und Glück zu gelangen. Aber auch wer glaubt, mit den Methoden einer so genannten Weißen Magie legal sich sein Glück erzaubern zu dürfen, weiß nicht, in weicher Gefahr er sich befindet. Die Versuchung, sich den Weg abzukürzen, ist groß, und die innere Stärke, die Einflüsterungen des Bösen zu entlarven und ihnen zu widerstehen, ist gering.

Sicher sind viele Leser dieser Zeilen schon seit Jahren auf einem okkulten Weg und glauben, dass sie ungefährdet sofort den Weg des Priesters oder gar des Meisters beschreiten können. Um den Pilger nicht zu verleiten, diesen steilen und gefährlichen Weg einzuschlagen, gebe ich die Anleitungen dafür nicht in diesem Buch heraus. Nachstehend nun auch des Engels Warnung, sich unvorbereitet in Bereiche zu erheben, die einem nicht zustehen.

Er sprach:

- „So höre, Pilger aus dem Bund der Wanderer, ganz gleich auf welchem Wegabschnitt du dich auch befindest! Sei es als Pilger, Priester oder Meister, du zählst nicht mehr als alle anderen dieses Bundes.
Nicht magische Fähigkeiten oder Erkenntnisse sollen ausschlaggebend sein für deine Würde auf dem Weg, sondern allein deine innere Einstellung um die Bereitschaft von deiner Welt aus, mit uns Unsichtbaren an der geistigen und an der seelischen Vervollkommnung der Menschheit zu arbeiten. Nur auf dem Weg des Pilgers darfst du ungestraft ein Nehmender bleiben und allein an deinem irdischen Glück arbeiten.
Der nächste Wegabschnitt verpflichtet schon zu Leistungen. Sei gewarnt davor, den Weg des Pilgers zu verlassen, um weiter zu schreiten auf dem Weg des Priesters oder gar des Meisters, sei es aus Neugierde oder Lust!
Erst wenn du dich rein und reif fühlst für die Priesterwürde und innerlich erfüllt von gutem Wollen, vollziehe diesen Schritt! Ehe du nicht dein Leid überwunden hast oder den Sinn des Leides erkennst und so ertragen kannst, um daraus zu lernen, bist du nicht reif genug, die Würde des Priesters oder gar des Meisters einzunehmen. Erst wenn du fühlst, dass irdisches Glück nicht letztes Ziel für deine Arbeit ist, bist du bereit für diesen hohen Weg. Bist du dann Priester und übst die Riten und Praktiken entsprechend den Anleitungen, wirst du wachsen, reifen und langsam dein Hauptelement erkennen. Du wirst den Schwerpunkt deines Ichs finden und auch deinen Weg in Form von Arbeit und Zielen, die nicht nur dir selbst dienen.
Aber erst wenn du weißt, ob du wirken willst als Wissender oder als Lenkender, als Bewahrender oder als Schenkender, erst wenn du spürst, wo deine Fähigkeiten und Qualitäten liegen, und du diese im Rahmen deiner Möglichkeiten für die Menschheit einsetzen willst, bist du reif auch für die Würde des Meisters und fähig, diesen Weg zu gehen. Hast du den Bund geschlossen und dein Gelöbnis abgelegt, betrittst du die Wanderung auf dem rechten Pfad. Du gabst dir dein Versprechen, nur noch dem Guten zu dienen, und zwar aus freier Überzeugung wählst du diesen Weg. Keine heiligen Eide verpflichten dich, und doch sind deine

Worte eingraviert für alle Ewigkeiten in den Büchern des heiligen Gesetzes. Alle Wesen, die dem Aufbau dienen und die Entwicklung des Menschen fördern, wissen darum, wissen, dass du nun einer der Ihren bist und werden dich schützen, wo immer es geht. Wir schaffen für dich als Erstes die geistigen Grundlagen und inspirieren und beraten dich und andere, die du brauchst, damit du selbst die Voraussetzungen zum Erfolg schaffen kannst. Denn vieles kannst du auf der physischen Ebene besser als wir in die Wege leiten, sobald wir dich von hier aus geistig unterstützen. So werden wir mit den uns zur Verfügung stehenden Mitteln helfen. Von eurer Seite brauchen wir den guten Willen und keine Zaubermacht. Setzt einen Wunsch und ruft uns ritualgemäß entsprechend eurer Reife. Wir werden jedem beistehen, der im Namen dieses Bundes ruft."

Mir erscheint diese Mitteilung des Engels so bedeutsam, dass ich sie bekräftigend ergänzen möchte: Die Menschen können dem Bösen nur widerstehen und es für sich überwinden lernen, indem sie die Gesetze der Materie beherrschen. „Macht euch die Erde untertan!", steht in einem Buch der Weisheit als Gebot, und ein anderer Wanderer dieses Bundes sagte vor 2000 Jahren, dass er nicht gekommen sei, um die Gesetze zu ändern. Die Gesetze sind einzuhalten! Die Engel haben die Menschen aus diesem Grund seit jeher inspiriert, damit durch die gewonnenen Erkenntnisse die Gesetze der Materie erkannt, beherrscht und dadurch das Leid überwunden werden kann. Nicht die magische Kraft, sondern weise Erkenntnis ist das Werkzeug der heutigen Zeit. So mancher Liebeszauber wäre nicht nötig, wenn der unglücklich Verliebte sich schicker kleiden, abnehmen, seine Frisur ändern würde oder in einem Brief dem Geliebten seine Gefühle darzulegen versuchte. Die Magie der heutigen Zeit ist die Chemie, die Physik, ist die Wissenschaft. Es ist nicht klug, wenn mit überirdischen, geistigen Mitteln etwas zu bewerkstelligen versucht wird, was mit den materiellen Werkzeugen viel besser herzustellen ist. Niemand würde Infektionskrankheiten durch einen Zauber behandeln, da doch hochwirksame Medikamente rascher und besser helfen.

Die Arbeit der Engel geschieht daher in erster Linie auf der geistigen und auf der seelischen Ebene, indem sie einen Gedanken in ein Bewusstsein einsetzen oder ein Gefühl in einer Seele wachrufen. Sie greifen nur selten direkt über die Elemente der physischen Ebene in unsere materielle Welt ein. Alles im materiellen Bereich muss seine Ursache geistig vorgebildet haben und durch die Kräfte der seelischen Ebene in Bewegung gesetzt werden. Dazu sind keine geheimen Kräfte nötig, sondern es genügt, sich der natürlichen Fähigkeiten des Denkens, Fühlens und Wollens zu bedienen. Um diese Fähigkeiten des wahren Geistes richtig einzusetzen, kann der Wanderer die Engel um Hilfe bitten. Sie sind von Gott dazu berufen worden, ihm beizustehen, den Sinn des Daseins zu finden, indem er lernt, die Herrschaft des Geistes über die Materie zu erringen.

DIE ERSTEN SCHRITTE

Du kannst dich glücklich preisen, wenn du diese Zeilen liest, denn du hast den Wegweiser zu deinem Glück in deinen Händen. Folge diesem Weg, den du hier findest; er führt dich hin zum Licht und zu neuer Lebensfreude! Wie jeder Weg muss er gegangen werden, soll er sich dir erschließen. Den ersten Schritt als Wanderer dieses Bundes hast du schon getan. Es ist kein Zufall, dass du durch dieses Buch Kenntnis von den Engeln erlangen durftest. Du hast gerufen und dein Ruf wurde erhört. Diesen Wegweiser hast du gefunden, weil dich die Engel für würdig gehalten haben, Mitglied des Bundes zu werden. So wie die Annäherung schrittweise stattfand, geschieht die Aufnahme stufenweise. Erst bist du Pilger, dann Priester und dann Meister. Stets ist es dein Denken, Fühlen und Wollen, das dich den Engeln nahe bringt und ihnen zeigt, wie viel vom Weg sie dir erschließen helfen dürfen.

Folgendes erklärte mir hierzu der Engel weiter:

- „Dem Pilger helfen wir, sein Leben gut zu meistern. Durch uns kann er sein Glück auf Erden finden. Wer sich berufen fühlt, noch mehr als nur sein Erdenglück zu schaffen, und anderen Menschen helfen will, wer weiter sucht und forscht, um höhere Zusammenhänge zu ergründen, der wird auf dem Weg des Priesters seine Stärke finden und, von Erkenntnissen geleitet, weitergehen auf dem Weg zum Licht.

Als Meister dann wird er die irdische Berufung voll erfüllen. Er wirkt im Irdischen und lernt auch, die Gesetze anderer Welten zu beherrschen, weil ihn der Weg in höhere Sphären führt."

Vorerst als Pilger ist es noch leicht für dich, dem Weg zu folgen. Nichts Unmögliches wird von dir verlangt. Du musst nur versuchen, in deiner Seele jene Reinheit zu erhalten, die den Engeln zeigt, dass du wirklich auf der Seite der positiven und aufbauenden Mächte stehst! Der Wunsch zum Guten und der feste Vorsatz, dem Bösen zu widerstehen, ist schon genug fürs Erste. Der Engel blickt dir in dein Herz und weiß sehr wohl um deine Schwächen. Solange nur dein Streben edel bleibt, ist er auf deiner Seite.

Als nächsten Schritt sollst du dieses Buch Seite für Seite lesen! Nimm dir Zeit dazu! Konzentriere dich nicht nur auf jene Kapitel, die deine jetzige persönliche Situation betreffen! Jeder Engel hat in seinen Belehrungen, die zwischen den Zeilen durchschimmern, auch für dich etwas Wichtiges gesagt. Durch diese Erkenntnisse und weil du weißt, dass dir ab jetzt Hilfe auf deinem Lebensweg durch die Engel zuteil werden kann, bist du ein weiteres Stück dieses Weges fortgeschritten. Noch aber bist du einsam ohne die Hilfe der Unsichtbaren, außerhalb der Gemeinschaft aller Pilger dieses Bundes der Wanderer. Die bösen, leidschaffenden Mächte werden nun versuchen, dich von diesem deinen Weg zum Licht abzubringen, solange du noch schutzlos bist. Das geschieht zumeist, indem in dir Zweifel an der Möglichkeit geweckt werden, dass auch für dich der Weg begehbar ist, oder sie geben dir den Glauben ein, es handle sich bei den Berichten um die Hilfe der Engel um Zufälle und einmalige Erlebnisse oder gar Phantastereien von einigen weltfremden Mystikern.

Einige Leser werden dazu gebracht werden, das Ganze als Teufelswerk zu sehen, andere als Betrug. Für viele ist leider hier der Weg schon wieder zu Ende. Obwohl er aus Millionen Leidenden auserwählt und vom persönlichen Schutzengel zur Gemeinschaft der Wanderer geführt wurde, ist dieser Prüfstein des Glaubens an die Engel den bösen Mächten willkommenes Hindernis, das den Pilger aus ihrem Machtbereich des Leides und der Finsternis nicht entkommen lässt.

Widersetze dich all diesen negativen Einflüsterungen! Du wünschst dein Glück, und viele Wege stehen dazu offen. Wenn du durch deinen Engel mit diesem Buch an die Pforte dieses Weges geführt wurdest, warum sollst du ihn nicht beschreiten? Es kostet dich nichts und schafft dir keine großen Mühen oder Nachteile. Keine Verpflichtungen binden dich, und doch kannst du voll Hoffnung aufatmen und auf ein Licht zuschreiten, das dir nun leuchtet. Eine himmlische Gemeinschaft nimmt dich auf und gibt dir fortan Schutz und Stärke auf deinem Weg, der dich zu einem neuen Leben führt. Hier ist die einzige Stelle des Weges, an der du zwei Schritte machen musst, ehe dir ein Engel einen Schritt entgegenkommt: den Schritt des Glaubens und den Schritt des Handelns. Mach also auch den zweiten Schritt, handle!

- Besorge dir das Rüstzeug für den Weg! Auch hier werden dich die Mächte des Bösen zu hindern suchen. Lasse dich nicht beirren!
- Bereite dein Gelübde vor: Schreib dein Glaubensbekenntnis nieder.
- Gehe in dich und werde dir klar darüber, was du in diesem Leben noch anstrebst, wünschst und schaffen kannst, wenn dir die Engel helfen!
- Entscheide dich für einen Engel, den du als Erstes rufen willst, und lerne sein Siegel auswendig zeichnen!

Wenn du so weit gekommen bist, dann hast du auch den zweiten Schritt gemacht. Nun kannst du sicher sein, dass schon ein Engel dir entgegenblickt, auch wenn er dir noch nicht zur Seite steht und direkt helfen kann. Du fühlst es tief in dir, vielleicht nur sekundenlang bricht ein Lichtstrahl durch in Form einer inneren Zuversicht oder der Überzeugung, dass du auf dem rechten Weg bist. Das ist ein sicheres Zeichen dafür, dass ein Engel deine Seele berührt hat. Du wirst jetzt kaum noch Zweifel haben und wirst auf dem Weg beschleunigt fortschreiten wollen. Vielleicht verspürst du den Impuls, ein geweihtes Amulett des Engels, den du rufen willst, zu bestellen. Wahrscheinlich wirst du dir jetzt die Bücher, die dem Pilger als Wegweiser dienen, besorgen. Und sicher wirst du dich jetzt aus innerer Überzeugung entschließen, am nächsten Vollmondtag dein Gelübde abzulegen, um als Pilger des Bundes dein Glück zu suchen.

Schreite also weiter auf deinem Weg voll Zuversicht, dass du dem Ziel schon näher bist, und überlege, wie du den Schutzengelaltar errichtest!

DER ALTAR

Wenn du in einer Familie lebst, der du von deinem Weg nichts erzählen willst, genügt es vorerst, wenn du dir diesen Altar im Geist errichtest und bei den stillen Gebeten in Gedanken mit Blumen schmückst. Als verborgenes, aber irdisches Zeichen trägst du dann das Siegel des Engels als Amulett auf der Brust.

Wenn du aber allein oder mit einem gleichgesinnten Partner zusammenlebst, dann errichte den Engeln eine schöne Weihestätte. Die einfachste Art ist ein Bilderrahmen, wie er für Porträtfotos erhältlich ist, in dem du die auf Pergament gezeichneten Siegel der Engel, die du rufst, befestigst. Auf ein weißes Seiden- oder Leinentuch stelle eine Kerze und eine Vase, die immer zumindest eine Blume oder frisches Grün enthält! Wichtig ist die Opferschale! Sie soll aus Silber, Kupfer oder Glas sein und dient dazu, deine Opfer aufzunehmen. Aus ganzem Herzen und voll Mitleid für andere Leidende legst du möglichst täglich eine kleine Geldsumme in diese Schale. Und wenn es nur der Gegenwert für eine Scheibe Brot ist, ist es wichtig, dass du deine Bereitschaft zu geben zeigst und dich schulst im Loslösen von irdischem Besitz. Die ungeheure Bedeutsamkeit des Opfers wurde dir ja in anderen Abschnitten dieses Buches schon vor Augen geführt. Aber erst im späteren Verlauf deines Weges wird dir voll bewusst, was du im Geben für dich selbst an Reichtum finden kannst. Du kannst auch andere Spenden, wie zum Beispiel ein Schmuckstück oder etwas, auf das zu verzichten du bereit bist, in die Schale legen und bei Gelegenheit verkaufen, um den Erlös zu spenden. Sobald eine passende Summe angesammelt ist, kannst du sie an Bedürftige deiner Wahl weitergeben. Du kannst mit deinen Opfergaben auch einem Unglücklichen aus deiner Nähe helfen, indem du ihm durch ein Amulett, das du für ihn machen lässt, den Kontakt zu einem Engel ermöglichst. Auch andere Opfer, die du dir zur Selbstschulung auferlegst, kannst du schriftlich fixiert in die Schale legen, zum Beispiel einen Zettel: „Ich werde diese Woche täglich für meine kranke Nachbarin einkaufen gehen", oder: „Ich werde täglich abends, statt mich vor den Fernseher zu setzen, mit meinen Kindern ein gemeinsames Spiel machen." Auch deine Zeit und dein Arbeitseinsatz sind ein würdiges Opfer und für die Engel Zeichen deiner Reife und des guten Willens, am Aufbau des Guten und Schönen in der Welt mitzuwirken.

Wenn du wegen deiner Angehörigen keinen Engelaltar errichten kannst und du die Schale nicht offen aufstellen willst, dann genügt es, wenn du eine schöne Schatulle oder Schachtel nimmst, auf deren Boden du einen flachen Glasteller legst oder zumindest einen blauen Kreis zeichnest. Diese Schatulle kannst du dann wegschließen, und sie erfüllt trotzdem ihren Zweck für dich. Es kommt immer auf deine innere, seelische Bestrebung an und nicht auf Äußerlichkeiten. Du musst von ganzem Herzen helfen wollen! Die Schale ist nur irdisch sichtbares Symbol dafür und ein sehr wirksames Signal, das dich stets an deine innere Bereitschaft erinnern wird. Das gilt für alle Gegenstände, die du auf deinem Engelaltar aufstellst. Alles, was deinen Geist erhebt und dich symbolhaft in die jenseitige, feinstoffliche Welt führt, ist dazu geeignet.

Ich selbst habe zum Teil jahrtausendealte Kultgegenstände aus den verschiedensten Religionen aufgestellt, denen ich in früheren Leben einmal angehörte. Besonders Bilder und Figuren von Heiligen oder Religionsstiftern wie zum Beispiel Jesus oder Buddha, aber auch Darstellungen von Maria oder anderen Gottheiten oder Heiligen sind hervorragende Verbindungsglieder zu der Welt der Engel und können, wenn sie deinen Vorstellungen entsprechen, auf dem Altar Platz finden. Du musst sie aber heilig halten und voll Ehrfurcht behandeln als sichtbare Zeichen einer höheren Macht! Der Altar wird ja zur Ehre der Engel und zur eigenen Stütze deines Bewusstseins errichtet. Dort ist der Ort in der äußeren Umwelt, an dem du deinen Engeln näher bist, auch wenn der Kontakt mit ihnen nur in dir selbst stattfinden wird.

Der Altar wird somit, ähnlich einem Amulett, zum Einfallstor, das die Welt der Engel und die physische Welt der Irdischen verbindet. Er ist also nicht zu verwechseln mit dem Opferaltar vergangener Kulturepochen der Menschen, denn du betest an deinem Altar zu keinem Götzen, sondern sammelst deine Seele in Andacht, um die innere Stimme zu den Engeln reden zu lassen und deren Botschaft in dir zu erfassen.

Du opferst auf deinem Altar keinen Göttern, sondern opferst dort deine Begierden durch Verzicht zugunsten eines edlen Zwecks, stiftest dort einen Betrag, den du zu leisten vermagst, sei es, um alte Schuld zu tilgen oder um auf ein neues Konto, mit dem du deine Wünsche abzuzahlen hoffst, einzuzahlen.

Auf dem Weg der Priester wird der Altar für bestimmte rituelle Arbeiten besonders zu gestalten sein. Auf dem Weg des Pilgers bleibt es dir vorerst selbst überlassen, wie du deinen Engelaltar gestaltest. Du kannst, wie die Bauern, in einer Zimmerecke an der Wand eine Konsole montieren oder ihn auf einem Tischchen oder Kästchen errichten. Als saubere Unterlage dient am besten ein weißes oder violettes Leinen- oder Seidentuch. Darauf stellst du die Opferschale, eine Kerze, eine Vase für den Blumenschmuck und geisterhebende Reliquien, Figuren und Symbole, je nach der Religion, der du angehörst, und deiner Einstellung!

Bedeutsamstes Objekt des Altars ist der Rahmen für die Siegel der Engel, wobei auch hier Größe, Form und Beschaffenheit von geringerer Bedeutung sind. Wichtig ist die Ehrfurcht vor dem Siegel, weil du damit direkt an das persönliche Wesen des Engels rühst, ihn auf seiner Ebene berührst, sobald du es mit geistigen Sinnen zeichnest. Nicht umsonst sind diese Siegel jahrtausendelang streng geheim gehalten worden. Nur wenigen Auserwählten wurde eröffnet, wie sie zu gebrauchen sind.

Wo es unmöglich ist, einen Altar zu errichten, ist es möglich, dass du dich selbst zum Altar machst und das Siegel auf deiner Brust trägst. In diesem Fall ist es aus Metall zu fertigen, wobei eine Legierung aus Zinn, Kupfer und Silber den meisten Engeln am sympathischsten ist. Aber auch wenn du einen Altar hast, musst du das Siegel des Engels, mit dem du gerade Kontakt wünschst, möglichst oft bei dir tragen. Es genügt dann aber, wenn du dir dieses kleine Siegel mit einem spitzen Kupfergriffel auf ein münzengroßes Bleiplättchen ritzt. Um den ungesunden Hautkontakt mit dem Blei zu vermeiden, ist es zweckmäßig, dieses Amulett in ein dünnes Lederstück einzunähen.

Wer glaubt, dass er nicht imstande ist, dieses Siegel selbst herzustellen, und sich aus finanziellen Gründen keines machen lassen kann, der soll es in der rechten Farbe direkt auf das Lederstück zeichnen und dieses dann bei sich tragen. Auch hier kommt es weniger auf das Äußere an, sondern wichtig ist die innere Überzeugung, dass das Siegel tatsächlich für die Pilger des Bundes zum Berührungspunkt mit seinem Engel wird.

DAS KONTAKTRITUAL

Um den Kontakt zu einem Engel zu schließen, sind für den Pilger des Bundes einige Pflichten zu erfüllen. Eine davon ist die tägliche Durchführung des Kontaktrituals. Es ist mit einem kleinen Metallsiegel des Engels, dessen Kontakt du suchst, zu vollziehen.

- Du nimmst dazu das Siegel in die linke Hand, schließt diese dreimal und sagst jedes Mal im Geist: „Du meine Hilfe", wobei du den Namen des Engels nennst. Danach behältst du das Siegel noch einige Augenblicke in der Hand und versuchst dir bewusst zu machen, dass der Engel durch diese geheime Anrufungsgeste auf dich aufmerksam wurde.

Dieses Ritual ist täglich cirka um 18 Uhr zu machen und kann bei Bedarf wiederholt werden. (Wenn es um 18 Uhr nicht möglich ist, sich für diese Minute ungestört zurückzuziehen, kann man es auch vor dem Einschlafen nachholen oder gleich morgens machen, ehe man sich das Siegel umlegt.) Während du dieses Kontaktritual vollziehst, ist es wichtig, dass auch deine Gedanken und Gefühle diese Handlung begleiten. Es nützt nichts, wenn du im Geist oder laut „Du meine Hilfe" sagst, dabei aber an etwas ganz anderes denkst und womöglich auch eine üble Stimmung im Bauche trägst.

Folgendes erklärte mir der Engel:

- „Dein hoffnungsvolles Vertrauen wird den Ruf deiner Gedanken unweigerlich zu uns tragen. Wir dagegen nahen dir in Form des goldenen Lichts, das du von oben in dich sinken fühlst."

Daher ist es gut, wenn du beim Ritual dasselbe Bild vor Augen hast wie bei deiner Aufnahmeandacht: Stell dir vor, wie der Engel hinter dir steht und segnend seine rechte Hand über dein Haupt hält! Stell dir vor, wie ein goldenes, überirdisches Licht wie mild wärmende Sonnenstrahlen aus seiner Hand in dich einsinkt und dich mit vitaler Kraft und Zuversicht erfüllt! Schick auch du ihm ein Gefühl der Dankbarkeit entgegen! Nur so wird das Ritual seine optimale Wirkung haben.

Dieses Ritual ist absolut geheim zu halten und darf nur mit dem Siegel eines Engels dieses Bundes ausgeführt werden. So wie du dich verpflichtet hast, nur noch den guten Kräften zu dienen und der Stimme deines Gewissens zu folgen, haben sich die Engel dieses Bundes verpflichtet, auf diesen Ruf der Irdischen zu hören.

Wer einigermaßen in den okkulten Wissenschaften bewandert ist, wird über die geheime Macht alter Rituale, Formeln oder magischer Gesten Bescheid wissen und nicht an der Wirksamkeit dieses einfach anmutenden Rituals zweifeln. Wer aber glaubt, die Engel seien unerreichbar, oder wer gar barbarische, komplizierte Zaubersprüche und Beschwörungen für nötig hält, um sie zu rufen, der gehört nicht zu unserem Bund. Er wird einen anderen Weg gehen.

DIE GEBETE

Um den Kontakt zwischen der irdischen Ebene und der Welt der Engel weiter zu vertiefen und auch tagsüber im Bewusstsein zu bewahren, sollte man sich täglich die Zeit für die nachfolgenden Gebete nehmen.

Durch diese Meditationen wirst du dreimal täglich daran erinnert, dass du zwar in dieser Welt, aber nicht von dieser Welt bist, dass du aus derselben Welt stammst wie die Engel und auch weiter mit deiner Seele dieser himmlischen Welt angehörst.

Für den Pilger findet der Kontakt mit dem Engel zumeist auf dieser feinstofflichen Ebene statt und selten auf der irdischen. Daher ist es wichtig, dir immer vor Augen zu halten, dass auch du selbst ein feinstoffliches Wesen bist und dass jederzeit auf dieser Ebene der Gefühle und Gedanken eine Begegnung mit dem Engel, den du rufst, stattfinden kann. Oft sogar für dich völlig unbemerkt oder nur als Ahnung, die, durch die irdischen Eindrücke übertönt, sehr rasch verblasst wie ein Traum. Kein Wunder – ist doch die Welt der Träume schon die Eingangspforte in die Welt der Engel.

Das Morgengebet

Am Morgen, noch im Bett und ehe du die Augen öffnest, betest du:

„Ich freue mich über mein Erwachen in diesem Körper. Als Geistwesen durchdringe ich ihn und blicke durch ihn in die irdische Welt."

Jetzt öffnest du deine Augen und betest weiter:
„Ich will Wahrheit, Gerechtigkeit und Mitgefühl in diese Welt tragen und meinem Weg zum Licht und einem wachbewussten ICH auch auf der Erde folgen. Ich widerstehe der Verführung des Bösen und jeder Versuchung, gegen mein Gewissen zu handeln. Ihr unsichtbaren Helfer, bitte stärkt mich, schützt mich und begleitet mich durch diese Welt."

Das Mittagsgebet

Um die Mittagsstunde ziehe dich zurück, entspanne dich und versuche zu innerer Ruhe zu kommen! Wenn du keinen Raum dazu hast oder dies durch Arbeitseinteilung nicht möglich ist, genügt es, wenn du den Sinn dieser Gebetsmeditationen in deinem Geist wachrufst. Auf die Worte kommt es in diesem Fall nicht an. Wichtig sind die Überlegung, dass du ein Geistwesen bist, wie du den Tag bis jetzt genützt hast, was du noch verbessern kannst, und die Bitte um Hilfe an die oder den bestimmten Engel, den du brauchst. Die Meditation für die Tagesmitte:

„Es ist des Tages Mitte. Als Geistwesen erlebe ich durch meinen Körper diese Welt. Was habe ich heute gelernt? Was habe ich heute geschaffen? Ist mein Gewissen rein geblieben? Noch habe ich Zeit, Gutes zu tun. Ihr lichten Helfer, bitte, lenkt mein Streben und helft mir, jede Stunde bis zum Abend recht zu nützen."

Das Abendgebet

Vor dem Einschlafen, schon im Bett, nachdem du das Licht gelöscht hast, lasse alle Gedanken an die irdischen Sorgen und Probleme hinter dir verhallen, als ob du gerade an deinem Ferienort aus dem Zug gestiegen bist und der Zug nun ohne dich weiterfährt. Fühle die Ruhe einer anderen stillen Welt um dich und tritt bewusst ins Land der Träume ein! Bete:

„Als Geistwesen schließe ich die Augen meines müden Körpers und lasse ihn ruhen. Er war mir heute gutes Werkzeug für mein Wirken in der Welt. Ich habe mein Bestes versucht und aus den Folgen der Fehler kann ich lernen. Aber jetzt will ich frei sein von der Last des Irdischen. So danke ich jedem Engel, der mir beigestanden hat, und bitte auch im Land der Träume um sicheres Geleit."

DIE ENGELANDACHT

DER ENGEL von Christian Morgenstern

„Oh wüsstest du, wie sehr dein Antlitz sich verändert, wenn du mitten im Blick, dem stillen, reinen, der dich mir vereint, dich innerlich verlierst und von mir kehrst! Wie eine Landschaft, die noch eben hell, bewölkt es sich und schließt mich von dir aus. Dann warte ich. Dann warte schweigend ich oft lange. Und wäre ich ein Mensch wie du, mich tötete verschmähter Liebe Pein. So aber gab unendliche Geduld der Vater mir und unerschütterlich erwarte ich dich, wann immer du kommst. Und diesen sanften Vorwurf selbst nimm als Vorwurf nicht, als keusche Botschaft nur."

Was Morgenstern in seinem Gedicht so feinsinnig darstellt, ist auch vom Pilger des Bundes zu berücksichtigen. Gedankenlosigkeit, Egoismus, Gleichgültigkeit, Pessimismus und Kleinmütigkeit, oder einfach Zweifel haben die Menschen von den Engeln getrennt.

Gläubige Zuwendung, Achtung, Demut, Geduld und Liebe dagegen öffnen dir den Blick in ihre Welt. Als Geistwesen wird der Engel sich dir in deinem geistigen Inneren nähern, wenn du dich auf ihn gedanklich einstellst und dich dabei von der richtigen seelischen Stimmung der Liebe getragen fühlst.

Durch eine kleine Andacht wird es jedem Pilger leichter gelingen, sich in diese Verfassung zu versetzen, um auch bewusst ein Zwiegespräch mit den jenseitigen Helfern führen zu können. Eigentlich ist jeder Gedanke, der von einem Gefühl getragen an Gott oder einen seiner Engel gerichtet wird, eine Andacht. Jedes Gebet und jede Meditation, in der du dich in Gedanken auf einen Engel einstellst, verstärkt auch tatsächlich das Band, das dich mit den Engeln verbindet.

Daher sollst du dir so oft als möglich vor Augen führen, dass du nicht allein bist und dass dich als Pilger dieses Bundes stets unsichtbare Helfer umgeben. Je öfter du im Geist mit den Engeln sprichst und auch in dich horchst auf eine Antwort von ihnen, umso eher wird sich die Verbindung vertiefen.

Ruf also den Engel, den du brauchst, mit seinem Namen und sprich zu ihm wie mit einem guten Freund. Er wird dir antworten oder zumindest trostreiche Gedanken der Zuversicht eingeben, wenn Hilfe für dich im Augenblick noch nicht möglich ist.

Wer zuhause nicht ungestört ist, kann seine Andacht in einer Kirche abhalten. In vielen Kirchen ist die Möglichkeit gegeben, eine Kerze anzuzünden. Sein Opfer kannst du in den Opferstock legen, der ebenfalls in jeder Kirche zu finden ist. Die Engel sind ja Gottes Diener. Der Engel ARGARON, der die religiösen Angelegenheiten dieser Erde lenkt, sprach einmal zu mir die Worte: „In jeder Kirche und in jedem Tempel kannst du uns erreichen, wenn du aus reinem Herzen zu uns rufst."

Wer aber einen eigenen Engelaltar hat, wird dort seine innere Sammlung für das Zwiegespräch suchen und finden. Setze dich dabei entspannt vor deinen Altar und versuche, so gut es geht, ein Gefühl der inneren Stille zu erleben! Wenn du noch nicht die Kunst der geistigen Versenkung beherrschst, achte ganz einfach auf deinen Atem! Schau in dich und erkenne, wie es dich atmet! Nicht du atmest. Es atmet dich. Bleib ganz entspannt und locker und vermeide, den Atem durch bewusste Dehnung des Oberkörpers zu verstärken! Lass die Schultern hängen und den Bauch heraus! Der Vorgang des Atmens soll nur im Bauchbereich stattfinden! Locker – ohne Krampf und Spannung – hebt und senkt sich dein Unterbauch, ein Vorgang, der sich dir unbewusst und ohne deine Hilfe seit deiner Geburt vollzieht. Stelle folgende Überlegung an und meditiere:

- „So wie mein Atem ohne mein Zutun geregelt wird, werden sämtliche anderen zu meinem Leben nötigen Vorgänge in meinem Körper ohne mein Wissen bewirkt. Keine blinden Elemen-

tarkräfte können das sein, nicht sinnlos, zufällig, zerstörend wie bei einem Erdrutsch wird in meinem Körper etwas bewegt, verlagert. Mein Leben ist nur möglich, weil nach weisem Plan Gifte ausgefiltert, ausgeschieden und Nötiges aufgenommen wird. Nichts trage ich selbst dazu bei. Andere Wesen lenken und korrigieren hier nach weisem Plan und sorgen für mein Wohlbefinden und mein Leben. Wenn also für mich gesorgt wird, wo ich nichts verlange, warum sollten diese Mächte nicht erst recht auch dort helfen, wo ich selbst plane und Wünsche realisieren will?
Liegt ihnen mein Leben am Herzen, werden sie auch an meinem seelischen Wohlbefinden Anteil nehmen und mir sicher gerne helfen, dieses Leben recht zu nützen. Ich will sie also bitten, mir auch in meinem bewussten Wirken beizustehen."

Nachdem du dich einige Minuten innerlich so gesammelt hast, entzündest du eine Kerze! Weihevolle, sakrale Musik wird deine Stimmung vertiefen und dir helfen, in jene inneren Bereiche vorzudringen, die auch zur Welt der Engel zählen. Eventuelle Räucherungen werden nur mit gutem Weihrauch vorgenommen. Verwende niemals Räucherstäbchen oder Duftstoffe, deren Wirkung du nicht kennst! Ein Geruch, der einem Engel nicht entspricht, würde den Kontakt zu ihm nur erschweren. Guten Weihrauch kannst du bedenkenlos verwenden. Er ist allen Engeln unseres Bundes sympathisch und stellt eine ihnen angenehme irdische Atmosphäre her. Böse Wesen und Dämonen dagegen werden vom Duft des Weihrauchs vertrieben.

Sobald du fühlst, dass deine Gedanken an den Engel, den du rufst, von guter innerer Stimmung getragen sind, kannst du deine Wünsche formulieren. Die Worte spielen keine Rolle. Bewahre eine demütige Haltung, indem du dich in Ehrfurcht vor dem großen Werk der Schöpfung neigst! Gottes weiser Plan wird ja von diesen Engeln, an die du dich jetzt wendest, verwirklicht. Entsprechend deiner persönlichen religiösen Einstellung beginne daher deinen Ruf, indem du den Glauben an deinen Gott zum Ausdruck bringst, mit den Worten:

- „Allmächtiger Gott, mein himmlischer Vater, ich bitte Dich, sende mir deinen Engel (hier kannst du dann den Namen des Engels nennen), auf dass er mir beistehe in meiner Not. Dein Wille geschehe im Himmel, so auch auf der Erde!"

Nicht immer kann man mit seinen Gebeten Gott direkt erreichen. Der Pilger des Bundes wendet sich deshalb an die Engel, welche auf Grund ihres Wesens der Welt des Irdischen näher stehen und doch auch ins Reich Gottes blicken. Wenn du dich trotzdem zu Beginn der Andacht zuerst an deinen und der Engel Schöpfer wendest, hat das einen guten Grund. Du bringst damit deinen Glauben an eine weise, lenkende Allmacht zum Ausdruck und zeigst den Engeln, die dich sicher hören, dass du gleich ihnen ein gottgeschaffenes Geistwesen bist. Du zeigst ihnen, dass du an Geistiges glaubst und damit auch an sie und ihre Hilfe. Wer katholisch ist, kann auch das „Vaterunser" beten. Es ist ein hochwirksames Gebet von ganz enormer magischer Macht für jeden, der es richtig zu sprechen weiß. Verharre jetzt einige Minuten in Stille und wende dich dann mit folgenden Worten an den Engel, den du rufst:

- „Im Namen des allmächtigen Gottes, der über allem steht, der diese Welt und alle Wesen geschaffen hat und mir das Leben gibt und dem du dienst, rufe ich dich (hier kommt der Name des Engels), hilf mir, wenn du helfen darfst."

Sprich jetzt in schlichten Worten deine Probleme und Wünsche aus! Bitte den Engel, dass er über das kleine Siegel den Kontakt zu dir aufrecht hält und dir durch das Kontaktritual jederzeit seine Aufmerksamkeit schenkt. Weiter kannst du jetzt ein Versprechen oder ein Gelübde ablegen, mit dem du deinen Beitrag leisten willst, oder ein kleines Opfer in Form einer Spende in die Opferschale legen.

Lass diese Andacht durch passende, optimistische und froh stimmende Musik ausklingen! Beende sie jedoch niemals, ohne vorher deine Freude und tiefe Dankbarkeit über den Kontakt mit dem Engel und seinen Beistand durch ein Dankgebet zum Ausdruck gebracht zu haben.

Die Kerze wird gelöscht, aber nicht ausgeblasen. Die Andacht ist dann zu Ende.

DIE WEIHEHANDLUNG

Die Andacht kann auch als Weihehandlung von mehreren Pilgern des Bundes gemeinsam verrichtet werden.

„Wenn zwei in meinem Namen sich versammeln, dann werde ich unter ihnen sein“, versprach einst ein Geistwesen vor 2000 Jahren den Menschen. Das gilt für alle Geistwesen und Engel. Denn gemeinsames Beten und geistige Zuwendung an einen Engel setzt einen ungeheuren Kraftstrom frei, welcher der Kommunikation zwischen den zwei Welten dient. Der Strom des Einzelnen wird durch die gleichzeitig auf einen Punkt konzentrierte Aufmerksamkeit Gleichgesinnter wie durch ein Brennglas um ein Vielfaches der Anwesenden verstärkt. Das vereinte Gebet wird zu einem hörbaren Ruf für die Engel, wo sonst vielleicht das Flehen eines Einzelnen zu schwach verhallte.

In der gemeinsamen Engelandacht darf immer nur ein einziger Engel angerufen und verehrt werden. Und jeder der Anwesenden muss das gleiche Bedürfnis oder Anliegen haben. Denn nur der Ruf, der aus tiefstem Herzen kommt, kann die Worte des Verstandes zum Engel tragen. Kein pompöser Aufwand oder Prunk ist dazu notwendig. Das Äußere bleibt schlicht und einfach.

Das Siegel des Engels wird vorbereitet, soweit es nicht von einer früheren Weihehandlung vorhanden ist. Es soll auf einem runden weißen Leinentuch oder Papier in der Farbe des Engels aufgezeichnet werden. Je größer, umso besser.

Rechts, links und oben wird je eine Kerze gestellt, sodass das runde Siegel in einem Dreieck aus Lichtpunkten liegt. Die Anwesenden setzen sich entweder auf den Boden oder an einen runden Tisch im Kreis um das Siegel, und jeder legt sein kleines Siegel, das er von diesem Engel vorbereitet hat, auf die Scheibe. Dann werden mit folgender Formel die drei Kerzen in der Reihenfolge oben, rechts und links angezündet:

- „Der Engel Weisheit findet den Ausweg aus dem Dunkel.“
- „Der Engel Macht besiegt die Not und das Leid.“
- „Der Engel Liebe gibt uns Trost und Hilfe.“

Danach werden die beiden Gebete der Andacht gesprochen, wobei jedoch nie die Gruppe, sondern stets nur einer spricht, während die anderen den Worten in Gedanken folgen.

Alles Weitere bleibt den Versammelten überlassen. Es kann daher jeder spontan sein Problem vortragen und seine Wünsche äußern, wenn es ihn dazu drängt.

Ansonsten ist es besser, zu schweigen und sich innerlich mit dem Engel zu verbinden. Der Engel sieht dir ins Herz und weiß, was dir fehlt.

Diese Versammlung soll auf keinen Fall in eine Art spiritistischer Séance ausarten. Es kann jedoch, wenn eine Gruppe gemeinsam den selben Engel anruft, zu Erscheinungen, Geräuschen oder anderen Phänomenen kommen. Diese sind aber weder Ziel der Andacht und erwünscht, noch Beweis für die tatsächliche Anwesenheit des Engels. Die Begegnung findet auf jeden Fall auf der geistigen, inneren Ebene statt. Dazu müssen die Anwesenden sich innerlich erheben können, und nur der Schaffung dieser inneren Verfassung dient die Andacht. Der Pilger geht zum Engel und nicht umgekehrt.

Er darf ihn bitten, aber nicht drängen, fordern oder gar ihm befehlen. Noch kann er sein Schicksal nicht selbst beherrschen. Noch weiß er nicht, was für ihn in diesem Erdenleben wirklich gut und förderlich ist. Daher beschränkt er sich darauf, zu bitten, und beendet auch jedes Gebet mit dem Wunsch: „Dein Wille geschehe!“

Auch die gemeinsame Andacht ist mit einem Opfer zu beenden. Jeder nimmt dann sein kleines Siegel wieder an sich in der festen Überzeugung, durch dieses Amulett weiter mit dem Engel in Verbindung zu stehen. Denn jeder so hergestellte Kontakt verstärkt die Wirksamkeit des Siegels. Musik beschließt die Weihehandlung. Die Kerzen werden schweigend gelöscht – in der umgekehrten Reihenfolge.

DIE WEGWEISER

Als Pilger dieses Bundes hast du dich auf den Weg gemacht. Vorerst suchst du noch dein Glück auf dieser Erde. Du wirst es finden, wenn du nicht vom rechten Weg abkommst. Dein weiterer Lebensweg ist ab jetzt zugleich auch ein Weg nach innen zu deinem wahren Selbst. Geistige und seelische Bereiche wirst du durchstreifen, wenn du den Engeln entgegengehst, auf dass sie zu dir finden.

Du erwartest Hilfe aus der Welt der Unsichtbaren, aber bestimmte Voraussetzungen sind zu schaffen, damit die Engel aus der Welt des Geistes auf irdisches Geschehen einwirken können. Erst durch rechtes positives Denken gelangt dein Geist in jene Aufnahmebereitschaft, die nötig ist, um diese Hilfe auch in Empfang zu nehmen. Nur aus rechter Seelenstimmung kommend, wird dein Bitten für die Engel hörbar. Einfach und für jedermann verständlich sind diese geistigen Gesetze, nach welchen sich das Leben dieser Welt gestalten lässt. Wer sie jedoch nicht kennt und beachtet, der wird leiden oder in die Irre gehen.

Deshalb stehen dir zur besseren Orientierung Wegweiser in Form von Belehrungen jener Pilger zur Verfügung, die diesen Weg schon vor dir beschritten haben. Von Engeln dieses Bundes inspiriert, hat ein jeder bestimmte Bereiche beschrieben, so wie er sie von seinem Standpunkt aus erkennen konnte.

So wie zum Beispiel in den Bergen alle 20 Meter Bodenmarkierungen auch im Nebel den Weg finden lassen, ist es wichtig, dass du täglich deinen Standpunkt überprüfst, um dich zurechtzufinden. Nachfolgende Bücher sind die Wegweiser, die dir dazu dienen. Es gehört zu den wenigen Pflichten des Pilgers, im eigenen Interesse täglich eines dieser Bücher aufzuschlagen und zumindest einige Zeilen darin zu lesen.

Dein erster Wegweiser ist „DAS SCHUTZENGELBUCH“. Achte auf alle Belehrungen, welche die Engel den Hilfesuchenden zuteil werden ließen! Studiere besonders eingehend jenes Kapitel, in dem dein persönliches Problem zur Sprache kommt.

Im „BUCH VOM GLÜCK“ von BÔ YIN RÂ (Kober Verlag) findest du Antwort auf die Frage: „Was ist dein Glück und wie erlangst du es?“

Studiere auch das Buch „DER UNFUG DES LEBENS UND DES STERBENS“ von Prentice Mulford (Fischer Taschenbuch Nr. 1890). Wie man durch richtiges und positives Denken seine Zukunft selbst gestalten kann, lernst du aus diesem Buch. Es zeigt dir die ungeheure Macht deiner Gedanken und wie sie anzuwenden ist, damit du erreichst, was du dir wünschst.

Welche Mechanismen du in Bewegung setzen musst, um zu Erfolg, Geld und finanziellem Wohlstand zu gelangen, lernst du aus dem Buch „DIE GOLDENE REGEL“ von K.O. Schmidt (Drei Eichen Verlag).

Wie du zu beten hast und wie du deine Worte an die Engel richten sollst, beschreibt BÔ YIN RÂ in seinem Buch „DAS GEBET".

„DER PROPHET" von Khalil Gibran (Walter Verlag) wird auf alle Lebensfragen in weiser Sprache Antwort geben.

Wenn du tiefer in die Wissenschaft der Magie eindringen willst, studiere das Buch „DER WEG ZUM WAHREN ADEPTEN" von Franz Bardon.

Ein Wegweiser, dem du schon bisher gefolgt bist, wird auch weiter für dich Richtung weisen. Es ist das heilige Buch jener Religion, welcher du angehörst. Wenn du ohne besonderes Bekenntnis lebst, dann nimm das Buch deines Lieblingsphilosophen, dessen Erkenntnisse dir Frieden geben.

Der wichtigste Wegweiser zu deinem irdischen Glück und durch das Jenseits dieser Welt sind die Bücher der „Magie und Mystik im 3. Jahrtausend". Wenn du mehr über die geheimen Zusammenhänge wissen willst, die zwischen der Welt der Menschen und den Welten der Engel, Geister und Dämonen bestehen, dann sollst du zumindest den ersten Band der Reihe, „DAS BUCH DER MEISTER UND SEINE ERBEN", lesen. Ich beschreibe in diesem Roman die unsichtbaren Mächte, auch die negativen, und die Gefahren, die von diesen Schattenmächten drohen – und die Möglichkeit, wie man sich davor schützen kann. Wie mir begeisterte Leser immer wieder versichern, ist es das spannendste Buch, das je über das Jenseits und die verborgenen Zusammenhänge, die uns Menschen schon zu Lebzeiten mit den unsichtbaren Wesen verbinden, geschrieben wurde.

DIE PFLICHTEN

Wer einmal auf dem Weg des Pilgers wandert, weiß, er ist nicht mehr allein. Er hat die Erfahrung gemacht, dass er sich der natürlichen Kräfte seines Ichs bedienen muss, dass aber die eigentliche Kraftquelle stets aus überirdischen Bereichen einströmt. Das Selbstbewusstsein des Pilgers wächst, weil er weiß, dass er nicht allein auf sich selbst angewiesen ist, sondern mit der übermächtigen Hilfe der Engel rechnen darf. Um sich diese zu erhalten, muss er jedoch bestimmte Pflichten und Regeln einhalten.

Wenn du den Kontakt zu den Engeln nicht verlieren willst, beachte folgendes:

Schweige über deinen Weg anderen gegenüber. Vermeide Diskussionen mit Ungläubigen. Nachdem du aber erste spürbare Hilfe durch einen Engel erhalten hast, kannst du jenen Freunden, die ebenfalls der Hilfe bedürfen, den Weg zeigen. Der Bund der Wanderer wird sich über die ganze Erde verbreiten. Dazu bedarf es aber keiner Werbung. Der Würdige, dem geholfen werden darf, wird den Weg finden.

Die drei Gebete – morgens, mittags und abends – dürfen nicht vergessen werden. Das Kontaktritual ist möglichst täglich durchzuführen. Es gibt sicher immer einen Engel, den du rufen kannst, und sei es, dass du für jemanden anderen beim Engel ASTUREL Hilfe erbittest oder um Frieden für die Welt beim Engel ERIMITES deine Gebete deponierst. Vergiss die Opferschale nicht.

Das Lesen in den Wegweisern soll nicht vernachlässigt werden. Zumindest einige Zeilen musst du täglich auf dich einwirken lassen. Dabei wirst du merken, dass du gerade nach dem Buch greifst und es dort aufschlägst, wo für deine persönliche Situation die rechten Worte stehen.

Weiter beachte deine richtige innere Einstellung durch positives Denken. Selbstloses Handeln, Fleiß, Geduld und Ehrlichkeit zeigen darüber hinaus den Engeln, dass du auf ihrer Seite stehst.

Wenn du diese Regeln einhältst, kannst du sicher sein, dass dich die Engel nicht im Stich lassen. Je öfter du jedoch einen oder mehrere Punkte vernachlässigst, umso mehr entfernst du dich von deinem Weg und damit auch vom guten Einfluss der Engel, die diesen Weg und alle, die ihn gehen, überwachen. Genaue Einhaltung der Regeln und einige Andachten oder Weihehandlungen, verbunden mit einem Opfer, werden dich jedoch wieder zum rechten Weg und in die Gemeinschaft der Engel zurückführen.

DIE AUFNAHME

Die eigentliche Aufnahme in den Bund geschieht während einer Weihehandlung, wie sie für den Weg des Pilgers angegeben ist. Die Andacht hat unbedingt allein und ohne Zeugen stattzufinden. Nur dir selbst bist du verantwortlich. Folgende Anweisungen gab mir der Engel, um diesen Schritt, der das Tor in die Welt der Engel öffnet, richtig durchzuführen:

- „Jeder Mann und jede Frau, die den Entschluss fassen, in den Bund zu treten, und welche die richtige reine innere Einstellung haben, sind uns willkommen. Ganz gleich, aus welchem Land sie kommen und welcher Religion sie angehören. Es gibt kein Aufnahmeritual und es werden keine heiligen Eide verlangt. Es gibt keine Grade und auch keine Geheimnisse. Jeder wächst langsam in den Bund hinein, entsprechend seinem Willen und seinem Eifer, und er entfernt sich vom Weg, auf dem wir mit ihm gehen, wenn er sich abwendet. Es gibt keinen Ausschluss und doch wird jeder, der unsere Hilfe missbraucht, sofort fühlen, wenn wir Unsichtbaren ihn nicht mehr schützen und lieben. Wir sind viel mehr als ein irdischer Orden und richten nicht. Aber wir handeln nach unseren geistigen Gesetzen. Wenn euch auch keine Eide binden, bedarf es doch, um geistigen Gesetzen zu genügen, eines irdischen Impulses auch auf der physischen Ebene als sichtbares Zeichen, welches unseren Bund besiegelt. Hast du dich also fest entschlossen, den Bund mit uns Unsichtbaren zu besiegeln, dann tue folgendes:
- Wenn du in weihevoller Stimmung bist in einer stillen Stunde, schreib dein geistiges Bekenntnis nieder. Mach klar für dich und uns, woran du glaubst, beachte aber unbedingt die drei wichtigsten Punkte, indem zumindest folgendes du schreibst:

1. ‚Ich glaube an eine unsichtbare geistige Welt.
2. Ich glaube an einen Seelenkörper als unsichtbaren Träger meines geistigen Bewusstseins.
3. Ich glaube an unsichtbare geistige Wesen, Intelligenzen und Engel, die als mächtige Lenker und gütige Helfer nach weisem hohen Plan für die Menschen wirken.‘

Sodann schreib dein Gelöbnis nieder, und zwar:

1. ‚Ich gelobe vor mir und vor meinem Gewissen, stets so zu handeln, dass es mit meinem Glauben übereinstimmt.
2. Ich gelobe, nichts zu fordern, was anderen schadet, und die mir durch das geheime Wissen um die Siegel erschlossenen Möglichkeiten nie zu missbrauchen.
3. Ich gelobe, die Pflichten des Pilgers getreulich zu erfüllen.‘

Jetzt bereite dich und deine Seele auf den Eintritt vor! Versuche, diesen Tag als Feiertag zu gestalten! Mach dich, wenn du kannst, von Arbeit frei! Gehe hinaus in die Natur, besuche eine Kirche, höre Musik, die dir gefällt und daher deine Seele zu uns hebt! Meide Zeitung, Fernsehen, Tagestratsch an diesem Tag! Nimm dann ein warmes Bad und neue Kleidung und warte, bis die Sonne untergeht! Entzünde ritualgemäß drei Kerzen, wie du es für eine Weihehandlung gelehrt wurdest, und lies mit würdevollem Ernst dein Bekenntnis und Gelöbnis! Der Engel ruft dir zu:

‚Du stehst am Anfang eines neuen Weges. Ein Engel hat dich bis hierher gebracht. Noch bist du durch ein Tor getrennt von uns, den Unsichtbaren, die dir den Weg bereiten, und von den Pilgern, die dir schon vorausgegangen sind.
Reich uns die Hand, bekenne dich zum Guten! Gelobe es dir in deinem Geist. Bekräftige dein ehrliches Bestreben, indem du dein Gelöbnis unterschreibst!
Und sieh: Auf springt das Tor, von unsichtbarer Hand geöffnet! Du selbst hast es für dich erschlossen, indem du diesen Schritt getan.
Du gehst den Weg und bist nun selbst zum Weg geworden. Die Pforte, die jetzt offen steht, sie lag in dir! Das Hindernis, das unsere Welten trennte, es ist überwunden. Bleib voll Vertrauen, sodann bleiben wir bei dir!
Sei uns gegrüßt, du bist willkommen, tritt näher, Pilger, fürchte nichts! Du bist im Geist ab jetzt mit uns verbunden: mit Gleichgesinnten auf der Erde und mit Wesen aus dem Reich des Lichts. Bist eingetreten in den Tempel, aufgenommen in den Bund.‘

Du bist ab jetzt in einem unsichtbaren Kloster, das dir fortan Frieden, Schutz und Sicherheit auf Erden und im Jenseits gibt.

Vor dir ein Weg von ungeahnter Schönheit und über dir ein golden Licht, das schattenlos die Finsternis durchdringt. Fühl dieses Licht! Von unseren Gefilden, die fortan auch die deinen sind, strömt es als Liebe, Trost und Zuversicht durch deinen Geist und deine Seele. Fühle, wie es in dich dringt! Bleibe offen, bade nun in diesem Licht!“

Soweit die Anleitung des Engels. Verschließe dann dein Gelöbnis an einem für andere unzugänglichen Ort. Du bist jetzt ein Pilger geworden auf dem Weg zum Licht und zu deinem wahren, wachen ICHSELBST.

Wähle dir nun ein Siegel aus dem Buch von einem Engel, der dir zusagt, und pflege die für diese Stufe angeführten Gebete und Meditationen, um diesen Genius in deiner geistigen Nähe zu haben! Trage sein Siegel auf einem Amulett graviert ständig bei dir, wobei es von Vorteil ist, wenn dieses von einem Adepten oder einem Meister strahlend gemacht, also geweiht wurde.

Befolge genau die Anleitungen dieser Stufe und versuche, so gewissenhaft wie nur möglich dabei vorzugehen! Je nach deiner inneren Einstellung, Intensität deiner Gebete und Fähigkeit des Glaubens wird dann der Kontakt zu dem Engel, den du rufst, mit jeder Woche stärker werden, und vieles in deinem Leben wird sich zum Guten verändern.

Du wirst nicht nur deine Probleme zu meistern lernen und deine Wünsche erfüllen können, du wirst auch geistig und seelisch reifen und fortschreiten und einen inneren Wandel vollziehen. Die Kontakte zu den Engeln, auch wenn sie vorerst doch nur dir selbst dienen, indem sie helfen sollen, dein irdisches Glück zu schaffen oder Probleme zu bewältigen, bringen dich auch geistig weiter. Sie veredeln deine Seele und machen dich reif für den höheren Weg des Priesters und Meisters. Du kannst nach Monaten oder vielleicht erst in deinem nächsten Leben so weit sein, diese Wege zu beschreiten. Wenn du jedoch schon bewusst einen okkulten Weg gehst, sei es Yoga, Mystik, Magie oder den heiligen Weg einer Religion, wird dein Fortkommen ab jetzt ungeheuer beschleunigt.

RELIGION

Der Bund mit den Engeln der Erdgürtelzone ist keine neue Religion. Auch wenn sich im Laufe der Zeit Millionen Menschen an die Engel wenden und zu gemeinsamen Riten und Weihehandlungen zusammenfinden werden, bleibt jeder Pilger am besten seiner Religion treu. Er erfährt durch die bewusste Zuwendung an die Engel dann eine Vertiefung seines Glaubens an seinen Gott. Wer vorher keiner Religion angehörte, in dem wird durch den Kontakt mit den Engeln eine gläubige Empfindung wachsen, die ihn dann zu jener Religion führt, die seinem Wesen am ehesten entspricht.

Das kann der Kindheitsglaube sein oder eine geisteswissenschaftliche Weltanschauung mit einem bestimmten Gottesbegriff, wie sie die Theosophie oder Anthroposophie oder die Hermetik Franz Bardons lehrt.

Dies wird darüber hinaus ein beschleunigtes geistiges Wachsen mit sich bringen, und der Pilger kann dann auf dem Weg des Priesters und des Meisters eine persönliche, eigene Religion als Weg zu seinem Gott entwickeln. Sein Gott wird ihm vorerst Symbol für „gut" als Ausdruck für schön, angenehm, wertvoll, vollkommen, richtig, wahr, gerecht usw. sein. Wer als Pilger seinen Gott ruft, meint damit diese Qualitäten als Gegenteil zu allen bösen, zerstörenden, leidschaffenden, negativen Mächten.

Wer seinen Weg zusammen mit den Engeln geht, besitzt alle Voraussetzungen für die Grundlage, auf der eine Verbindung mit Göttlichem möglich ist. Auch der Papst als Oberhaupt der katholischen Richtung der christlichen Religionen bedient sich der Vermittlung jener Wesen, die zwischen dem irdischen und göttlichen Reich wirken. Den Segen „Urbi et orbi" beginnt er mit den Worten: „Im Vertrauen auf die Fürbitte der Heiligen, der Apostel, der heiligen Mutter Maria, der Engel und Erzengel" usw.

Vorerst wird der Pilger weiterhin Schutz und Sicherheit aus dem Schoß einer Kirche schöpfen, soweit er dessen bedarf.

Wer es aber schwer hatte, sich einer Religion anzuschließen, weil ihm der Glaube fehlte, für den wird der Bund Religion sein, weil er sich jetzt selbst überzeugen kann vom Wirken unsichtbarer Mächte, und er wird dadurch gläubig und ab jetzt in freiem Gehorsam, der inneren Stimme folgend, Mitgefühl entwickeln und auch Verantwortung für andere zu übernehmen bereit sein.

Jede Religion hatte ja ursprünglich die Aufgabe, den Gläubigen zur bewussten Selbstentwicklung und dadurch näher zu Gott zu führen. Je nach Zeit und Kultur hatte jede Religion andere Schwerpunkte, zum Beispiel Selbstlosigkeit und Nächstenliebe das Christentum, Gerechtigkeit und Gesetz das Judentum; Mut und Tapferkeit war das Schwergewicht des Islam, über Weisheit und Erkenntnis versuchten die buddhistischen und hinduistischen Religionen ihre Anhänger zu ihrem Gott zu führen.

Aber nicht alle großen Religionen haben den gleichen Gott, zu dem sie beten. Diese Annahme ist falsch. Auch in den unsichtbaren Welten tobt ein Machtkampf zwischen Gut und Böse, der sich im Irdischen nur fortsetzt. Wesenheiten, die sich als Gott ausgeben und unter falschen Namen sensiblen Menschen falsche Lehren eingeben, sind auch heute noch am Werk. Damit meine ich nicht nur die bedeutungslosen Sekten. Hinter keinem Gott, in dessen Namen Blut vergossen wird, ist jene Macht, die einmal seine Lehre schuf. Die Glaubenskriege werden geschürt durch Wesenheiten, die sich als Gott anbeten lassen und nur von der gläubigen Anbetung und Zuwendung ihrer Anhänger ihr Lebenselement beziehen. Das erklärt die sinnlosen Glaubenskriege, die – sicher nicht gottgewollt – dem Guten, Wahren und Gerechten dienen.

In alten Zeiten, als die Menschen Geist und Seele noch nicht so individuell entwickelt hatten wie heute, war es nötig, sie in größeren Gruppen, je nach persönlichem Schwerpunkt, gemeinsam zu lenken. Diese Aufgabe übernahmen Engel aus den entsprechenden Ebenen. So hatten die verschiedenen Volksgruppen, je nach ihrer Eigenart, ihren besonderen geistigen Vorsteher, der sie von der unsichtbaren Ebene aus führte und belehrte.

Es würde den Rahmen dieses Buches sprengen, näher darauf einzugehen, wie es geschehen konnte, dass manche dieser geistigen Führer von den Menschen für Gott selbst gehalten wurden und wie weit eine solche Entwicklung sogar zum Entwicklungsplan der Menschheit gehört.

Wichtig ist es, den Unterschied der herkömmlichen Religionen zu der Glaubensgruppe der Pilger dieses Bundes zu erkennen. In den alten Religionen wurden die Menschen zusammengeführt von einem gemeinsamen, ihnen übergeordneten Gruppengeist, den wir je nach Zeit, Ort und Kulturepoche als Gottheit, Erzengel oder Deva aufzufassen haben. Heute ist es umgekehrt. Die Gläubigen versammeln sich und rufen bewusst ihre geistigen Helfer.

Das Unbehagen, das heute den geistig mündig gewordenen Menschen ergreift, wenn er in der gläubigen Menge einer der alten konfessionellen Religionsgemeinschaften steht, erklärt sich aus dem Gefühl der Unfreiheit, das der Einzelne in diesen Gruppen spürt, sobald er eine bestimmte Reife und Erkenntnisfähigkeit erreicht hat.

Der Bund der Wanderer ist dagegen jene Gemeinschaft, von der Rudolf Steiner 1908 in einem Vortrag in Berlin folgendes sagte:

„Wo Menschen sich freiwillig zusammenfinden, wächst etwas über sie hinaus. Sie gruppieren sich um Mittelpunkte (Genien) herum, und die Gefühle, die in so einem Mittelpunkt zusammenströmen, geben diesen Wesenheiten Gelegenheit, zu den Menschen herabzusteigen. Sie fristen ihr Dasein von der menschlichen Einigkeit, und es wird an den Menschen selbst liegen, ob sie möglichst vielen erhabenen Engeln Gelegenheit geben, herunterzusteigen.“

Heute ist es endlich so weit, dass sich verwirklicht, was dieser Eingeweihte vorhersah. Der Bund dient nicht jenseitigen Wesenheiten, damit sich Menschengruppen in deren Sinn um sie versammeln, sondern Menschen finden sich zusammen, um jenseitigen Wesen den Weg im Irdischen zu bereiten.

Wenn sich Pilger des Bundes zu einer gemeinsamen Andacht zusammenfinden, findet stets ein Austausch von Kräften statt, der sowohl den Irdischen dient als auch den Überirdischen. Die Engel helfen den Menschen von ihrer Ebene aus, ihr Leben sinnvoll und harmonisch zu gestalten, und die Menschen helfen den Engeln bei deren Aufgabe, die Pläne der Göttlichen Vorsehung zu realisieren. Indem der Pilger an seiner geistigen und seelischen Vervollkommnung arbeitet, geht er seinem Gott entgegen, und indem er für Wahrheit, Gerechtigkeit und Nächstenliebe eintritt, schafft er gemeinsam mit den Engeln das nötige Gleichgewicht zu den Mächten des Bösen, die auch im Irdischen um die Vorherrschaft kämpfen. So wie jede gute Sache wird auch der Bund nicht verschont bleiben und von den bösen Mächten unterwandert werden. Es wird sich nicht verhindern lassen, dass sich im Namen des Bundes und der Engel Sekten und Orden bilden.

- Lass dich daher nicht von Pseudogurus auf falsche Pfade leiten! Sie werden dir kürzere Wege versprechen und für Geld die Hoffnung verkaufen, ohne Arbeit an dir selbst dein Ziel zu erreichen. Sie werden dir irdisches Glück und ewige Glückseligkeit versprechen. Sie werden falsche Götzenopfer von dir verlangen und geheime Siegel von Wesen aus der Hierarchie des Bösen in Umlauf bringen.
  Sei schon heute gewarnt davor!
- Bleib deiner Religion treu und halte dich genau an die Wegweiser des Bundes! Du wirst dann keinen anderen Lehrer brauchen als die Stimme, die aus deinem Inneren kommt.

Wer sich darüber hinaus mit religiösen Studien beschäftigt und dabei nicht nur theoretische, sondern auch praktische Erfahrungen sammeln will, der wende sich an den Engel ARGARON. Sein Siegel ist mit brauner Farbe zu zeichnen. Er war es, der mir obige Belehrungen über die wahren Zusammenhänge der Religionen zukommen ließ, und seiner Inspiration entstammen auch die Rituale, Symbole und Anleitungen für die Pilger dieses Bundes.

BEGEGNUNG IN DER STILLE

Häufig wird mir die Frage gestellt, ob man die Engel auch sehen kann und woran man erkennt, ob ein Kontakt zu ihnen hergestellt ist.

Es gibt sicher genug Berichte von Begegnungen mit den Unsichtbaren, wo ein Engel deutlich sichtbar oder hörbar erschienen ist. Die Bibel ist voll davon, und wer in okkulten Kreisen verkehrt, hat ebenfalls schon davon gehört oder gelesen. Es ist besonders bei Kindern ein ganz natürliches Erlebnis, und ich selbst habe lange vor meiner okkulten Schulung als Kind viele Erscheinungen von Engeln erlebt. Mit dem Älterwerden aber schwindet zumeist diese natürliche Begabung und die Wand, die irdische von jenseitigen Bereichen trennt, wird undurchdringlicher.

Wer nicht von Natur aus medial begabt ist, wird ohne besondere okkulte Schulung, wie sie der Pilger auf dem Weg des Priesters und Meisters erhält, nur selten sichtbare Kontakte mit den jenseitigen Wesen erleben. Obwohl die Menschen ständig von unsichtbaren Wesen umgeben sind – die wenigsten merken es. Das ist wie mit klassischer Musik. Der eine fühlt sich dabei empor getragen von den Strömen der Harmonie, der andere kann nichts empfinden, obwohl er im selben Konzertsaal sitzt. Der eine erlebt den Sonnenuntergang und die Natur in seiner Seele und hat teil am Fühlen all der unsichtbaren Wesen, die daran mitweben; ein anderer registriert zwar das gleiche, bleibt aber völlig unberührt. Die richtige innere Einstellung und die Bereitschaft dazu sind nötig.

Das gilt auch für die Welt der Engel. Nicht immer gelingt es im selben Maße, sich einzustimmen auf deren reine, feine Schwingung. Ruhe, Schweigen, Stille machen scheinbar Unhörbares vernehmbar, und auch die innere Stille lässt innere Stimmen hörbar werden. Engelstimmen sind wie Musik. Je weniger die Seele durch den äußeren Alltag aufgewühlt ist, umso eher kann sich das Bild der Engel darin spiegeln. Glätte die Wogen in dir und du hörst ihr Raunen! Ihre Welt ist auch die Welt deiner Seele. In deinem Inneren werden sie fühlbar und gegenwärtig. Suche sie nicht irdisch greifbar, sie sind nicht von dieser Welt! Die Begegnung mit den Engeln findet in dir statt. Geh daher in dich, wenn du zu ihnen willst! Horch in dich, wenn du sie hören willst!

In der Stille, im schweigenden Ruhenlassen aller Anspannungen und Bestrebungen wird dir bewusst, was aus feinstofflichen Ebenen zu dir dringt.

EINKEHR IN DIE STILLE

Je weniger dich äußere, irdische Dinge, wie zum Beispiel Lärm, ablenken und stören, umso eher kannst du dich auf die inneren Seelenwelten einstellen. Die Einkehr in die Stille wird dir deine innere Welt als festen Raum erscheinen lassen, als einen Ort der Ruhe, den du bald gerne täglich zur Entspannung aufsuchen willst.

Was im irdischen Bereich als Gefühlszustand empfunden wird, ist auf der feinstofflichen Ebene auch für alle anderen jenseitigen körperlosen Wesen ein fester Standpunkt, ein Ort. So ist eine zornige, aufgebrachte Seelenstimmung voll Stress und Unruhe Umraum für ebensolche unruhige Wesenheiten. Eine friedliche, ruhige, gelassene Stimmung dagegen versetzt das Bewusstsein in die Nähe positiver Engel. Dabei hinterlässt du an jedem Ort des Seelenraumes einen bleibenden Eindruck, der für dort befindliche oder vorbeikommende Wesen als Spur, die zu dir führt, erkannt wird.

Sobald es dir also gelungen ist – und sei es bloß für wenige Augenblicke –, in diese ruhige, gelassene Sphäre der Seele einzusinken, also den Zustand der Ruhe in dir zu erleben, kannst du sicher sein, dass dir Kraft aus dieser Welt zufließt und deine Wünsche dort bewahrt bleiben. Du wirst es sofort fühlen.

Auch wenn keine sichtbaren Zeichen eines Kontaktes mit einem Engel auftreten, wird in der Stille die heilsame Nähe der guten Engel und deren stärkende, trostreiche Ausstrahlung dir bewusst und auch darüber hinaus noch einige Zeit in dir nachklingen. Du brauchst dazu nur für eine kurze Zeitspanne deine Aufmerksamkeit, von den äußeren Dingen abgewandt, auf deine inneren seelischen Regungen zu richten.

Sieh dich dabei als unbeteiligter Betrachter deiner eigenen Gefühle und Gedanken und bleib gelassen, was immer dich berühren mag! Je mehr du dein Engagement allen Eindrücken gegenüber dämpfst, umso mehr kann sich dein individueller Lebensstrom mit dem der Engel verbinden. Der Anschluss an die unterbewussten Kraftzentren vollzieht sich dabei automatisch und ohne deinen Willen, sobald du es wünschst. Dazu ist eine Versenkung in die Ebenen jenseits von Raum und Zeit weder notwendig noch erwünscht. Denn um von dort Eindrücke richtig in diese Welt zu bringen, bist du noch nicht geschult genug.

Ebenso ist es nicht Ziel der Stille, die Engel auf deine irdische Ebene zu rufen. Auch dazu fehlt dir die Fähigkeit, jene Bedingungen zu schaffen, die ein jenseitiges Wesen braucht, um sich irdisch zu manifestieren. Der Weg in die Stille soll dich lediglich an die Schwelle führen, dorthin, wo die aufgewühlten Seelenwogen sanft verebben, wo du Geistiges statt Irdisches vernehmen kannst, weil du Abstand hast zum Lärm des Alltags und der äußeren Dinge.

In diesem Zwischenreich kannst du im Geist deine Hand hinüberreichen in die Welt der Engel und dich von drüben leiten lassen. Du bleibst hier und der Engel bleibt in seiner Welt und trotzdem hast du teil an seinem Wesen und wirst von ihm wahrgenommen. Deine Fragen und Wünsche bleiben in diesem Zwischenreich gespeichert, auch nachdem du dein Bewusstsein wieder anderen Dingen zugewendet hast. So kann es dann geschehen, dass du auf eine Frage Antwort erhältst, wenn du es gar nicht mehr erwartest.

Jederzeit, aber besonders sobald du deine Aufmerksamkeit von der Umwelt abziehst und nach innen wendest, kann dir ein Impuls oder ein Rat eines Engels zuteil werden. Das kann bei einem Spaziergang sein, beim Anhören schöner Musik und genauso, während du routinemäßig mit einer monotonen Arbeit beschäftigt bist, die nicht deine volle Aufmerksamkeit in Anspruch nimmt. Der Einfall, der dir kommt, die Idee oder die Erkenntnis aus einer solchen Bewusstseinshaltung, ist oft die erwartete Antwort des Engels auf eine Frage. Auch der stärkende Strom der Zuversicht kann dir im Zustand der Stille von einem Engel besser zufließen als im Stress und Sorgendruck des lauten Alltagslebens.

Hier liegt das Erfolgsgeheimnis der heute so beliebten Methode des Autogenen Trainings sowie der verschiedenen Meditationsübungen und Yogapraktiken. Sie alle zielen letztlich darauf ab, die

Stille aufzusuchen, die im Grenzbereich des Irdischen eine Brücke zu der Welt der Engel bildet. Alle diese Übungen dienen dazu, das Bewusstsein zu entspannen, um es für Eindrücke aus den feinstofflichen Welten aufnahmefähig zu machen.

Da du als Pilger des Bundes vorerst nicht die Schwelle dieser Welt überschreiten willst, sind für dich auch keine komplizierten Übungen oder langen Meditationen erforderlich. Du willst bloß aus der inneren Stille Kraft tanken und weißt, dass sie dir dort durch die Nähe der Engel zufließen wird. Der Seelenzustand der Entspannung wird dir als Ort des Friedens räumlich bewusst und es wird dir bald zu einem täglichen Bedürfnis, dich dorthin zu versetzen. Je öfter du den Ort der Ruhe in dir suchst, umso leichter wird es dir gelingen, ihn zu finden. Es sind dazu keine komplizierten Meditationen oder Hypnosetechniken nötig wie bei Yoga oder Autogenem Training.

Der Engel JPAKYS, zu dessen Aufgabe es gehört, den Weg in die Stille zu weisen, hat mir folgende vier Schritte gezeigt, die jedem gelingen und zuverlässig das Ziel erreichen lassen:

1. **Zurückziehen**
2. **Umschalten**
3. **Einstimmen**
4. **Schweben**

- **Das Zurückziehen** geschieht durch Abschalten und Herstellen der äußeren Ruhe.
- **Das Umschalten** bewirkst du, indem du deine Gedanken von weltlichen Belangen abziehst und auf geistige Weisheiten richtest.
- **Das Einstimmen** gelingt dir, indem du durch Natur, Musik oder innere Einstellung eine harmonische Stimmung in dir erweckst.
- **Das Schweben** empfindest du durch bewusstes richtiges Atmen.

Wichtig ist der erste Schritt, denn dieser lässt dich automatisch den nächsten machen. Du musst nur den Blick nach innen wenden und das Äußere wirklich draußen lassen. Du musst dich zurückziehen. Damit du nicht abgelenkt wirst, ist es anfangs nötig, auch wirklich mit dir allein zu sein. Das geht nur in einem ungestörten Raum oder draußen in der freien Natur. Hast du dazu keine Möglichkeit, nütze die Zeit am Morgen, wenn die anderen noch schlafen. Diese Viertelstunde Schlaf, die du opferst, wird dir bald zum unentbehrlichen Quell der Kraft und des Friedens. Wer die Stille des Tagesbeginns einmal in innerer Ruhe erlebt hat, allein mit einer Schale frischen, duftenden Kaffees und einem besinnlichen Buch oder in Betrachtung der erwachenden Natur, wird nicht mehr darauf verzichten.

Es ist sehr schwierig, ganz abzuschalten, aber sobald du der Welt den Rücken zukehrst, Ruhe um dich hast und den Blick nach innen wendest, wirst du umschalten können. Du brauchst nämlich die Welt nicht mitzunehmen in deinen Gedanken. Du kannst **umschalten**, indem du deinen Gedanken andere Nahrung gibst. Nimm dir ein beschauliches Buch unserer Wegweiser und richte den Blick auf Wahrheiten über die unsichtbaren geistigen Welten, deren Bewohner und Gesetze. Versuche dabei nicht krampfhaft, dich von allem Irdischen abzuwenden. Wenn zwischendurch sorgenschaffende Gedanken auftauchen, lass diese gelassen vorüberziehen. Bleib völlig gleichgültig und richte deine Aufmerksamkeit wieder auf das Buch und die damit zusammenhängenden Gedanken. Ziel ist es, aus den Weisheiten alter Lehren Zuversicht zu schöpfen. Diese Geisteshaltung wird deine Seele harmonisch **einstimmen.** Sobald du in dir Harmonie, Ruhe und Frieden fühlst, bist du in den Bereich der unsichtbaren Helferkräfte gelangt, deren wohltuende Nähe dich innerlich stärken wird. Das ist der dritte Schritt, dich einzustimmen.

Bist du in der glücklichen Lage, in der Nähe freier Natur zu leben, nütze bewusst die beruhigende und stärkende Atmosphäre, um auch in dir die analoge Seelenharmonie zu schaffen. Nichts wird dich so rasch und leicht in die Nähe der Engelswelten führen wie all die Elementarwesen, die Wald und Wind, Bach und Fels beleben. Gib dich hin der stillen Betrachtung eines Sees, eines Sonnenuntergangs, dem Ziehen der Wolken. Sammle dich am Fuße eines gewaltigen Bergmassivs und lass dich ehrfürchtig von seiner Macht beeindrucken. Blicke in ein Tal und breite dich im Geiste aus, bis du es füllst und fühlst mit deinem ganzen Sein.

Leider haben die wenigsten Menschen Gelegenheit, diese natürliche Methode zum Einstimmen zu verwenden. Sie können mit klassischer Musik das Einstimmen der Seele erleichtern. Mit geschlossenen Augen und voller Aufmerksamkeit kann auch gute Musik dich in jene Ebenen erheben. Wer in einer Großstadt lebt, wird Mühe haben, einen wirklich stillen Raum zu finden, wo ihn nicht

Straßenlärm störend aus der Stille reißt. Da kann Musik über Kopfhörer Abhilfe schaffen. Noch einen Vorteil hast du, wenn Musik dir den Weg in die Stille einstimmt und ebnet. Die uneingeschränkte Aufmerksamkeit, mit der man sich ihr hingibt, ist nicht so leicht durch störende Gedanken abzulenken. Getragen von der Zauberkraft und Harmonie der Töne findest du dich bald am Seelenort der Stille.

Sei dir der Nähe positiver Wesenheiten und ihrer Kraft jetzt bewusst und tauche ein in ihre segensreiche Schwingung. Bewahre diesen Zustand, indem du durch bewusstes Atmen mit der Stille wogst und schwebst. **Schwebe** mit ihr! Du bist nicht in die Stille gegangen, um zu träumen oder zu schlafen. Ziel war es, Kraft und Entspannung zu finden in der Ruhe durch die Nähe der Engel.

Im Atem verbinden sich irdische und geistige feinstoffliche Kräfte. Daher spiegelt sich im Atem sofort die jeweilige seelische Lage, wie Freude oder Leid. Weinen ist ein heftiges Einatmen, Lachen ein heftiges Ausatmen. Der Atem kann sein: heftig, ruhig, frei, beklemmt, gelöst, gepresst. Eine erregte Seelenstimmung kannst du umgekehrt beruhigen durch langsames Atmen. Atme ganz ruhig! Es lösen sich letzte Spannungen, indem du alles starre Irdische lockerst durch das Hin-und-her-wogen-Lassen deines Atems. Jetzt kannst du schweben,

Schwebe! Empfinde in dir durch das Atmen das Fließen und Strömen der heilsamen Engelenergie! – Lass es einströmen in dich, verschmilz mit ihnen – nimm auf und lass es wieder aus dir fließen! Hin und her wogt es in dir – und hin und her wogst du im Zwischenreich. Du atmest ein, spürst dabei Kraft und Leichtigkeit in dir hochsteigen, bist Ich. Du atmest aus, empfindest alle Schwere aus dem Körper in den Boden sinken und entlastest dich! – Entspannt gibst du dich hin, dem Engel, deinem Du. – Ganz ruhig und von selbst fühlst du: es atmet mich. Denkst: ich und hier, und es strömt ein – denkst du und dort, und atmest aus! – Hier das Irdische – dort das Jenseitige. – Fühlst aber beides ruhig in dir wogen! Atme ein und denke: Frieden! – Atme aus und denke: Ruhe!

Ist es dir gelungen, das Schweben zu erreichen, kannst du diesen Zustand als Ausgangspunkt zum Überschreiten der Schwelle nehmen. Belehrungen dazu erfolgen erst auf dem Weg zum Meister.

Du kannst aber schon jetzt mit der Hypnoscheibe und geeigneten Psychoformeln an deiner eigenen Vervollkommnung arbeiten. Wenn du noch am Anfang deines Weges stehst, begnüge dich jedoch mit dem heilsamen Gefühl des Schwebens und kehre langsam in die Welt des Alltags zurück. Der Zustand der inneren Stille braucht nicht lange anzuhalten. Wichtig ist das harmonische Einstimmen und das bewusste Verschmelzen mit den stärkenden Strömen aus den Engelwelten.

Jeder Besuch am Ort der Stille lässt ihn dich das nächste Mal leichter finden. Er ist ja immer vorhanden, wie auch dein Ferienort nicht verschwindet, wenn du ihn verlässt. Es wird dir bald gelingen, selbst im größten Lärm dich zurückzuziehen in die innere Stille, um dort Kraft und Ruhe aufzunehmen. Dazu ist keine lange oder tiefe Versenkung notwendig. Wer sich in der Stille auch nur wenige Augenblicke bewusst auf die Nähe des Engels und der dort positiv wogenden Kräfte einstellt, wird danach den ganzen Tag innere Ruhe und Zuversicht in sich schwingen fühlen.

Es ist dabei nicht nötig, jedes Mal alle vier Schritte bis zur Stufe des Schwebens zu machen. Nicht immer hast du Zeit dazu und manchmal stellen sich innere Hindernisse in den Weg. Der zweite Schritt, das Umschalten, mag noch leicht fallen, aber der dritte Schritt, die Einstimmung, gelingt nicht immer. So wie du auf dem Weg des Priesters und des Meisters noch weitere Stufen erklimmen wirst, ist es nicht nötig, jetzt schon alle vier zu beherrschen. Du wirst merken, dass dich schon der erste Schritt, das Zurückziehen in die Stille, in die Nähe der wohltuenden Ströme aus dem Reich der Unsichtbaren bringt.

Sobald du dich nur kurze Zeit abwendest vom lauten Treiben und dich nach innen wendest, fühlst du das Stärkende, das aus der Ruhe in dich strömt. Auch wenn du jetzt nicht bewusst deine Gedanken umschaltest und dich harmonisch einstimmst, bist du den Engeln näher und fühlst es auch. Bald wird es dir ein tägliches Bedürfnis sein, dich zurückzuziehen, und mit jedem Mal wird es dir leichter gelingen, auch die anderen Stufen mühelos zu erreichen.

BETEN – BITTEN – MEDITIEREN

Zu den wenigen Pflichten des Pilgers gehört die Pflege des Gebets. Dabei werden die Engel nicht angebetet, sondern angerufen und gebeten. Die Engel sind nicht allwissend und allgegenwärtig, daher musst du sie auf dich aufmerksam machen und deine Bitte kundtun. Auf deiner Entwicklungsstufe bietet das Gebet die beste Möglichkeit dazu. Versuche daher täglich neben dem Opfer, welches dein Beten stets begleiten soll, diese bewusste Kontaktherstellung mit den jenseitigen Wesen! Das Mysterium des Gebets erschließt sich dir nicht nur an den drei Tagesstationen, im Morgen-, Mittags- und Abendgebet. Auch wenn du in die Stille gehst, bei deiner Andacht oder während einer gemeinsamen Weihehandlung, verstärkst du die Verbindung zu den Engeln, wenn du bewusst zu ihnen sprichst. Jedes Gebet ist dabei eine Zwiesprache. Horch daher auch, welche Antwort du vielleicht durch die innere Stimme erhältst!

Die häufigste Form des Gebets ist wohl das Bittgebet. Das kann eine von tiefem Mitleid begleitete Bitte um Hilfe für jemand anderen sein oder der verzweifelte Notschrei aus deiner eigenen Seele. Beide Gebete sind von Gefühlen getragen, die ihnen die nötige Kraft verleihen, bis an das Ohr eines Engels zu dringen. Denn nur wenn die Gedanken von einem intensiven Gefühl bewegt sind, erreichen sie die Ebene der Engel. Gedanke und Herz müssen beisammen sein, wenn du betest, sonst lass es lieber sein!

Automatisch herabgeleierte Gebete sind nicht nur wirkungslos, sondern können sogar eine Beleidigung für das Wesen sein, das man damit anzusprechen glaubt. Wenn du dein Morgengebet verrichtest, in Gedanken aber schon auf dem Weg zu deinem Arbeitsplatz bist, ist das, als würdest du jemandem von deiner Steuererklärung erzählen, während du ihm eigentlich von deinem letzten Urlaub berichten wolltest. Wenn du deinem Gebet zwar in Gedanken folgst, es aber nicht mit gläubiger Zuversicht und mit einem innigen Wunsch verbindest, also halbherzig und aus Routine betest, ist es, als würdest du mit jemandem sprechen, während du ihm den Rücken zukehrst. Bete daher nur, wenn es dich dazu drängt!

Im Dankgebet, wo Dankbarkeit und Freude den Worten deines Denkens folgen, hast du stets eine wirkungsvolle Form, die Engel zu erreichen. Das Gefühl der tiefen Dankbarkeit ist ein wohltuender Kraftstrom, den du als Mensch den Engeln zuführst. Durch diesen Strom bist du gleichzeitig mit ihnen verbunden und hast so umgekehrt Teil an deren Wirken. Dein Dank bringt dich in die Nähe der Engel und verstärkt den Kontakt, was ja Sinn des Gebets ist.

Bitte nicht um jede Kleinigkeit und treibe keinen Missbrauch mit der Macht des Gebets! Beende jedes Gebet mit der aufrichtigen Feststellung: „Dein Wille geschehe“, und denke dabei an die weise Voraussicht, in der dir jeder Engel heute noch überlegen ist. Wähle einfache Worte, niemals lange Litaneien. Durch ein Gebet kommt letztlich dein Wille zum Ausdruck. Was du wünschst, weiß doch jeder Engel, denn er sieht dir in dein Herz.

So erzählte mir eine Bekannte folgendes: „Als mich wieder ein Verzweiflungsschub überrollte, als mir bewusst wurde, dass mein Mann bei einer anderen Frau war, bemerkte ich zu meinem Entsetzen, dass ich das Siegel des TRAPIS, der mir immer Trost spendete, sobald ich das Kontaktritual machte, nicht bei mir hatte. In meiner tiefen Seelennot betete ich zu ihm: ‚Trapis, Trapis, Trapis, sieh mir ins Herz! Du weißt, was mir fehlt. Hier bin ich voll Vertrauen, hilf mir!‘ Und sofort fühlte ich seine trostreichen Ströme beruhigend in mich einfließen.“ Dieses kurze Gebet passt natürlich auch für andere Belange.

Auch für andere brauchst du nicht stundenlang um Hilfe zu bitten. Die schlichten Gedanken: „Gott segne dich“, im Geiste ausgesprochen und von tiefer Anteilnahme und Mitleid begleitet, werden jedem Kranken, Krüppel oder Bettler, der dir begegnet, zu einem wahren Segen.

Ein befreundeter Arzt legte in schwierigen Fällen die rechte Hand auf den Kopf des Patienten und betete unbemerkt: „Echagiel, Echagiel, Echagiel, du weißt, was ihm fehlt, er braucht deine Hilfe! Hilf ihm!“ Und viele seiner Patienten erzählten ihm dann, dass sie sich von da an besser fühlten.

Es ist leichter, für andere Leidende etwas zu erbeten als für sich selbst. Die Kraft des Mitleids ist selbstlos und kann daher als ungebundene Energie höher steigen als egoistisch gefärbte Wünsche. Trotzdem wäre es falsch, auf Gebete zu verzichten, die den Engeln deine eigenen Sorgen nahe bringen. Ein Gebet, als konzentrierte Form deiner Wünsche wohl durchdacht und richtig dargebracht, hat immer Aussicht auf Erhörung. Aber du sollst die Heiligkeit eines Gesprächs mit einem Engel nicht mit Bitten um Banalitäten entweihen!

- Bitte daher erst um Herzenskraft, mit der du den Schmerz bezwingst, und nicht um Stillung deiner Seelenqual!
- Bitte erst um Mut, mit dem du den Gefahren entgegentrittst, ehe du um Schutz vor Gefahren bittest!
- Bitte um Erweckung deiner eigenen Stärken, ehe du um Verbündete bittest!
- Bitte um Geduld und nicht um Erlösung!
- Bete folgendes: „Die Kraft meines Willens trage mich, das Licht meiner Ideale leite mich, die Größe meines Mitgefühls erhebe mich, die Reinheit meines Gewissens bewahre mich!"

AUSGLEICH UND OPFER

Das Leben jedes Menschen ist durch sein Karma an vorhersehbare Bahnen gebunden. Das bedeutet jedoch nicht, dass du einem unabwendbaren Schicksal unterworfen bist. Die Schicksalsmächte sind keine blinden Mechanismen, sondern bewusste lebende Wesen. Die Engel unseres Bundes haben teil an dieser Arbeit und darüber hinaus die Möglichkeit, mit Billigung der Göttlichen Vorsehung erwünschte Änderungen eines Schicksalsverlaufes in die Wege zu leiten. Das heißt aber keineswegs, dass dir dabei das Lernpensum dieses Lebens erspart bleibt. Das Leid als Schulmeister wird dann über einen anderen Lebensbereich deine Seele bedrängen, damit du lernst, was dir zu lernen für dieses Leben vorherbestimmt wurde. So kann ein Liebesleid durch den Eingriff eines Engels zwar behoben werden, es wird aber zu einem Rückschlag kommen, wenn du nicht freiwillig für einen Ausgleich sorgst. Ich habe oft erlebt, dass auch in scheinbar aussichtslosen Fällen unerwartet eine Wende eintrat. Wenn sich der Betreffende des Glücks jedoch nicht als würdig zeigte, löste es sich bald wieder auf.

Wahres, dauerhaftes Glück entsteht nur, wenn eigene Anstrengungen zum Erfolg führten. Es ist das Gefühl, etwas geschafft, erreicht oder gemeistert zu haben, zum Beispiel eine Arbeit, eine Prüfung oder eine Liebe. Dazu sind jeweils bestimmte Fähigkeiten und Energien nötig. Diese müssen erarbeitet und eingesetzt werden. Leid und Hindernisse dienen dabei als Prüfstein und Lehrmeister.

Der Sinn des Daseins liegt darin, geistige und seelische Eigenschaften zu entwickeln. Deren Vervollkommnung lässt dann bestimmte irdische Erfolge als Spiegel innerer Reife zu. Du hast also ein bestimmtes Lernpensum zu erfüllen! Willst du nun durch die Hilfe eines Engels eine Glücksanleihe bei deinem Schicksal nehmen, musst du für Ausgleich sorgen. Anders währt das Glück nicht lange. Es trifft dich sonst ein Leid aus einem anderen Lebensbereich, oder du wirst mit neuen Problemen konfrontiert, die vorher nicht vorhanden waren.

Ehe-Frieden durch das Gelübde des Ausgleichs

Frau Beate H. erlebte folgendes: Als Geliebte ihres Chefs hatte sie es sich in den Kopf gesetzt, diesen auch zu heiraten. Sie wandte sich an den Engel LOTOGIN um Hilfe. Sein Siegel ist in blauer Farbe zu zeichnen. Zu seinen Aufgaben gehört es, nicht nur Liebe zwischen Mann und Frau zu erwecken, sondern diese auch zu einer Partnerschaft und Ehe zu vereinen. Es gelang ihr daraufhin auch, ihn zur Hochzeit zu bewegen. Doch schon nach einem Jahr begann er sie zu tyrannisieren und ihr das Leben schwer zu machen. Die Ehe kriselte. Beate wurde missmutig und ließ sich gehen, was zwar verständlich war, aber die Lage nur verschlimmerte. Da wandte sie sich an mich. „Ich war so glücklich nach der Hochzeit“, weinte sie, „warum muss ich jetzt so leiden, was habe ich denn verbrochen?“ – „Sie haben nicht bezahlt für Ihr Glück“, sagte ich und riet ihr, das Gelübde des Ausgleichs abzulegen vor sich und vor den Wesen. „Ich kann doch nur Maschine schreiben, wie kann ich da der Menschheit dienen?“, meinte sie zweifelnd, befolgte aber doch meinen Rat und bat im Geiste die Engel, ihr zu zeigen, wie sie handeln soll. Es dauerte auch nicht lange und sie fand eine Yogagruppe, für die sie bald danach unentgeltlich arbeitete, sich ideell engagierte und die Lehrbriefe für die Gruppe tippte. Durch die Lehre dieser Schule wurde sie auch selbst verändert. Ihr Wesen wurde geduldig durch die Übungen, und das blieb auch ihrem Mann nicht verborgen. Er erlag wieder ihrer Ausstrahlung und die beiden führen seither eine wirklich gute Ehe.

Um Ausgleich zu schaffen, genügt sogar vorerst einmal die innere Bereitschaft dazu, der Vorsatz zu geben und zu lernen, sobald die

Schicksalsmächte den Weg dazu bereitet haben. Das kann schon morgen sein oder erst in einem nächsten Leben. Das Gelübde des Ausgleichs ist, zu geben, willst du das Glück dir halten. Das feste Versprechen dir selbst gegenüber, das Lernpensum deines Lebens voll zu erfüllen und eventuelle Schulden zu bezahlen, gibt den Engeln die Möglichkeit, dein Schicksal zu ändern. Noch besser und zielführender ist es natürlich, wenn du schon im Voraus einzahlst auf dein Glücks- und Erfolgskonto. Das ist das große Mysterium des Opfers. „Ihr seid imstande, sogar Götter umzustimmen, wenn ihr die rechten Opfer bringt", erklärte mir jener Engel, als er mir die Bedeutung der Opferschale, die der Pilger auf seinem Altar hat, vor Augen führte. Der Pilger aber opfert nicht, um Götter zu bestechen oder gnädig zu stimmen. Wenn er opfert, zeigt er damit den Schicksalsmächten, dass er fähig ist, zu verzichten. Er folgt damit dem kosmischen Gesetz des Ausgleichs und bringt so seine innere Stärke und Reife zum Ausdruck.

Geben und Nehmen ist ein Gesetz der Natur. Eine Zelle, die nur aufnimmt, wird zu einem Krebsgeschwür. Die Fähigkeit zur Entsagung ist daher eine notwendige Eigenschaft und Zeichen von persönlicher Reife. Sie zu schulen ist Teil des Lebenssinns.

Die innere Stärke steht in Wechselwirkung mit der Fähigkeit zum Verzicht. So kann es für einen Menschen vorgesehen sein, auf eine große Liebe verzichten zu müssen, ein anderer hat Schmerzen zu erdulden oder lebt in finanzieller Not. Ein bestimmter Verzicht muss in jedem Leben als Aufgabe gemeistert werden, um dadurch geistig und seelisch zu wachsen. Durch ein Opfer hat jeder die Möglichkeit, selbst und freiwillig zu demonstrieren, dass er diese innere Stärke besitzt und verzichten kann. Das Schicksal als strenger Lehrmeister wird dann gnädig.

Du kannst Opfer bringen in Form von Mildtätigkeit oder durch Entsagung. Du verbindest beides, wenn du einen für dich wertvollen Gegenstand veräußerst und den Erlös zur Linderung der Not anderer verwendest. Auch der bewusste Verzicht auf den Genuss einer Triebbefriedigung wie zum Beispiel Rauchen, Naschen, Sex ist als Opfer zu werten. Hüte dich aber vor Askese! Das Opfer darf nicht Selbstzweck werden. Es soll deinen Willen stärken oder durch deinen Verzicht als Freude anderen zugute kommen. Der Verzicht auf einen Opernbesuch, wenn die Karte nicht verschenkt wird, wäre sinnlos. Der Verzicht, das Opfer wird erst sinnvoll, wenn Gutes oder Glück daraus erwächst. Es fließt ein in das unsichtbare, kosmische Glücksreservoir, welches von den Seelenkräften aller Menschen ständig nachgefüllt werden muss. Dadurch entsteht ein Gegengewicht zur Last des Leides. Das Gleichgewicht zwischen Glücks- und Unheilsschwingung der astralen Kräfte muss gewahrt bleiben auf der feinstofflichen Ebene.

Dein Beitrag, mag er noch so gering sein, ist von Bedeutung und wird vom aufzeichnenden Engel vermerkt. Er fließt dir früher oder später selbst wieder zu. Die Chinesen sagen: „Was man zu Lebzeiten auf Erden verschenkt, das bekommt man nach dem Tod im Jenseits verzinst zurück.“ Wer Opfer und Leistungen vollbringt, sobald er die Möglichkeit dazu hat, auch wenn es nicht von ihm erwartet wird, kann sicher sein, dass er damit letztlich sich selbst den größten Dienst erweist. Er kann damit nicht nur sein Schicksal umlenken, sondern auch ankurbeln und beschleunigen, um rascher an sein Ziel zu gelangen.

Schicksalswende durch Opfer

Mein Freund, der heute über die dänischen Landesgrenzen bekannte Heilpraktiker und Fernheiler Martin Schuh, war Werkzeugmacher von Beruf. Medial sensibel und den geheimen Wissenschaften zugetan, litt er natürlich sehr unter dem Fabriklärm und hatte nur den einen Wunsch, aus dieser belastenden Atmosphäre herauszukommen. Ich riet ihm, das Mysterium des Opfers anzuwenden und einen Plan für eine Änderung seines Lebens zu entwerfen. Er war immer schon vom Wunsch beseelt, kranken Menschen zu helfen. Auf Grund seiner familiären und finanziellen Lage sowie seines Alters war an ein Medizinstudium jedoch nicht mehr zu denken. Also beschlossen wir, die Hilfe des Engels DOSOM in Anspruch zu nehmen.

DOSOM ist der Schutzpatron aller Heiler und fördert jeden, der in seinem Sinn den Menschen helfen will. Besonders Hypnotiseuren hilft er gerne, und er ist auch in der Lage, in geeigneten Menschen die Fähigkeit des Heilmagnetismus zu wecken. Sein Siegel ist in grüner Farbe zu zeichnen. Wer sich an DOSOM wendet, muss aber hart an sich und seinem Leben arbeiten. Es wird ihm nichts geschenkt. Auch meinem Freund wurde nichts geschenkt – außer einem alten Buch über Heilmagnetismus und einigen Kräuterbüchern, die sein Schwiegervater „zufällig“ in einer Ecke seines

Dachbodens fand. Gewissenhaft begann mein Freund die vorgeschriebenen Übungen dieses Buches zu absolvieren und studierte auch die Anleitungen Franz Bardons. Darüber hinaus ging er den Weg des Meisters unseres Bundes und unterwarf sich der harten Geist- und Seelenschulung. Als Opfer gab er das Rauchen auf, was ihm besonders schwer fiel. Das Geld, das er dabei sparte, spendete er regelmäßig zur Betreuung von Behinderten. Seine Freizeit opferte er den Studien. Er besuchte Abendkurse und wurde selbst Kursleiter für Behindertenbildung. Er absolvierte einen Lehrgang für Heilmassage und Fußreflexzonentherapie. Obwohl er keine freie Zeit mehr hatte, betreute er zusätzlich noch unentgeltlich einige alte, kranke Menschen aus seiner Nachbarschaft. „Es war mir ein echtes Bedürfnis, den Menschen den Tag zu erhellen, indem ich für sie sorgte", erzählte er mir. „Ich dachte dabei gar nicht an das Heilen und an ihre Krankheit, sondern ich fühlte, wie sehr ihre Seele sich verklärte und in Ordnung kam, wenn ich in ihrer Nähe war. Meine Anteilnahme an ihrem Leid und meine Hilfsbereitschaft waren für sie die Medizin, und ich verstand plötzlich, worauf es ankommt, wenn man heilen will. Selbstloses Mitgefühl und der intensive Wunsch, das Leid zu lindern, und sei es dadurch, dass man es auf sich selbst nehmen möchte, sind die geheime Zauberkraft."

Mein Freund hat damit das Wesentliche des Geistheilens erfasst. Durch die innere Anteilnahme am Leid des Patienten wird der Engel des Heilens gerufen, und mit dem überströmenden Mitgefühl strömt zugleich die nötige Seelenkraft, mit der die Vitale nach seiner Anleitung mit ihrer Arbeit im Lebensleib des Organismus beginnen können.

So gelingt es zum Beispiel vielen Müttern, ihre Kinder gesundzubeten, ohne dass sie sich dabei bewusst werden, dass es ihre selbstlose Liebe und die Bereitschaft, als Opfer die Krankheit auf sich zu nehmen, sind, welche die hilfreichen Wesen in die Nähe rufen und zwingen, zu helfen und zu heilen. Wer heilen will, muss „helfen wollen" lernen und auch im Kleinsten stets zum Dienen bereit sein. Wer nur nach dem Ruf des Wundertäters sucht und sich verehren lassen will, wird nie zum echten Heiler werden. Mein Freund ist den rechten Weg gegangen. Er hat Opfer gebracht und sich als würdig erwiesen. Im Laufe von zweieinhalb Jahren hat sich sein Leben völlig umgewandelt. Statt in der Fabrik ist er nun im Krankenhaus der Stadt als Therapeut und Werkstättenleiter der Abteilung für Nervenkranke tätig. Zweimal wöchentlich arbeitet er an der Abendschule mit Behinderten. In seiner Privatordination besuchen ihn Patienten, denen er schon durch einfaches Handauflegen Linderung verschaffen kann. Als Heilmagnetiseur und Fernheiler ist er inzwischen weltbekannt.

So wie Martin Schuh sein Leben durch Opfer änderte, kann jeder sein Schicksal umgestalten. Das Böse flieht den Opferbereiten. Wer das Leid anderer auf sich zu nehmen bereit ist, erweist sich als würdig und die Engel dürfen ihm helfen, sein eigenes Leid abzulegen. Wer mehr über die geheime Macht der Selbstlosigkeit erfahren will, wende sich an den Engel ETHAMIN. Sein Siegel ist in blauer Farbe zu zeichnen. ETHAMIN hat seit jeher im Menschen die Opferbereitschaft geweckt und durch geeignete Rituale, Lehren und Praktiken, wie zum Beispiel unsere Opferschale oder Karma-Yoga, ins Bewusstsein gerufen.

POSTIVES DENKEN

Neben dem Gebet und dem Opfer ist das positive Denken der dritte Schritt, mit dem du dich den Engeln nähern kannst, um in den Genuss ihrer Hilfe zu kommen. Die Gedanken sind lebende Bausteine deines Schicksals. Sie sind die wegweisenden Mächte allen Geschehens. Jeder Gedanke, jede Vorstellung hat das Bestreben, sich zu realisieren, denn sie dienen den höheren lenkenden Kräften und Mächten als brauchbare Vorlage. Viele Menschen wissen um diese Selbstverantwortung und Möglichkeit bei der Mitgestaltung ihres Schicksals und bedienen sich bewusst dieser geistigen Gesetze. Seit die Neugeistlehre um die Jahrhundertwende durch die Schriften von Emerson, Mulford und F.S. Shinn begründet wurde, konnten sich Millionen Menschen davon überzeugen, dass Gedanken wirkende Mächte sind, die das Schicksal formen.

Deine gedankenbildliche Vorstellung von dem, was du bist, kannst oder was auf dich zukommt, das wirst du sein, wirst du können, das wird geschehen. Nichts kommt auf dich zu, was du nicht vorher vorgestellt im Geiste, befürchtet, erhofft, erwünscht hast. Auch wenn es länger dauert, ehe es sich realisiert, oder du eventuell schon vergessen hast, was du einst dir erdachtest – ein durch das Licht des Glaubens stark leuchtender Gedanke lebt und wird sich mit Sicherheit verwirklichen.

Dabei ist es egal, ob du das vorgestellte Bild eines Ereignisses erwünschst oder befürchtest. Die Energie der Seelenkräfte in dir ist es, welche das Bild belebt. Erst diese Energien der Gefühle, welche jeden Gedanken begleiten, geben dem Bild sein Leben.

Positiv denken bedeutet daher gleichzeitig positiv fühlen. Denn jeder Gedanke erweckt ein Gefühl in dir. Du darfst daher nur solchen Gedanken Aufmerksamkeit zukommen lassen, deren Verwirklichung du wünschst. Die Zugkraft des Wunsches, die sichere freudige Erwartung, die hoffnungsvolle Stimmung gilt es zu wecken durch deine Gedanken.

Positiv denken heißt, nur an das zu denken, was du erwünschst und erhoffst. Das wird auch gleichzeitig positive Gefühle wachrufen. Diese Ströme der freudigen Erwartung und diese positive Stimmung sind aber umgekehrt der beste Nährboden für Gedankenbilder, die dir dienlich sind.

So ist die beste Kontrolle, ob du richtig denkst, deine innere Seelenstimmung. Positives Denken bewirkt frohes Fühlen. Frohes Fühlen ermöglicht wirkungsvolles Handeln und so den Erfolg. Denn Sorge, Trauer, Hass, Zorn, Pessimismus sind Energien, die sich mit jenen Gedanken verbinden und durch solche Gedanken umgekehrt stimuliert werden, die dir schaden würden.

Gedanken und Gefühle stehen in Wechselwirkung zueinander. Moral- und wertfrei führen sie auf der geistigen Ebene ein Eigenleben als lebende, bis zu einem gewissen Grad intelligent wirkende Wesen wie Tiere unserer sichtbaren Welt. Das musst du beachten, und wenn du dieses Wissen berücksichtigst, kannst du dir ganz bewusst Hilfsgeister schaffen, die dir zur Seite stehen, in Form deiner Gedankenbilder dir dienen.

Als Symbol für die Gedanken und Vorstellungen galt seit jeher das Symbol Merkur. Er wurde zu Recht als Götterbote bezeichnet, denn jeder Gedanke ist für dich auf der geistigen Ebene ein unsichtbarer Weggefährte und Begleiter. Er kann Zugpferd sein für dich oder dir hinderlich im Wege stehen, kann als Götterbote, von dir gesandt, den helfenden Engeln entgegeneilen oder wird, wenn es sich um falsches Denken handelt, den Weg zu den Dämonen für dich bahnen.

Auf der Stufe des Pilgers lernst du, durch das positive Denken nur für dich förderliche Gedankenwesen um dich zu dulden. Auf der Priesterstufe wirst du lernen, dir ganz bewusst selbst Gedankenbilder zu erschaffen und zu beleben, um sie als Götterboten auszusenden.

- **Jeder Gedanke ist ein wirkendes Wesen.**

Das ist wichtig und immer vor Augen zu halten! Kurzlebig existiert es nur, so lange du ihm Aufmerksamkeit schenkst. Je konzentrierter und interessierter du einen Gedanken beachtest, desto mehr gewinnt er an Individualität und, wie jedes Lebewesen, auch an Selbsterhaltungstrieb. Denn sobald er durch dein fortgesetztes Denken klarer und deutlicher wird, verbindet sich ein Gedanke mit einem Gefühlschemen und wird so zu einem selbständigen Wesen so wie ein Zugpferd in der physischen, greifbaren Welt, das du für dich bewusst einsetzen kannst, wenn du es beherrschst.

Vorerst jedoch genügt es für dich, darüber Bescheid zu wissen, dass deine Gedankenspielereien und -träumereien für dich sehr bedeutsame Folgen haben können, wenn du dich ihnen unkontrolliert hingibst, und dass du aber umgekehrt durch die Kontrolle über dein Denken über ein Heer von Hilfsgeistern gebieten kannst.

Immer und jederzeit sollst du daher nur jene Gedanken wählen, die dir gut tun! Sie werden, wenn du daran festhältst, sie also stetig im Auge deiner Aufmerksamkeit und Beachtung hältst, die anderen Gedanken, die dir schaden können, sofort verdrängen.

Es muss sich dabei nicht unbedingt um Gedankenbilder und Vorstellungen von Situationen handeln, die du anstrebst und erhoffst. Jedes Bild vor deinem geistigen Auge, welches deine Stimmung hebt, ist gut dafür. Erinnerungen an Erfolg zum Beispiel aktivieren einen Strom der Zuversicht, welcher auch Bilder des Erfolgs von morgen für dich entstehen lassen hilft.

Dabei ist es wichtig, bei den Bildern des Erfolgs, den du anstrebst, das Erwünschte als schon vorhanden, die Eigenschaft, die du erlangen willst, als schon realisiert vor deinem geistigen Auge zu sehen. Denn sobald du es dir geistig vorstellst, ist es ja zumindest auf der feinstofflichen Gedankenbildebene tatsächlich vorhanden und sichtbar.

Stell dir daher das, was du dir wünschst, niemals als zukünftiges Ereignis vor, sondern als schon erreicht! Alles, was du als Wirklichkeit erkennst, ist eigentlich ein Bild von schon Vergangenem. Daher kannst du deine Zukunft, so wie du sie erstrebst, im Geiste als schon vergangen, also verwirklicht sehen und wirst dadurch die richtige innere Einstellung beim positiven Denken aufrecht halten. Willst du zum Beispiel die Liebe eines Menschen für dich gewinnen, dann verliere dich nicht in Träumereien, wie es sein würde, wenn du dereinst mit ihm vereint sein wirst. Damit schaffst du ein Bild, das immer Zukunft bleiben muss, weil du es als Zukunft siehst, und es wird dich bedrängen, indem es in dir Gefühle der Sehnsucht weckt. Stell dir daher lieber vor, du warst gestern mit diesem Menschen zusammen, wie es war usw., und male dir aus, dass er dich gerade heute morgen wieder angerufen hat! Durch diesen kleinen Trick, das Erstrebte in die Vergangenheit zu verlegen, gewinnt die Vorstellung automatisch Realität und wird nicht als Traum in die Zukunft verlegt.

Viele Menschen meinen, sie würden sich belügen, wenn sie sich vorstellen sollen, es gehe ihnen gut, wo sie doch mitten in Schwierigkeiten stecken. Sie bringen es nicht fertig, positiv zu denken, solange sie nur Leid und Not in ihrer scheinbar ausweglosen Situation vor Augen haben. Sie zweifeln an ihrem Glück. Eigentlich gibt es keinen Zweifel, sondern nur den Glauben an das Falsche, Unerwünschte, das dem Erhofften entgegengesetzt ist.

Jeder Mensch hat das geistige Licht des Glaubens, und es liegt an der freien Entscheidung des Einzelnen, woran er glaubt, auf welches Bild er diesen mächtigen Zauberstrahl richtet. Trotzdem glauben die meisten an das Falsche, an das Misslingen, an die Sorge, an das Leid. Das ist verständlich, denn bei den meisten Menschen überwiegen ja die negativen Erfahrungen.

Du aber als Pilger des Bundes oder Träger eines Schutzengelamuletts hast wahrlich allen Grund, an dein Glück und deinen Erfolg zu glauben. Du hast mächtige Helfer zur Seite und kennst die geistigen Gesetze. Du weißt, es ist keine Lüge, wenn du dich als Verkaufsleiter siehst, obwohl du noch arbeitslos bist. Auf der geistigen Ebene gibt es keine Zeit. Jedes dort vorgestellte Bild ist Realität, die sich auf der materiellen Ebene sichtbar zu verwirklichen trachtet, wenn du ihr nicht durch Zweifel andere Bilder in den Weg stellst.

- Es gibt nichts auf dieser Welt, das nicht zuerst in Form von Gedankenbildern auf der geistigen Ebene vorgebildet wurde. Zur Verdichtung auf der physischen Ebene ist aber Zeit nötig. Die musst du einplanen! Erwarte daher geduldig in ruhiger, zuversichtlicher Gelassenheit, was du dir wünschst! Aber sieh das Erwartete schon als Realität und verwirklicht und glaube daran, so wie der Gärtner an die Pflanze glaubt, wenn er den Samen in die Erde legt! Wie die schwangere Mutter an ihr Kind glaubt, welches sie in sich reifen fühlt, darfst du zu Recht glauben, dass auch für dich die Wende zum Guten schon stattgefunden hat. Dein Glück ist ja schon vorgezeichnet durch deine Gedankenbilder, und es ist nur die Zeit abzuwarten, die es zur Verdichtung auf der festen Ebene braucht.

Die Engel und Gedankenwesen arbeiten für dich auf der geistigen Ebene, aber so wie die Mutter durch Gymnastik, richtige Ernährung auf der physischen Ebene alles für die Geburt vorbereitet, der Gärtner den Samen gießt, so musst auch du alles tun, was du zum Erreichen des Zieles auf der physischen Ebene beitragen kannst! Suchst du einen Arbeitsplatz, annonciere, bewirb dich, schau dich um! Fehlt es dir an Fähigkeiten, dann bilde diese aus! Suchst du einen Partner, dann mache dich schön, pflege und kleide dich attraktiv und zu dir passend. Erwarte die Liebe nicht, gehe ihr aktiv entgegen, indem du annoncierst oder selbst auf Annoncen antwortest! „Hilf dir selbst, dann hilft dir Gott!“, sagt ein Sprichwort. Zeichne immer wieder in der geistigen Ebene mit Gedankenbildern auf, was du in Wirklichkeit auf der physischen Ebene erwartest. Mit diesen lebenden Bausteinen gestalten die helfenden Engel deine Zukunft. Du musst mitarbeiten, wo du kannst, und ihren Inspirationen folgen, um auf der physischen Welt durch dein rechtes Handeln das Werk zu vollenden.

Positiv denken heißt also nicht, sich etwas vorzulügen, sondern bedeutet in Wirklichkeit, auf der geistigen Ebene die Zukunft vorzubilden, sich die Helferkräfte zu schaffen, welche dann entsprechend ihrer Eigenschaft, ihrer Bildvorlage auch die greifbare Welt formen werden. Jede gedachte Situation ist im Keim vorhandene Realität auf der geistigen Ebene, ist dort Wirklichkeit, sobald du ein Bild davon vor dich stellst, es denkst.

Dabei ist diese Wirklichkeit kein lebloses Bild wie ein Fernsehbild oder ein physischer Gegenstand, den du betrachten kannst, sondern es sind lebendige Wesen, die das Bestreben haben, sich am Leben zu erhalten. Ein verblasster, nicht beachteter Gedanke stirbt. Daher ist das Gedankenwesen bestrebt, ständig neu gebildet und gedacht zu werden. Dazu weckt es die Wunschkraft, das Interesse des denkenden Menschen. Von dieser Wunschkraft nährt sich das Gedankenbild. Diesen lebenden Gedankenbildern liegt daher viel daran, dich zum Träumen zu verleiten.

Aber erst der Entschluss zur Tat mit all seinen Konsequenzen wird die höheren Willenskräfte mobilisieren. Nur die feste Überzeugung von der Möglichkeit, das Erstrebte zu erlangen, wandelt die Zugkraft des Wunschtraums in den nötigen schöpferischen Impuls des Willens, welcher dann höhere Wesen veranlasst, dir zu helfen, indem sie dafür sorgen, dass das Bild sich zur Realität wandelt. Ein halbherziges Wünschen mobilisiert nicht die Kraft des festen Wollens. Solange ein Wunsch nur Traumgebilde nährt, wird das positive Denken wenig bringen.

Neben dem Zweifel am Gelingen gibt es ein weiteres Hindernis: Die unbewusst verdrängte Angst vor unerwünschten Nebenfolgen des Erstrebten. Jedes angestrebte Ziel und jeder Wunsch bergen auch Nachteile in sich. Der Angestellte, welcher Leiter in seinem Betrieb werden will, weiß von der Mehrarbeit, die auf ihn zukommt, und träumt daher nur halbherzig von Macht und Geldzuwachs, lässt aber die Nachteile der neuen Situation außer Acht. Damit zeichnet er ein unwahres und daher nicht realisierbares Bild und behindert so sein Fortkommen. Gar viele Liebesträume können sich nie verwirklichen, weil Unmögliches erstrebt wird.

Was immer du erhoffst, du musst es mit allen seinen Folgen anzunehmen bereit sein und nicht durch unbewusst Verdrängtes dir selbst den Wunsch verwehren, weil du Angst vor eventuellen Nachteilen im Zuge des Erfolges hast. Die meisten Menschen träumen ein Leben lang von unrealisierbaren Freuden, anstatt zielbewusst von zwei Übeln das kleinere anzustreben. Trotzdem ist es immer noch besser, positiv zu träumen, als sich vor der Zukunft zu fürchten.

Die Engel unseres Bundes, die dir helfen, können auch nur im Rahmen des geltenden Gesetzes von Ursache und Wirkung tätig werden, und die erste Ursache und nötige Voraussetzung für alle Ereignisse auf dieser Welt ist das vorgeplante und klar umrissene Gedankenbild des Geschehens. Es nützt wenig, wenn jemand eine glückliche Ehe zu führen wünscht, aber gleichzeitig diesen Partner ständig als üblen Tyrannen und die ehelichen Pflichten als demütigende Belastung sieht. Die Engel können nur helfen, indem sie Gedankenbilder zur Realisierung lenken und dynamisieren. Auch sie müssen diese Bilder zuerst schaffen und beleben. Wenn du ihnen dabei ständig einander entgegengesetzte Bilder in den Weg stellst, wird es natürlich viel länger dauern oder ganz unmöglich sein, das Erwünschte zu erreichen.

Umgekehrt wirken Gedanken durch sich selbst, indem sie sich als lebende kleine Geistwesen ausbreiten und sich mit gleichen Gedankenkräften zu einer geballten Macht zusammenfügen. Gleiches gesellt sich zu Gleichem. Das gilt auch für die unsichtbaren Mächte der geistigen Ebene. So zieht ein guter Gedanke das Gute, Schöne und Gesunde an, und hässliche Gedanken verbinden sich mit unreinen Elementen zu den Bausteinen deines Lebens. Es liegt also am eigenen Gedankenleben, welche Vorlage für die Zukunft man sich schafft. Je deutlicher diese Bilder geprägt sind, umso leichter fällt es den Engeln, darauf einzugehen und bei der Verwirklichung dieser Pläne mitgestaltend zu helfen.

Alle diese Belehrungen wurden mir vom Engel GOLOPA eingegeben. Sein Siegel ist goldgelb zu zeichnen. Seit cirka 100 Jahren ist es ihm von der Göttlichen Vorsehung gestattet, die Menschen auf die Zauberkraft des Denkens hinzuweisen. Was früher nur der Glaube vermochte, bringt heute jeder schon durch sein Denken zuwege. Damit trägt er auch mehr Verantwortung über sein Leben als früher.

Aber es ist genau so schwer, sein Denken zu beherrschen wie seine Gefühle. Gefühle lassen sich unterdrücken, indem man sie nicht zu unbeherrschten Handlungen ausarten lässt. Analog dazu erfolgt der irdische Ausfluss des Denkens im Reden.

- Kontrolliere also zumindest dein Reden und du bist auf dem besten Weg, dein Denken unter Kontrolle zu bekommen.

IN EIGENER SACHE

Nachdem mir die Aufgabe übertragen worden war, den Bund mit den Unsichtbaren aufs Neue zu begründen, hatte ich vorerst keine Ahnung, wie ich vorgehen sollte. Zuerst versuchte ich, mich an fortgeschrittene Schüler der okkulten Wissenschaften zu wenden, indem ich die Anleitung zusammenstellte, die jetzt als Priester- und Meisterstufe vorliegt. Die ungewohnte Schreibarbeit bereitete mir größte Schwierigkeiten, und ich fürchtete schon, niemals ein druckreifes Manuskript zustande zu bringen. Als mir dann ein Verlag meine Arbeit tatsächlich zurückschickte, war ich völlig entmutigt und wollte aufgeben.

Da wurde ich durch einen Traum auf den Engel GOLEMA aufmerksam gemacht. GOLEMA hilft und inspiriert alle okkulten Lehrer und Schriftsteller, und ich wandte mich vertrauensvoll an ihn. Von da an ging es besser. GOLEMA inspirierte mich, den Wissensstoff in drei Teile umzugliedern, und half mir dabei, die Meisterstufe umzuschreiben. Dieser Teil wurde dann vom Bauhütten Verlag als „Exerzitien für Freimaurer" herausgebracht und die Veröffentlichung gab mir den Mut, an dem Manuskript weiterzuarbeiten. Dabei erkannte ich, dass der Bund mit den Unsichtbaren allen Menschen und nicht nur Okkultisten zugänglich sein sollte.

Ein neues Problem tauchte auf: Wie konnte ich religiösen und mystisch veranlagten Menschen, die jede Art von Magie dem Teufel und den Dämonen zuschreiben, die Angst vor den Genien nehmen und zeigen, dass es sich dabei um gute Engel handelt, die im Auftrag Gottes mit den Menschen wirken? Und was noch schwieriger erschien: Wie sollte ich all den Ungläubigen, Zweifelnden, Rationalisten unserer Zeit das hilfreiche Wirken der Engel in der unsichtbaren Welt glaubhaft vor Augen führen? Wie sollte ich an diese Menschen herankommen? Heute fordert man doch Beweise! Und wieder war es GOLEMA, der mir im Traum erschien und sagte:

„Den ersten Schritt hast du schon längst getan. Du hast vor Jahren, ohne es zu wissen, den Bund mit uns begründet. Durch deine Amulette ist das Tor zu unsrer Welt geöffnet, das vielen Menschen früher noch verschlossen war. Da hast du Tausende Beweise unserer Macht. Willst du den Menschen zeigen, wie wir helfen, schreib über diese Amulette, die du machst!" Und weiter gebot mir der

Engel: „Sammle alle Berichte und Erfahrungen, bereite den Weg für die anderen. Mit jedem neuen Amulett wird uns Engeln die Arbeit auf der physischen Welt erleichtert. Jedes neue Siegel dient als zusätzlicher Stützpunkt in eurer Welt und hilft uns, das Bollwerk gegen die Mächte des Bösen, die euch überrollen wollen, zu verstärken."

Als ich am Morgen nach dieser Begegnung das Gespräch nochmals überdachte, war ich erstaunt, dass ich nicht selbst erkannt hatte, wie ich vorgehen sollte. Natürlich sind all die Dankschreiben, die mir auf Grund der Amulette geschickt werden, die besten Beweise für das segensreiche Wirken der Engel. Und ich beschloss ganz einfach, die wichtigsten Erlebnisse zu sammeln, die mir geschrieben oder erzählt wurden. Nichts kann das Wirken und den Aufgabenbereich eines Engels besser beschreiben als die Früchte seiner Tätigkeit.

Die Kisten mit den Dankschreiben aus aller Welt bieten auch dem Ungläubigsten genug Beweise von der Tätigkeit dieser Wesen. Da stets nur Gutes durch ihr Wirken für den Menschen entstand, werden auch religiöse Menschen in den Genien unseres Bundes Engel und Diener Gottes erkennen, die in seinem Namen schaffen, und keine Scheu haben, sich vertrauensvoll an sie zu wenden.

Trotzdem wollte ich noch mehr Material und Erfahrungen sammeln. Ich verkaufte daher mein Juweliergeschäft und widmete mich von dieser Zeit an nur noch der okkulten Schicksalsforschung. Die jahrelangen Erfahrungen durch meine beiden Berufe als Goldschmied und als Astrologe kamen mir bei meinen Studien sehr zugute. Über meine Klienten konnte ich die Theorie sofort in die Praxis umsetzen. Durch viele Versuche fand ich jene Metall-Legierung, die am besten geeignet ist, das Energiefeld der Engel zu speichern. Dank der Hilfe der Engel PASCHAN und JENURI lernte ich noch viel über den jeweils richtigen Zeitpunkt der Herstellung und Weihe sowie über das geheime Zusammenwirken der Engel untereinander und konnte so immer wirksamere Amulette herstellen.

Es sprach sich bald herum, dass ich als Astrologe nicht nur beraten und warnen konnte, sondern durch die Amulette auch wirksamen Schutz und Hilfe vermittelte, um den Prognosen auch richtig begegnen zu können. Die drei großen österreichischen Tageszeitungen widmeten meiner Tätigkeit mehrmals ganzseitige Berichte, Dutzende Illustrierte aus aller Welt berichteten von den Amuletten, die ich herstelle, Fernsehanstalten luden mich ein und gaben mir die Möglichkeit, vor Millionen Menschen über diese Arbeit zu sprechen. Bald hatte ich mehr zu tun als je zuvor. Die Angst meines Steuerberaters, es finanziell nicht zu schaffen, wenn ich mein gut gehendes Juweliergeschäft verkaufe, war unbegründet. Die Engel haben wieder einmal vorgesorgt.

Der Bund mit den Unsichtbaren

Dieses Buch ist keine Werbeschrift für meine Amulette, sondern soll auf jene Wesen aufmerksam machen, welche durch die Amulette wirken. Damit hat jeder selbst die Möglichkeit, mit ihnen Kontakt aufzunehmen. Ich habe für meine Tätigkeit noch nie Werbung gemacht. Nur so konnte ich sicher sein, dass jeder, der den Weg zu mir gefunden hat, durch höhere Fügung gelenkt wurde, weil ihm durch mich geholfen werden sollte.

Und auch du, der du diese Zeilen liest, kannst sicher sein: Wenn diese Worte dich erreichen, bist du geführt worden von deinem persönlichen Schutzengel und die anderen Engel des Bundes sind nun auch für dich in deiner Reichweite, warten auf deinen Ruf und sind bereit, dir zu helfen.

Der Bund mit den unsichtbaren Helfern wurde ja geschlossen, damit es jedem Menschen und nicht nur einigen wenigen Eingeweihten möglich wird, die Hilfe der Engel in Anspruch zu nehmen. Und wenn es auch gewisser Fähigkeiten und Kenntnisse bedarf, um für andere den Kontakt zu den Engeln über ein Amulett herzustellen, für deinen eigenen Bedarf genügt es, wenn du den Namen und das Siegel eines Engels entsprechend der Anleitung richtig gebrauchst. Glaube, Gebet und Opfer bringen den gerufenen Engel in deine Seelennähe. Keine anderen Anstrengungen sind nötig. Es geschieht von selbst.

Auch wenn nicht immer sofort greifbare Resultate als Beweis des Kontaktes erzielt werden, sollst du nicht zweifeln. Oft erhältst du Zeichen ihres Wirkens, du musst sie nur zu deuten verstehen. So fühlst du vielleicht anfangs nur deinen Geist beflügelt, weil innere Zuversicht dir plötzlich deine Probleme in einem völlig neuen Licht erscheinen lässt. Ein Zustand, vergleichbar mit dem Seelenfrieden, den sonst ein Naturerlebnis oder ernste Musik auslöst. Er dauert nicht lange, der Nachhall kann aber wie bei einem intensiven Traum bedeutsam für das ganze Tagesgeschehen sein. Du fühlst dich dadurch vielleicht ermutigt, einen wichtigen Beschluss zu fassen, einen Brief zu schreiben, oder verzichtest, von der weihevollen Stimmung noch getragen, auf eine Handlung, die für einen anderen oder für dich später üble Folgen gehabt hätte.

Es ist dabei ganz gleich, ob du über ein Amulett oder durch eigenes Streben von einem Engel erhört wirst. Bei den Berichten über die Hilfe durch die Engel fällt immer wieder auf, dass es sich – von einigen wenigen Ausnahmen abgesehen – zumeist um Schicksalskorrekturen handelt, die einem ganz normalen Ablauf folgen. Zwar geschehen manchmal spektakuläre Wunder, aber in der Regel läuft doch alles weiter in gewohnten Bahnen, nur eben jetzt in Richtung hin zum Guten.

Es gibt Berichte von scheinbaren Wundern, wo zum Beispiel ein Kind samt seinem Fahrrad in die Luft gehoben und fünf Meter neben dem Platz, wo es soeben von einem Bus überrollt worden wäre, heil abgesetzt wurde. Aber in der Regel erscheint es mir eher so, als ob durch die Inspiration der Engel Geist und Seele des Menschen auf einen anderen Platz (Standpunkt) gesetzt würden, ehe ihn das Böse überrollt. Sehr oft taucht in den Briefen fast derselbe Satz auf: „Es ist, als wenn ein guter Freund mir tröstend seine Hand auf die Schulter legen würde, ich fühle mich seither geborgen."

Zwei Fragen tauchen dabei auf: Wozu soll man sich dem Bund anschließen, wenn die Engel im Zuge ihrer Pflichterfüllung sowieso für den Menschen arbeiten? Und ist man durch ein Amulett schon Pilger des Bundes oder erst durch das Gelübde?

Nun, der Bund wurde nicht gestiftet, um für die Menschen auf der Erde Hilfsgeister zur Verfügung zu stellen. Der Bund dient in erster Linie den guten, aufbauenden Mächten des Universums, die seit Ewigkeiten für Wahrheit, Recht und Ausgleich durch Liebe sorgen, um den Schöpfungsablauf zu ermöglichen. Unabhängig vom Menschen wirken diese Intelligenzen auf ihrer Ebene. Sie dienen Gott und nur in seinem Wollen einem Menschen. Sie sind mächtig, aber nicht allmächtig. Sie sind weise, aber nicht allwissend. Daher sind ihre Möglichkeiten beschränkt. Im Zuge des vorgesehenen Schicksalsablaufes greifen sie auf Geheiß der Göttlichen Vorsehung ein.

Wer darüber hinaus von ihnen etwas will, muss sich selbst bemerkbar machen. Ist eine Abänderung des Schicksalsverlaufs möglich und von der Vorsehung zugelassen, werden sie jedem helfen, der sie erreicht und sich ihres Beistands würdig erweist. Ganz gleich, ob das Problem ein Liebesschmerz, eine Krankheit oder finanzielle Not ist, du musst den dafür zuständigen Engel finden und ihn bitten.

Es versuchen zum Beispiel in jeder Minute etwa hundert Menschen, sich das Leben zu nehmen. Obwohl dem Engel LOTIFAR, dessen Aufgabe es ist, Selbstmorde zu verhindern, viele Hilfsgeister dienen, kann er aus seiner Ebene nicht jeden Gefährdeten rechtzeitig erkennen. Doch wer ihn ruft, kann sicher sein, dass ihn der Engel hört.

Die irdische Welt ist von der feinstofflichen Welt, in der die Engel wirken, durch einen Schleier getrennt. Um diesen zu durchbrechen und einen Kontakt zu den Engeln zu schaffen, gibt es verschiedene Möglichkeiten. Eine davon ist das Kontaktritual mit einem Amulett, auf dem sich das strahlend gemachte Siegel, also das geweihte Siegel des Engels befindet. Du bist durch ein solches Amulett aber nicht Pilger des Bundes. Selbst wenn du in unmittelbarer Nähe unter Aufsicht eines Engels stehst, ist er dir nicht verpflichtet, und auch du schuldest ihm nichts. In einem gewissen Rahmen wird er dir helfen, wo es nicht gegen dein Karma verstößt und wo dir durch die Hilfe nicht Schulden erwachsen würden, die du nur unter noch größeren Entbehrungen und seelischem Leid zurückzahlen könntest.

Wie du selbst ein Siegel für dich und deinen persönlichen Gebrauch strahlend machen kannst, damit ein Engel zu dir findet, lernst du auf dem Weg des Priesters. Um ein Siegel für andere strahlend zu machen, sind Erkenntnisse und Fähigkeiten nötig, die du erst als Meister erfahren und als Adept erlangen wirst; aber schon als Pilger dieses Bundes ist jeder, der das Siegel eines Engels bei sich trägt, in einem passiven Kontakt mit dem Engel, auch wenn das Siegel nicht von einem Adepten strahlend gemacht wurde. Denn durch die vorgeschriebenen Gebete, Rituale und Pflichten, die dir auferlegt sind, wird aus einem passiven Kontakt ein aktiver. Das Siegel beginnt auf diese Art zu strahlen und du gehst dem Engel entgegen.

Als Pilger des Bundes stellst du dich bewusst auf die Seite des Guten dieser Welt und stehst dadurch den Engeln näher, als wenn du nur ein Amulett tragen würdest. Durch diese Nähe kannst du auch eher Hilfe von den Engeln und durch sie erwarten. So wie du eher die Sorgen deines Bruders kennst und ihn dann unterstützen wirst als jemanden, der in der nächsten Stadt mit gleichen Sorgen lebt; selbst wenn es zu deinen beruflichen Aufgaben gehören würde: das Naheliegende wird vorgezogen.

Es ist also ein Unterschied, ob du durch ein Amulett für dich oder für einen anderen Hilfe wünschst, oder ob du als Pilger des Bundes aktiv auf der Seite der schöpferischen Mächte dieser Welt dein Leben – und später vielleicht als Priester auch das Leben anderer – mitgestalten willst. Denn durch deinen guten Willen, die Opferbereitschaft und die Verantwortung, die du als Pilger zu tragen bereit bist, hast du mehr Anspruch auf Unterstützung. Natürlich wirst du auch als Pilger den Kontakt zu den einzelnen Engeln, die du brauchst, mit einem Amulett vertiefen. Geschenkt wird dir auch dann nichts. Notwendige Lernprozesse durch Erfahrungen, die du selbst machen musst, bleiben dir nicht erspart, auch wenn sie leidvoll sind und schmerzen können. Sie führen dich aber zu deiner Vollkommenheit. Dem Zweifler bleibt die Möglichkeit, sich erst von der segensreichen Hilfe der Engel zu überzeugen, indem er sich ein Amulett machen lässt. Wer sich einmal vom Wirken des Guten in dieser Welt überzeugt hat, die zur Zeit von Hass, Misstrauen und Egoismus überschwemmt wird, wird sich dann gern voll auf die Seite des Guten stellen. Er wird sich als Pilger auf den Weg machen, der ihn in die Bereiche göttlichen Wirkens bringt, um teilzuhaben am großen Schöpfungsplan.

WAS IST EIN AMULETT?

Ein Amulett (Talisman) ist ein Empfangsgerät und Speicher für positive Kräfte. Es kann Unerwünschtes von dir fernhalten und das Angestrebte herbeiziehen, kann dich schützen, stärken und helfen, dein irdisches Glück zu schaffen. Stets wirkt aber ein unsichtbares Wesen durch ein Amulett und keine blinde Kraft. Das Amulett dient dabei nur als Sammellinse und Transformator für die Ströme und bildet für dich und für ein Wesen aus der anderen Welt ein Tor, durch das Verbindung aufgenommen werden kann. Dabei können dir jede Form und jeder Stoff als Glücksmagnet dienen, doch fließen bestimmte Energien durch bestimmte Metalle besser und zu bestimmten Zeiten stärker als zu anderen.

Die meisten Belehrungen über Amulette habe ich von dem Engel JUGOLA erhalten. Er ist ein hervorragender Initiator der Talismanologie und jeder, der sich damit beschäftigt, sei es theoretisch oder praktisch, kann sich an ihn wenden. Sein Siegel ist in roter Farbe zu zeichnen. Für den, der sich als würdig erweist, stellt er den Kontakt zu anderen Engeln her, die über Amulette Spezialaufgaben erfüllen, wie zum Beispiel zum Engel PASCHAN, der für Gesundheitsamulette zuständig ist, oder zum Engel JENURI, welcher über Amulette Schutz in jeder Hinsicht vor allen Gefahren gewährt. Diese Engel übernehmen zumeist auch gleich die Ladung eines Amuletts. JUGOLA dagegen hat mir ein hochwirksames, uraltes Ritual anvertraut, mit dem jedes Siegel ohne große Willenskonzentration strahlend gemacht werden kann und dadurch zu einem Amulett wird. Auch unser „Kontaktritual" stammt von diesem Engel.

Aber nicht jedes wirksame Amulett muss nach komplizierten, okkulten Regeln hergestellt werden. Jeder Gegenstand wird zum Glücksbringer, wenn du ihn durch deinen Glauben für die Wesen strahlend sichtbar machst.

Das kann ein Schmuckstück sein, das in dir glückliche Erinnerungen wachruft, oder das Erbstück eines Menschen, der dich liebte. Eigentlich wird jeder Gegenstand, mit dem du dich umgibst, im Laufe der Jahre durch deine Gedanken zu einem Behälter für gute oder negative Kräfte, die auf dich zurückwirken, ob du dir dessen nun bewusst bist oder nicht. Daher sollst du dich nur mit solchen Dingen umgeben, die angenehme Gefühle in dir wachrufen, die deine Seele erheben und mit Freude oder Ehrfurcht erfüllen.

Kleider, die du nicht gerne trägst oder die mit üblen Erinnerungen für dich verbunden sind, wirf weg! Bilder und Möbel, die dir nichts sagen oder gar Unbehagen bei dir hervorrufen, verbanne aus deiner Wohnung! Gebrauche nur, was dich erfreut und was dich an gute Tage erinnert! Denn jeder Gegenstand, den du mit einem Erfolgserlebnis verbindest, erfüllt deinen Geist mit Zuversicht und wird zur Antenne für weitere Erfolge. Was einmal Durchgangspforte für ein Wesen war, wird stets die gleichen Kräfte nach sich ziehen.

Neben diesen natürlichen, im Laufe der Jahre für dich von selbst entstandenen Glücksbringern gibt es auch ganz bewusst nach den okkulten Gesetzen hergestellte Amulette und Talismane. Für die Pilger unseres Bundes sind sie das wichtigste Werkzeug und Mittel, welche es ermöglichen, den Kontakt mit den Engeln herzustellen und aufrecht zu erhalten. Wir bedienen uns dazu der symbolischen Namensglyphen dieser Wesen in Form der uns bekannten Siegel. Denn jede Eigenschaft und Macht lässt sich symbolisch darstellen.

Universalglyphen, wie zum Beispiel das Kreuz, das Pentagramm oder ein Herz, sind somit kosmische Resonanzfelder in der sichtbaren Welt, welche alle im Sinne dieser Qualität wirkenden Wesen besonders ansprechen. Ein Wesen fühlt sich angezogen von den Symbolen und Siegeln, also von der graphischen Darstellung seiner Eigenschaft. Angerufen dagegen wird es durch den Glauben, der dieses Siegel strahlend macht, sowie durch die Gebete und magischen Gesten, wie du sie als Pilger unseres Bundes gelehrt wirst.

An das Amulett gebunden wird ein Wesen durch die magische Macht und Autorität des Adepten, der es weiht, oder durch die Rituale und Praktiken, die du auf der Priesterstufe und als Meister noch lernen wirst. Am wirksamsten ist ein Amulett, an das ein Wesen schon gebunden ist.

Ist auf einem Amulett mehr als ein Siegel abgebildet, so vereinen sich die hinter den Sigillen wirkenden Engel zu einer gemeinsamen neuen Macht. Diese Macht ist nicht nur die Summe der vereinten Kräfte, sondern mehr. Denn die gegenseitige Ergänzung bewirkt einen größeren Machtbereich jedes Engels, und im gemeinsamen Wirken entsteht eine neue Qualität und Geistigkeit ähnlich dem Egregore, der über einer Menschengruppe schwebt.

Jeder angerufene Engel wird dir helfen können, wenn du richtig vorgehst. Völlig wertlos dagegen sind jene Amulette, die von Pseudomagiern für teures Geld über Annoncen angeboten werden. Ein Adept, der imstande ist, ein Amulett wirkungsvoll zu laden, also an ein Wesen zu binden, hat es nicht nötig, um Kunden zu werben. Ich selbst habe Tausenden Menschen mit einem Amulett helfen dürfen, aber noch nie annonciert, und doch hat jeder, dem geholfen werden durfte, den Weg zu mir gefunden. Du aber, als Pilger unseres Bundes, kannst nunmehr selbst die Brücke zu den Wesen bauen.

HINWEISE FÜR DIE PRAXIS

Täglich erreichen mich Briefe mit den zum Teil gleichen Fragen. Die wichtigsten davon seien hier nochmals angeführt, weil sie jeden betreffen, der im Bund mit den Engeln steht. Es ist ja kein Unterschied, ob der Kontakt zu einem Engel über ein geweihtes Amulett von mir hergestellt wurde, oder ob du als Pilger des Bundes selbst den Engel für dich rufst.

Ich bin sehr katholisch, darf ich trotzdem ein Amulett verwenden?
Die Kirche kennt die Hierarchie der Engel, und die Genien unseres Bundes gehören zu diesen Wesenheiten. Als Diener Gottes arbeiten sie an seinem Schöpfungsplan zum Wohl der Menschen. Es waren die Menschen, die sich entfernten von der Gemeinschaft mit den Engeln, indem sie sich dem Bösen zugewandt haben. Es ist daher ganz im Sinne deines Gottes, wenn du den Weg zurück zum Licht mit Hilfe seiner Diener gehst. Auch die Kirche kennt Amulette, wie zum Beispiel die bekannte wundertätige Medaille, und empfiehlt den Gläubigen, diese zu tragen.

Ich trage ein Kreuz an einer Kette. Darf ich dazu das Siegel eines Engels hängen?
Ja. Die Genien unseres Bundes stehen in keinem Widerspruch zu irgendeiner Religion der Erde.

Wie viele Schutzengelamulette darf ich gleichzeitig verwenden?
Manche Engel ergänzen sich bei ihrer Arbeit und unterstützen sich gegenseitig, andere wieder lösen sich bei der Arbeit ab, indem der eine vorbereitet und der andere leichter vollendet, wieder andere sind einander aber so fremd, dass ihre Siegel besser nur getrennt verwendet werden sollen. Solange du nicht genügend Erfahrung gesammelt hast, ist es daher besser, wenn du dich vorerst nur auf einen Lebensbereich und einen dafür zuständigen Engel konzentrierst, soweit du das Siegel selbst machst.

Was ist ein persönliches Lebensamulett?
Ein Amulett soll möglichst mit deinem Schicksal übereinstimmen, also deine individuellen Anlagen fördern und deine Schwächen

überwinden helfen. Aus deinem Horoskop sind diese persönlichen Schwerpunkte ersichtlich. Da jedem der 360 Genien unseres Bundes ein bestimmter Ort in der Ekliptik zugewiesen ist, können aus dem Horoskop die Genien, welche dir besonders nahe stehen, für ein individuelles Amulett errechnet werden. Werden darüber hinaus auch der Zeitpunkt der Weihe und die richtige Metall-Legierung berücksichtigt, erhält man die wirksamste Lebenshilfe durch die Engel in Form eines persönlichen Lebensamuletts.

Was ist ein spezielles Amulett?

Man kann für bestimmte Probleme oder Vorhaben die dafür zuständigen Engel auf einem Amulett zusammenfassen. Diese helfen dann besonders gezielt bei Schwierigkeiten in der Liebe, mit dem Geld, in Gerichtsangelegenheiten, bei fehlendem Selbstvertrauen, Drogenabhängigkeit, Alkoholproblemen, Nikotinsucht, sogar für erfolgreiche Diät bei Übergewicht gibt es einen zuständigen Engel. Darüber hinaus gibt es für jede Berufsgruppe – wie zum Beispiel Künstler, Schriftsteller, Architekten, Ärzte, Sportler, Kaufleute, Handwerker, Lehrer, Hellseher, Astrologen und viele andere – einen besonderen Engel, der den Menschen auf diesen Spezialgebieten hilft, sie inspiriert und fördert, so dass sie besonders erfolgreich sind. Auch hier kann das persönliche Horoskop darüber Aufschluss geben, welche Genien dem Betreffenden am nächsten stehen, und diese werden dann für das Amulett aktiviert.

Was ist ein Glücksamulett?

Wenn keine besonderen persönlichen Wünsche oder Probleme vorliegen, dann verbinde ich jeweils zwei bis fünf Engel in einem Amulett, wobei dann zum Beispiel einer für Gesundheit, einer für Liebe, einer für Erfolg usw. besonders zuständig ist und jeder in seinem Bereich für dein Glück sorgt.

Was ist ein Schutzamulett?

Dabei handelt es sich um ein Amulett, welches besondere Schutzengel für besondere Lebensbereiche zusammenfasst. Es schützt vor Untreue, Krankheiten, Intrigen, Anfeindungen und magischen Angriffen, vor Verlusten und Unfällen im Auto und auf Reisen. Es kann nicht schaden, ein solches Amulett bei sich zu tragen, besonders in astrologisch ungünstigen Zeiten ist es anzuraten, sich zu schützen, weil man dann mehr gefährdet ist als sonst.

Wie lange wirkt ein Amulett?
Die Wirkungsdauer ist zeitlich nicht begrenzt, die Wirkung verstärkt sich sogar im Laufe der Jahre. Das Amulett behält auch seine Wirksamkeit, wenn du es längere Zeit weggelegt hast, weil dein Problem gelöst wurde. Je nach den für dich gerade vorherrschenden astrologischen Strömungen kann aber die Wirksamkeit gewissen Schwankungen unterworfen sein. Es sollte auch nicht von anderen Personen berührt werden. Die Wirksamkeit erlischt sofort, wenn du es verloren hast. Ich bekomme immer wieder Briefe von Menschen, die verzweifelt ein Amulett bestellen, weil sich nach dem Verlust des Amuletts die alten Probleme wieder einstellen. Das zeigt, wie wichtig es ist, nicht nur über ein Amulett die Schutzengel an sich zu binden, sondern selbst aktiv als Pilger des Bundes durch persönliche Zuwendung den Kontakt mit ihnen zu pflegen.

Muss ich mein Amulett immer bei mir tragen?
Nein. Es braucht auch nicht auf der Haut aufzuliegen, wie oft fälschlich behauptet wird. Selbst wenn das Amulett im Raum aufgehängt wird, in dem du dich befindest, strahlt es wohltuend auf dich ab. Ein Amulett für guten Schlaf wirst du natürlich über dein Bett hängen. Das Amulett, das dich vor Unfall schützen soll, bleibt am besten im Auto. Das Liebesamulett nimm mit, wenn du ausgehst und Geselligkeit suchst! Verwende also die Siegel oder Amulette der Genien je nach Bedarf und ihrer Entsprechung! Hat ein Amulett seine Aufgabe für dich erfüllt, dann lasse es fortan über deinem Bett hängen! Ein neues Problem kann ein anderes Siegel erfordern.

Mein Mann glaubt nicht an solche Dinge. Würde ein Amulett trotzdem helfen?
Ja. Ich habe in sehr vielen Fällen die Siegel der Engel in einem Schmuckstück getarnt, zum Beispiel als Autoschlüsselanhänger graviert, und die Wirkung ist auch ohne Wissen des Besitzers eingetreten. Allerdings ist dein Glaube an die Engel nötig, soweit du selbst das Siegel für einen anderen weihen willst.

Mein Sohn würde niemals ein Amulett tragen. Wie kann ich ihn trotzdem schützen?
Schon der Wunsch, jemanden zu schützen, das Gefühl der Liebe und Fürsorge ist ein Verbindungsstrom, über den die Engel den

Weg zu diesem Menschen finden werden. Daher ist es möglich, auch ohne das Wissen eines anderen Menschen diesem die segensreiche Hilfe der Engel über ein Siegel zu senden. Du gehst dabei folgendermaßen vor: Das tägliche Ritual mit dem Amulett machst du selbst für den Betreffenden und legst es danach zusammen mit einem Foto auf deinen Altar. Diese Methode hat sich bestens bewährt. Besonders Kranken und Kindern konnte so schon oft in kürzester Zeit geholfen werden.

Wie rasch hilft ein Engel?

„Seit ich mir das Amulett umgehängt habe", schreibt mir eine Frau, „ist alles wie verzaubert. Ich bin ein neuer Mensch." Ein anderer Brief: „Anfangs hat mir das Amulett ungeheuer geholfen, meine Depressionen waren wie weggeblasen, aber seit einer Woche fühle ich wieder meine alte Stimmung aufkommen. Was mache ich falsch?" Diese beiden Briefe zeigen, dass nie vorherzusehen ist, wie rasch die Engel helfen dürfen oder können. Das ist unterschiedlich und hängt von vielen Faktoren, wie zum Beispiel der gerade für dich vorherrschenden astrologischen Strömung ab. Oft ist wunderbare Hilfe sofort zur Stelle, manchmal dauert es Wochen. Aber auch wenn auf Grund deiner schicksalsmäßigen Vorherbestimmung nicht oder nicht sogleich erreicht wird, was du dir wünschst, so wirst du trotzdem durch die Fürsorge des gerufenen Engels mehr Kraft in dir verspüren, die dir hilft, dein Schicksal besser zu bewältigen und dein Leid leichter zu tragen.

Hast du erst einmal die Hilfe eines Engels verspürt, kannst du sicher sein, dass er dir immer wieder helfen wird, sobald du ihn brauchst. Manchmal aber gibt es scheinbare Rückschläge. Das kann verschiedene Ursachen haben und darf dich nicht entmutigen. Rückschläge, die du jetzt erlebst, sind für deine Weiterentwicklung nötig und werden von hoher lenkender Weisheit beaufsichtigt. Vertraue dich voll dem Wirken der Engel an! Solltest du aber durch eigene Schwäche oder Unachtsamkeit den Einbruch des Bösen in deine Welt verursacht haben, wird dir sicher bald Beistand zuteil.

Das trifft auch für Gesundheitsstörungen zu. Ist dein physischer Körper durch jahrelanges Fehlverhalten oder durch äußere Einflüsse so deformiert, dass die Lebenskraft nicht mehr ungehindert ihrer Bahn folgen kann, dann wird eine restlose Heilung auf Dauer schwer möglich sein. Auch wenn spontane Wunderheilungen häufig das Gegenteil beweisen, kann doch ein Rückfall auftreten und muss hingenommen werden. Nicht jedes Problem und jede Krankheit sind immer gleich gut heilbar, und wenn die Ursache für dein Leid nicht von dir selbst, aus deinem Geist, aus deiner Seele beseitigt wird, dann können auch die Engel nicht oder nur vorübergehend die Symptome von deinem Bewusstsein abschirmen. Um die Krankheitsursachen zu behandeln, brauchen die Engel eine gewisse Zeit, hat es doch zumeist viele Jahre gedauert, bis die Krankheit durch falsche Lebens- oder Denkgewohnheiten entstanden ist.

Daher sollst du den Engel nie in seiner Arbeit durch Ungeduld stören, sondern durch gläubige Zuversicht aus deinem Herzen unterstützen!

Worin liegt der Unterschied zwischen einem Siegel und einem Amulett?

Ein Siegel ist das persönliche Zeichen und Symbol eines Engels, durch das er sich angesprochen fühlt. Jedes Siegel wird zu einem Amulett, sobald es geweiht und magisch geladen, also strahlend gemacht wurde.

Sind auf einem Amulett mehr als ein Siegel, so vereinen sich die dahinter wirkenden Genien zu einer gemeinsamen Macht. Diese ist dann mehr als nur die Summe der Einzelkräfte und hat auch eine neue Qualität. Denn auf Grund der gegenseitigem Ergänzung gewinnt der einzelne Engel einen größeren Einflussbereich, als er allein hätte, und durch das gemeinsame Zusammenwirken entsteht zugleich ein neuer Geist, der alle Fähigkeiten der beteiligten Intelligenzen vereint.

Ein Einzelsiegel, als Amulett getragen, wird den innigeren Kontakt zu einem Engel bewirken. Ein Amulett, auf dem sich mehrere Siegel befinden, wird dagegen mehrere angestrebte Ziele leichter realisieren helfen.

Ich bin schon im Besitz eines Amuletts, soll ich es ablegen?

Es ist dringend davon abzuraten, Amulette zu verwenden oder aufzubewahren, deren Symbole und Bedeutung man nicht kennt! Die meisten im Handel erhältlichen Amulette sind wirkungslos und magisch nicht geladen; erst durch deinen Glauben können sie im Laufe der Zeit für dich Bedeutung bekommen. Dazu gehören alle so genannten Glücksmagneten, auf denen sich keine Symbole befinden.

Bedenklich wird es bei jenen Amuletten, deren Vorlage aus alten Büchern entnommen ist. Diese wurden ja damals immer für einen ganz bestimmten Menschen angefertigt, waren Unikate und nur für den betreffenden Menschen wirksam. Das gilt auch für die meisten Amulette, die Paracelsus zugeschrieben werden. Oft findet man darauf das Alter des Betreffenden oder den verschlüsselten Namen des Trägers. Abgesehen davon sind die Überlieferungen durch das häufige Kopieren so verunstaltet, dass mir selten eine wirklich brauchbare Vorlage untergekommen ist.

Gefährlich aber wird es, wenn Glyphen aus alten, schon überwundenen Epochen wiederbelebt oder Symbole verwendet werden, die für den Europäer eine gegenteilige Stimmung auslösen können, wie beispielsweise ein Drachen, Masken oder Tierfiguren. Die ersten Amulette waren ursprünglich Abbildungen der Götter in Form von Statuen. Diese wurden im Laufe der Jahrtausende, weil man sie ständig bei sich haben wollte, immer kleiner ausgeführt. Aus der ägyptischen Zeitepoche sind uns noch wunderbare Amulette dieser Götterfiguren erhalten, vier, fünf Zentimeter hoch, mit einer Öse zum Umhängen versehen. Die Eigenschaft des geistigen Wesens hinter so einem Figurenamulett kommt dabei immer klar zum Ausdruck.

Erst später wurde von den Priestern anstelle des Abbildes eines Gottes das geheime Siegel eines Wesens oder die graphische Darstellung einer Idee, Macht und Kraft zur wirksamen Ladung eines Amulettes verwendet. Dazu gehören zum Beispiel die Runenamulette und die quabbalistischen Amulette mit den hebräischen Buchstaben. In neuerer Zeit versuchen wieder einmal einige Autoren durch Verbreiten von Schriften über Sigillen-Magie Menschen in den Bann von Mächten zu ziehen, deren Zuordnung, ob gut oder böse, für den Laien nur sehr schwer durchschaubar ist.

Obwohl gewisse Voraussetzungen und Fähigkeiten nötig sind, um ein Amulett wirksam zu machen, also den entsprechenden Engel dafür anzurufen, kommt jeder, der das Siegel eines Wesens bei sich trägt, doch automatisch nach einer gewissen Zeit in einen passiven Kontakt zu diesem Wesen, also zu der Macht, die durch das Siegel symbolisch dargestellt wird. Es ist daher davon abzuraten, Amulette zu tragen, deren Symbole man nicht kennt. Viele Siegel von dämonischen Wesen sind im Umlauf, die nur allzu gerne in den Lebensbereich des Menschen eindringen. Dass solch ein Kontakt dann für den Betreffenden äußerst gefährlich wird, liegt auf der Hand. Der Volksmund hat das sehr treffend formuliert, wenn es heißt: „Du sollst den Teufel nicht an die Wand malen!"

DER WEG

Der Weg des Pilgers, der vor dir liegt, ist auch der Weg, auf dem dir dein Erdenglück entgegenkommt. Denn auf diesem Weg wird dir der Engel begegnen, der dir dazu verhelfen kann.

Wer die Anleitungen befolgt, wird Pilger auf einem Weg, der ihm hilft, sein wahres Inneres zu erschließen. Was dabei für dich als deine innere Welt aufscheint, ist für die Engel deren äußere Welt. Sobald du in die innere Stille einkehrst, begibst du dich in die Regionen der feinstofflichen Welten und deren Bewohner. Das bedeutet aber nicht, dass du sofort in der Nähe jenes Engels bist, den du brauchst. Du bist zwar über dein Denken und Fühlen ständig mit der Engelwelt verbunden und für die Wesen dort erreichbar, für dich werden aber vorerst nur jene von ihnen erreichbar sein, die du durch deinen Charakter ansprichst.

So wie im Irdischen die Welt in Landschaften geteilt ist, gibt es auch in der feinstofflichen Welt verschiedene Ebenen. Verursacht durch die Qualität der Bewohner gibt es dort zum Beispiel eine Welt des Hasses, die scheinbar räumlich streng getrennt ist von der Welt der Harmonie.

Was für das Bewusstsein im irdischen Bereich als Seelenzustand empfunden wird, vermittelt in der Welt der Engel das räumliche Gefühl eines Ortes, an dem man sich befindet. Innerer Friede kann sich dort für dich im Bild einer Sommerwiese spiegeln.

Deine Gefühle und Stimmungen versetzen dich in die entsprechende Seelenlandschaft. Und die aus diesen inneren Regungen hervorgerufenen Gedankenbilder rufen dann jene Wesenheiten in deine Nähe, die sich von ihnen angesprochen fühlen. Das ist wie ein Stimmgabeleffekt. Signalisieren diese Bilder einen niedrigen, unreifen Charakter, wenn sie von Hass, Missgunst und Neid getragen sind, werden sich davon entsprechend gleichgesinnte, so genannte dämonische Wesen der geistigen Ebene angesprochen fühlen und dich umgeben. Ein reifer, edler, mitleidvoller Mensch dagegen befindet sich in der geistigen Umgebung von guten und hilfreichen Engeln.

Da die Engel unseres Bundes ausschließlich gute Wesenheiten sind, ist es oberstes Gebot für jeden, der ihre Nähe sucht, selbst ehrlich, korrekt und gütig zu sein. Bekannt war das schon immer. Wer kennt nicht die Geschichten, wo Heinzelmännchen ihre Arbeit einstellten, als der Betreffende reich und herzlos wurde, oder die Sage von der Nixe, die den Geliebten verließ, weil dieser untreu war. Die Engel helfen nur den Würdigen.

Ganz anders reagieren die Dämonen. Sie fliehen das Gute und fühlen sich in der Nähe von charakterlosen Menschen wohl und zu diesen hingezogen. Viele Menschen werden von diesen gefallenen Engeln gefördert und mit Erfolg belohnt, weil sie egoistisch, rücksichtslos und machthungrig ihre materialistischen Ziele verfolgen und dadurch dem Bösen ihre Seele überlassen, sich in dessen Bereich und Umraum begeben. Ein Pakt muss nicht mit Blut geschrieben werden, die Bereitschaft allein genügt schon. Das erklärt, warum es scheinbar keine Gerechtigkeit gibt und warum gerade charakterlose Menschen immer wieder obenauf sind. Als Handlanger des Bösen agieren sie so, dass möglichst viele Menschen in diesen Sog kommen, und je mächtiger sie werden, umso mehr Unterstützung erhalten sie von dem Bösen, um noch mehr Unschuldige in ihren Bann ziehen zu können. Persönlichkeiten aus Politik, Wirtschaft und den Massenmedien wirken so für das Böse, indem sie indirekt in möglichst vielen Menschen üble Stimmung, Zorn und Angst erwecken oder schlechtes Vorbild sind und so den Glauben an das Gute und Edle unterdrücken. Auf diese Weise werden geistige Schwingungen erzeugt, welche das Lebenselement für weitere zerstörende, leidschaffende Wesen und Dämonen bilden und das segensreiche Wirken der guten Engel behindern. So kommt es, dass heute die Mehrzahl der Menschen, ohne es zu wissen, auf Grund einer völlig falschen, verdorbenen Geistes- und Seelenhaltung im Machtbereich negativer Wesen leben.

Der Bund der Pilger wird dieser Entwicklung entgegenwirken. Durch die bewusste Zuwendung von Millionen Menschen an die guten Engel wird ein Gegengewicht hergestellt, und mit jedem Engel, der gerufen wird, stärkt man gleichzeitig den Einfluss der guten Mächte auf der ganzen Welt.

Waren früher nur wenige Auserwählte imstande, bewusst den Kontakt zu einem Engel herzustellen, so ist es jetzt jedem möglich. Die Anleitungen dazu, die mir für Pilger des Bundes anvertraut wurden, bringen jeden, der sie befolgt, in die Nähe des gewünschten Engels. Die Anrufung muss aber mit voller Hingabe, Liebe und Aufmerksamkeit geschehen, möglichst täglich.

Wenn du dir Protektion bei einer Persönlichkeit schaffen willst, dann bringst du dich dem Betreffenden so oft als möglich und auf angenehme Art und Weise in Erinnerung. Einladungen, Briefe, Geschenke begleiten in der Regel dein Gesuch. Für ein Wesen der feinstofflichen Ebene sind dein Vertrauen und deine Verehrung ein Geschenk, das du durch deinen Glauben an die Macht des Engels diesem schenkst.

Wenn ein bellender Hund an dir vorüberrennt, reagierst du anders, als wenn ein verirrter Hase sich dir zuwendet und vertrauensvoll, schutzsuchend unterschlüpfen will. Dabei wird es für den Hasen besser sein, sich an die kleine Tochter des Försters zu schmiegen, als beim Jäger des Reviers Unterschlupf zu suchen. Wende du dich daher stets an jenen Engel, der auf Grund seiner besonderen Fähigkeiten in der Lage ist, dir bei deinen speziellen Problemen beizustehen.

Für die wichtigsten Lebensbereiche habe ich einige der Engel angegeben, die nachweislich über meine Amulette schon vielen geholfen haben. Weitere Namen und Siegel samt Aufgabenbereich des entsprechenden Engels sind in Franz Bardons Werk „Die Praxis der magischen Evokation" zu finden. Konzentriere dich immer nur auf einen Engel, höchstens drei, die einander in ihrem Wesen jedoch nicht fremd sein sollen.

Je gezielter du deine Wunschkraft auf ein Ziel richtest, umso leichter kann der Engel in diese Richtung wirken. Sobald dich das Gefühl deines reinen Gewissens in die Nähe der guten Engel versetzt, kannst du sie mit deinen Gedanken ansprechen und ihnen deine Wünsche, das Ziel deines Wollens darlegen. Du musst dabei das, was du erreichen willst, als klar umrissene Vorstellung in deinem geistigen Inneren gedankenbildlich aufzeichnen. Hier liegt das Geheimnis des positiven Denkens. Die Sprache der Engel ist das Denken und erfolgt in Bildern. Sag ihnen, was du willst, indem du es denkst und traumhaft schon vorweg erlebst.

Bestärke den Engel, indem du ihn durch dein Gefühl der gläubigen Zuversicht unterstützt. Jeder Gedanke des Zweifels belebt Bilder von Unerwünschtem und behindert den Engel bei seiner Arbeit. Durch die Opfer, die du bringst, zeigst du deine Bereitschaft, zu zahlen und Ausgleich zu schaffen für das Gute, das du erwartest.

Auch wenn Begegnungen mit einem Engel zumeist unbewusst oder symbolisch verkleidet im Traumzustand stattfinden, erlebst du den engsten Kontakt, wenn du in deine Stille einkehrst. Trotzdem darfst du die täglichen Gebete, die der bewussten Kommunikation dienen, nicht vernachlässigen. Als wichtigster Berührungspunkt aber dient das Siegel des Engels. Zusammen mit dem Kontaktritual ist es die eigentliche Brücke, die dich mit dem Unsichtbaren verbindet.

GLÜCK

Obwohl es eigentlich jedem Engel am Herzen liegt, den Menschen glücklich zu sehen, und er somit danach trachten wird, ihm bei der Verwirklichung seines Glücks behilflich zu sein, gibt es auch hier verschiedene Wege zu des Einzelnen Glück. So haben einige Engel die Aufgabe übernommen, für die ersten Impulse dafür zu sorgen, dass Glücksgefühle ungehindert durch des Menschen Seele strömen können, und sie helfen, die entsprechenden Voraussetzungen für die Ursache auf der feinstofflichen Ebene zu schaffen. Zwei davon, mit denen ich selbst in Kontakt war und die seither über meine Amulette unzähligen Menschen hilfreich zur Seite stehen, will ich hier anführen.

So hat mir einst der Engel ASINEL viel über sein Wirken gezeigt, und seine Belehrungen will ich seinem Wunsch entsprechend weitergeben:

- „Ich, ASINEL, ein Lenker der Ströme des Glücks, stelle folgendes vor dich: Du Irdischer, erfasse es, bewahre es und gib es weiter! Ruf mich mit meinem Namen und diesem Siegel in der Farbe Blau. Bring dich mir nahe, indem du einem Menschen Freude schenkst! Durch viele Tore kann das Glück in euer Menschenfühlen strömen. Doch meist verschließt ihr selbst für uns den Weg zu euch, oder ihr wartet vor einer falschen Tür auf euer Glück, gebannt von einer Vorstellung, in der ihr euer Glück zu finden hofft, wo durch Erfüllung dieses Wunsches gar bald das Leid erst recht die Folge wäre. Es ist nicht gleich für unser Wirken, ob du dein Glück erstrebst oder ob du auf eine ganz bestimmte Sache wartest, in der du dann für dich dein Glück zu finden hoffst. Der eine glaubt, sein Glück zu finden, sobald er von innerem Seelenleid oder physischem Körperschmerz befreit ist. Der andere sieht sein Glück in der Erfüllung eines Wunsches, dem Erreichen des Erstrebten, der Liebe eines bestimmten Menschen, in Erfolg im Beruf, einem Eigenheim, in Reichtum, Macht, Anerkennung.

- Fürwahr, es ist gut und nötig, dass du dein Glück durch Mühen und bewusste Arbeit dir zu schaffen suchst. Jedoch bleibe offen auch für jenen anderen Quell des Glücks!
- Starre nicht gebannt in dunkler Seelennacht auf eine Tür, durch die das Licht dir leuchten soll, wenn für dich vielleicht schon längst ein anderes Glück bereitliegt, dem du dich verschließt, weil du es nicht beachtest oder pflegst.
- Versuche als Erstes dein Glück, indem du so bist und dich so gibst, dass du mit dir selbst zufrieden sein kannst! Das liegt an dir und in deiner Hand.
- Verlange von dir nicht mehr, als du kannst, aber nütze stets alle Fähigkeiten voll aus.
- Suche sodann die richtige Einstellung zur Situation zu finden, in der du dich befindest. Diese ist nicht von äußeren Umständen, sondern von der eigenen Anschauung abhängig und somit ebenfalls durch dich selbst erreichbar.
- Wenn du die Lebenssituation, in der du dich befindest, nicht ändern kannst, kannst du doch die innere Einstellung zu ihr jederzeit korrigieren. Zumeist sind es jedoch Menschen, die scheinbar deinem Glück im Wege stehen: der zänkische oder brutale Ehepartner, der strenge Vorgesetzte, die böse Schwiegermutter, die intrigante Kollegin, die Nachbarn, der selbst anderweitig verliebte Geliebte, die schlampigen, unerzogenen Kinder, die du vielleicht selbst falsch erzogen hast usw.
- Du kannst die Menschen um dich herum nicht ändern. Du kannst nur dich selbst ändern und deine Einstellung zu ihnen. Indem du dich in deren Lage versetzt, wirst du Verständnis für ihre Schwächen finden.
- Versuche, deren Verhalten nicht als deine persönliche Niederlage zu sehen, sondern erkenne die freie Entfaltung und Willensentscheidung des anderen und begrüße sie!

- Bewahre immer einen bestimmten Abstand, ohne sofort zu reagieren oder gar mit gleichen Waffen zurückzuschlagen!
- Bewahre unter allen Umständen den inneren Frieden in deiner Seele! Der ist wichtiger für dein Glück als die Meinung anderer über dich.
- Glück ist ein Gefühl in dir und nicht außen, und über deine Gefühle bestimmst du selbst."

So sprach ASINEL zu mir, und ich gebe es weiter. Du erkennst daraus: Glück ist ein Seelenzustand und nicht unbedingt abhängig von äußeren Ereignissen. Es gibt Menschen, die alles haben, was sie sich wünschen, und dabei doch nicht glücklich sind.

Man kann zwar „Glück haben" und erfolgreich sein, aber man kann auch glücklich sein, weil man sich freigemacht hat von den äußeren Dingen wie Erfolg, Anerkennung oder Geld.

Welches Glück immer du suchst, du musst es dir schaffen und verdienen. Selbst die scheinbaren Glückspilze, die stets eine frohe Zufriedenheit ausstrahlen, weil ihnen alles gelingt, beachten die Gesetze des Erfolgs: Sie denken positiv und wagen, wo andere aus Angst vor Misserfolg erst gar nicht zu handeln versuchen. Beachte diese Gesetze des Erfolgs und setze dein Glücksgefühl als Ziel. Mach dir klar, welche Art von Glück du suchst, und strebe es an!

Oft erreichen mich Briefe wie: „… Ich bin ständig vom Pech verfolgt, egal was ich mache, es geht alles schief. Schon seit meiner Kindheit …" – und dann wird ein Pech, ein Problem nach dem anderen aufgezählt. Dabei fällt auf, dass es sich zumeist gar nicht um echte Schicksalsschläge handelt, sondern wirklich um Pech, kleine Widrigkeiten, keine Tragödien, aber es gelingt eben nichts. Typisch ist, dass es immer dieselben Menschen sind, die draufzahlen: Zum Beispiel dauert es in der Schlange vor dem Postschalter bei ihnen am längsten, ganz gleich in welche Reihe sie sich stellen. Einen Parkplatz zu finden, ist aussichtslos für sie, immer wird ein anderer vor ihnen da sein. Platzkarten im Zug bedeuten den Mittelplatz, im Schlafwagen liegen sie natürlich oben. Gehörst auch du zu diesen Pechvögeln, wende dich getrost an ASINEL. Er wird dir helfen.

„Seit ich das Amulett des ASINEL trage", schreibt mir eine Frau, „gelingt mir plötzlich alles wie von selbst. Das letzte Brot beim Bäcker bekomme heute ich und nicht die Kundin vor mir. Ich habe den Schirm mit, wenn es regnet, und das Hotel im letzten Sommer war ein wahrer Glücksfall nach drei misslungenen Ferien. In meinem Büro ist statt der intriganten Kollegin ein neuer Kollege eingezogen, und meine Nachbarin ist wie ausgewechselt. Hat sie früher über den Lärm meiner Kinder geschimpft, so bekamen diese gestern eine Tafel Schokolade von ihr. Langsam glaube ich an ein Wunder. Ich fühle mich sogar selbst verändert."

Nicht immer kann der Engel ASINEL so rasch und überall helfen. Aber es beginnt mit dem Gefühl, selbst verändert zu sein, und mit einer gleichzeitig vermehrten inneren Sicherheit. So erzählte mir neulich eine Klientin: „Ich habe mir von Ihnen ein Glücksamulett machen lassen und zwar nicht, weil ich mich unglücklich fühlte, ich war einfach unausgefüllt. Mein Mann hat seinen Beruf, die Kinder sind groß, die Hausarbeit lastet aber trotzdem schwer auf mir, obwohl sie mir kaum Zeit nimmt. Mir fehlt eigentlich nichts – bis auf das Glück. Ich bin überzeugt, dass mir ASINEL durch Ihr Amulett geholfen hat, denn plötzlich sehe ich alles in einem anderen Licht. Ich fühle mich glücklich, obwohl sich im Grunde genommen gar nicht viel geändert hat. Ich habe auf Ihr Anraten ‚Das Buch vom Glück' von BÔ YIN RÂ gelesen und auch ‚Der Unfug des Lebens und des Sterbens' von Mulford, und beide haben mir sehr geholfen, denn ich sehe jetzt mich und die Welt in einem ganz anderen Licht. Ich lebe bewusster und sehe in den täglichen Pflichten keine Belastung mehr für mich, sondern die Möglichkeit, meiner Familie das Leben zu erleichtern. Die Hausarbeit, Einkaufen, Kochen wurden für mich zu sinnvollen Tätigkeiten, die ich mit Freude ausführe. Der Plan, in einer Boutique als Verkäuferin zu arbeiten, erscheint mir heute banal. Ich gehe zweimal wöchentlich in eine Malschule, lese viel, höre wieder Schallplatten und freue mich über mein Dasein."

Zufriedenheit und Glück hängen also nicht immer davon ab, ob man erfolgreich ist, sondern stellt sich oft erst dann ein, wenn man seine Anlagen erfolgreich einsetzen kann. Dazu zählen nicht nur die Fähigkeiten und die Qualifikation für den beruflichen Einsatz, sondern auch die verborgenen geistigen und seelischen Anlagen.

Viele Menschen fühlen sich in ihrer beruflichen Tätigkeit nicht ausgefüllt oder überfordert. Besonders sensible Personen leiden unter der Last einer Arbeit, in der sie keinen Sinn sehen. So habe ich unter meinen Freunden einen Lehrer, der ursprünglich Jus studierte, ehe er die neue Richtung der Pädagogik wählte. Er machte zügig seine Prüfungen und war nach wenigen Jahren schon Direktor einer Hauptschule in einem Wiener Randbezirk. Dann heiratete er eine nette Volksschullehrerin und hätte eigentlich allen Grund gehabt, glücklich zu sein. Aber so sehr ihm sein Beruf Freude machte, er fühlte sich nicht richtig glücklich dabei, war oft gereizt und hatte ständig Magenbeschwerden. Da machte ich ihm das Siegel des ASINEL, und plötzlich kam die Wende. Durch Zufall las er von einem dreitägigen Seminar für anthroposophische Lebensweise. Er fühlte den inneren Drang dazu, diese Vorträge zu besuchen – gelesen hatte er schon viel über die Waldorfschulen –, und meldete sich an. Heute ist er selbst Lehrer an einer Schule für neues Geistesleben, und seine Beschwerden sind restlos verschwunden. Er geht voll in seinem Beruf auf und ist richtig glücklich dabei, obwohl dieselbe Arbeit ihn vorher nicht befriedigt hatte.

Wende dich also an den Engel ASINEL und bitte ihn, dir zu helfen, den Strom des Glücks in deine Seele zu lenken! Überlasse es aber ihm und der Weisheit der Göttlichen Vorsehung, auf welche Art dein Glück dir deine Seele aufhellen soll. Wisse, dass du ein Recht hast auf dein Glück, sobald du willig bereit bist, deine Schulden zu zahlen, die du vielleicht noch irgendwo hast. Deine Bereitschaft dazu genügt. Es werden sich alsbald Möglichkeiten für dich ergeben, Ausgleich zu schaffen und so den Boden für neues Glück zu bereiten. Aber beachte:

- Alte, unbezahlte Schulden tilgst du niemals mit Leid, Not und Sorge in deiner Seele! Hast du jemandem sein Glück genommen, so tilgst du diese Schuld, indem du neues Glück schaffst und nicht, indem auch du leidest, also Leid erduldest!

Erscheint es dir als aussichtslos und unwahrscheinlich, selbst dein Glück zu finden, dann schaffe also vorerst Glück für andere. Wende dich dazu an den Engel ASTUREL. Seine Aufgabe ist es, allen Menschen beizustehen, die Hilfe für andere erbitten. Sein Siegel ist in violetter Farbe zu zeichnen. Du erreichst ihn aber nur, wenn du, bevor du ihn bittest, selbst den ersten Schritt zur Unterstützung eines Hilfsbedürftigen gemacht hast. Es ist sinnlos, ihn zu rufen, ehe du selbst alles in deiner Macht Stehende für den Bedürftigen geleistet hast. Sicher gibt es arme, glücklose Menschen in deiner

Nähe, für die du bitten (beten) kannst. Aber den ersten Impuls zu deren Glück musst du selbst setzen, erst dann wird ASTUREL dir weiterhelfen. Dieser Impuls kann durch konkrete Hilfeleistung geschehen, wie Pflege, Geldspende, Trost, oder durch ein Amulett, das du für den Betreffenden anfertigen lässt, eingeleitet werden.

Aus den vielen Fällen, in denen ASTUREL über ein Amulett für andere das Glück zu schaffen half, ein Beispiel: Die Tochter einer Klientin von mir erwartete ihr viertes Kind. Seit einem Jahr war ihr Mann arbeitslos. Die Miete konnte nicht mehr bezahlt werden. Die Kündigung stand vor der Tür. Die Situation wurde ganz hoffnungslos, als meine Klientin ebenfalls ihre Stellung verlor und nun ihre Tochter finanziell nicht mehr unterstützen konnte. Da schenkte ich ihr das Siegel des ASTUREL, und plötzlich ging es bergauf. Der Mann fand eine Arbeit, eine bessere als jene, die er gehabt hatte, bevor er arbeitslos wurde. Das Kind kam auf die Welt und wurde zum Sonnenschein für die ganze Familie, und die Wohnung konnte behalten werden.

Aber, wo immer du für dich oder für andere das Glück zu finden glaubst: Überlasse es dem Engel, dir auch neue Wege aufzuzeigen, und sei bereit, alte Vorstellungen fallen zu lassen.

Ein Freund erzählte mir, dass er für seinen Sohn vor jeder Prüfung bete, damit er diese bestehe, was aber trotzdem nicht immer half. Ich riet ihm, sich an den Engel ASTUREL zu wenden, aber nur, um für das Glück des Jungen zu bitten. Er tat es, aber der Junge schaffte das Abitur nicht und statt Technik zu studieren, trat er eine Automechanikerlehre an. Heute ist er selbständig und hat sieben Angestellte in seiner Werkstatt und ist zweifellos ein zufriedener und glücklicher Mensch.

- **Auch Lebensberater, Pfleger und Sozialfürsorger können sich an ASTUREL wenden.**

Für sie gibt es folgendes Gebet:

„Du heiliger Helfer der Seelen, die Gott meiner Seele anvertraut hat, ich darf an deinem Amt teilhaben und mit dir diese Menschen schützen, belehren, leiten, ihnen Vorbild sein. Es ermutigt mich zu wissen, dass du mit mehr Liebe, Weisheit und Macht ausgerüstet bist und damit mein Bemühen unterstützt. Gib mir das rechte Wort ein, wenn reden nötig ist! Lehre mich aber auch, geduldig zu schweigen und warten zu können, bis Hilfe möglich wird. Mache, dass ich in meiner Sorge stets die geeigneten Mittel wähle, aber stets selbstlos nur das Wohl unserer Schützlinge suche! Hilf du bitte dort, wo ich nicht helfen kann, und zeige mir meine Arbeit, die deine unterstützt!"

Es ist kein Wunder, dass gerade unter Sozialarbeitern, Fürsorgern und selbstlos tätigen Menschen die meisten glücklichen Menschen anzutreffen sind. Denn die Gedanken der Dankbarkeit und die Gefühle der Sympathie ihrer Schützlinge tragen sie zu ihrem Glück.

Je mehr Menschen durch dich diese Gedanken und Gefühle pflegen, umso besser für dich. Aber auch das Gegenteil wirkt sich aus: Hass, Schmerz und Leid, das du verursachst, wird sicher auf dich zurückwirken und dich niederzerren und zerstören, egal ob die Sender dieser Gedanken ihr Ziel, also dich, kennen oder nur leiden, ohne den Verursacher zu kennen. Das erklärt übrigens die Rückschläge, die unweigerlich früher oder später bei Machthabern und Diktatoren eintreten.

So erhielt ich einst von ASTUREL folgende Belehrung:

- „Trachte, in möglichst vielen Menschen glückliche Stimmung zu erwecken! Glück kann man schenken, ohne es selbst zu besitzen.
- Versetze dich selbst, so oft du kannst, auf die Ebene der Glücksschwingung, indem du die kleinen Freuden des Lebens bewusst suchst und alles Negative schon in Gedanken meidest!
- Freu dich über anderer Menschen Glück! Nimm teil daran in deiner Seele! Glücksschemen bleiben an deinem Seelenkörper haften. Mitfreuen können ist daher für die Seelenhygiene genau so wichtig wie Mitleid.
- Nimm teil am Glück anderer und du ziehst die glückschaffenden Wesen zu dir! Möglichkeiten bieten sich überall. Ist zum Beispiel schönes Wetter und du hast im Büro oder in der Küche deine Arbeit zu verrichten, sei nicht missmutig wie sonst. Freu dich stattdessen darüber, dass andere in der Sonne liegen, und habe teil an deren Freude, indem du dich mitfreust und es ihnen von Herzen gönnst!

- Du holst damit Glücksstimmung schaffende Wesen in deine Seele, und das ist der erste Schritt für dein eigenes Glück. Es wandelt sich bald zu jenem Glück, mit dem die so genannten Glückspilze ausgestattet sind und von dem die Erfolgreichen sprechen, wenn sie sagen: ‚Ich habe eben Glück gehabt.'
- Nähere dich deinem Glück, indem du andere neidlos glücklich siehst und andere glücklich machst, wo es in deiner Macht liegt."

SCHICKSALSSCHLAG

Preise dich glücklich und danke der Göttlichen Vorsehung, wenn du nicht zu jenen gehörst, die einen schweren Schicksalsschlag erlitten haben! Sei dankbar, indem du versuchst, das Leid der anderen zu mildern, dort wo es in deiner Macht steht!

Du aber, der du den bösen Mächten ausgeliefert warst, für dich gibt es keine Worte des Trostes aus Menschenmund. Und doch: auch du darfst neue Hoffnung schöpfen und einen Engel rufen, der dir beistehen kann. Wende dich vertrauensvoll an den Engel SCHALNACH, und du wirst in dir fühlen und auch glauben können: Du bist nicht allein und verlassen, auch wenn du nur auf dich gestellt bist. Sein Siegel ist in roter Farbe zu zeichnen. Seine Aufgabe ist es, den Menschen auch in scheinbar ausweglosen Situationen beizustehen. Er vermittelt nicht nur Mut und Kraft, um durchzuhalten, wenn du in tiefer Not nicht weiterkannst, sondern er wird dir zeigen, wie du dich aus allem befreien kannst, und er wird dir auch dabei helfen.

- SCHALNACHs Nähe gibt dir Zuversicht und innere Stärke. Mit seiner Hilfe wird das Dunkel um dich dem Licht weichen müssen.
- Karmisch bedingte Schicksalsschläge lässt er dich leichter ertragen, indem er dir das Gefühl der Sinnlosigkeit des Geschehens nimmt und dich ahnen und erkennen lässt, dass auch in deinem Leid noch Lehre für dich steckt.
- Ausweglosigkeit deiner Lage macht er zum Ausgangspunkt neuer Hoffnungen und Ziele.
- Das Böse weist er in seine Schranken, indem er dir den Glauben an das Gute stärkt.

Wer ganz tief im Leid steckt und alles verlor, was ihm etwas wert war und was er einst geliebt zu haben glaubte, findet dann oft andere, sonst unerkannt gebliebene Schätze. Er findet zu sich. Viele Menschen berichten, wie sie, wie aus einem bösen Traum erwacht, plötzlich erkannten, dass sie die wahre, innere Freiheit erst gefunden hatten, weil alles verloren schien.

Jedes Ende ist ein Neubeginn, und ein Schicksalsschlag ist oft die einzige Möglichkeit für die webenden und lenkenden Mächte, dich zur Ordnung zu rufen, dir vor Augen zu führen, dass du in die falsche Richtung gehst, Dinge anstrebst oder Menschen liebst, die dir letzten Endes nur schaden. Ein schwerer Schicksalsschlag ist immer auch die Aufforderung, neu zu beginnen, ist ein Tod, ohne dass man dazu wirklich sterben muss, ist die einmalige Chance einer inneren Wiedergeburt.

Von SCHALNACH erhielt ich folgende Belehrungen:

- „Leid und Schicksalsschläge bleiben keinem erspart. Das Leben ist eine Schule. Die Prüfungen müssen bestanden werden, ehe du weiter fortschreiten kannst. Dazu wirken die zerstörenden Mächte. Sie bringen Leid, denn sie erhalten sich und leben von Tränen, Hass und Zorn. Sie bedienen sich dazu jener Menschen, die sich ihnen öffnen. Über deine Feinde reizen sie dich, indem sie dich Schmach, Ungerechtigkeit und Demütigung erdulden lassen. Wo das Böse durch Menschen wirkt, verdamme daher nicht die Menschen, sondern sei selbst wachsam, dass das Böse nicht auch von dir Besitz ergreift, indem du Rache nimmst und es ihnen gleichtust. Jetzt kannst du beweisen, auf welcher Seite du stehst. Dem Bösen ausgeliefert zu sein, indem du scheinbar eine Hölle erlebst, gibt dir die Möglichkeit, es als notwendigen Bestandteil der Schöpfung zu akzeptieren, ohne dich gleichzeitig selbst in Versuchung führen zu lassen und gegen dein Gewissen zu handeln!
- Sobald du deine Gelassenheit, deine Geduld und innere Stärke verlierst, deinen Gott verleugnest oder dich von Zorn und Rachestimmung treiben lässt, trittst du selbst ein ins Reich des Bösen. Im großen Schöpfungsplan ist die böse Macht als notwendig eingeplant und zugelassen. Versuchst du, das Böse mit Gewalt zu vernichten, dann stellst du dich selbst gegen die Pläne der Göttlichen Vorsehung auf die Seite der zerstörenden Mächte.

- Du musst lernen, dem Bösen gelassen gegenüberzustehen! Das gibt dir Kraft und alles Üble muss von dir weichen. Das ist auch das Geheimnis des Meisters Jesus, als er sagte: ‚Wenn dich jemand auf die rechte Backe schlägt, dann halte ihm auch die linke hin!' Denn so zeigst du den weisen, lenkenden Mächten, dass du nicht als RÄCHER, sondern als verzeihender und gütiger Mensch auf ihrer Seite stehst, und hast somit die Prüfung bestanden. Du lieferst so gleichzeitig deine Feinde der gerechten Strafe aus, sobald die Zeit der Abrechnung gekommen ist. Auf dieser Welt ist den bösen Kräften oft mehr Macht eingeräumt als den Dienern und Bekennern des Guten. Das Böse regiert die Welt, weil es sich ungerechter Mittel bedient.
- Wo das Gute nicht siegen kann, sollst du nicht so sehr auf Gerechtigkeit warten, als darauf achten, selbst gerecht zu bleiben. Das Gute siegt letzten Endes für die Guten durch die Gerechtigkeit des Ausgleichs in der anderen, für dich jetzt unsichtbaren Welt. Es ist verzeichnet, was du erduldet hast, und auch, was du verschuldet hast. Besser Unrecht erdulden als Unrecht tun! Die höchste Weisheit Gottes hat das Böse neben sich seit Ewigkeiten geduldet. Auch du wirst auf deinem Weg zur Vollkommenheit das Böse überwinden. Nicht, indem du es vernichtest, ausschaltest, bekämpfst, sondern indem du selber gut bist.
- Lass dich nicht verführen und auch nicht entmutigen durch das Walten des Bösen, und dein Leid wird weichen! Erlebe dein Leid wie einen Film als unbeteiligter Betrachter. Stell dir vor, du sitzt vor einem Fernsehgerät und siehst deine Situation vor dir abrollen! Beginne den Film dort, wo du noch glücklich warst! Dann die Bilder von jetzt, wo du dich leiden siehst, aber stets so, als ob der Film im Fernsehen abrollt. Und jetzt drehst du den Fernseher ab! Die Bilder verblassen und verschwinden. Erkenne, dass du dich außerhalb des Fernsehgerätes frei bewegst und jederzeit die Möglichkeit hast, dir neues Glück zu schaffen, so du nur willst und handelst! Erkenne, dass du nur Betrachter deines Lebens und deines Leides bist. Denn dein wahres Ich, das steht darüber als unsterbliches Geistwesen!
- In jedem Leid kannst du dich prüfen, was an wahrem Wert als Inhalt und Fähigkeit in dir steckt. Du kannst in deinem Streben innehalten und Bilanz ziehen, indem du deine Ziele und die Mittel, mit denen du sie erreichen willst, überprüfst. Überdenke,

welche Mittel du bisher eingesetzt hast, um zu erreichen, was dir bis heute widerfahren ist, was du heute bist:

- Frage dich, wie du da gelandet bist, wo du heute stehst. Warst du willensschwach, getrieben von Wünschen, oder hast du bewusst deinen Willen eingesetzt? Hast du dir das ‚Heute' als Ziel einmal vor Augen gesetzt oder dich einfach treiben lassen?
- Beginne also ab heute, bewusst zu planen, zu handeln, und kontrolliere deine Wünsche, die dich ja an deine Ziele tragen, indem du sie bewusst auf die Dinge lenkst, die dir erreichbar sind und dir auch dienlich sein können. Auf das, was vorhersehbar ist, kannst du dich vorbereiten, kannst vorsorgen, aber es ist unsinnig, sich über Dinge zu sorgen die du nicht ändern kannst, weil es nicht in deiner Macht liegt"

Aus allen diesen Belehrungen des SCHALNACH geht deutlich hervor, dass Perioden der Sorge und des Leides fester, notwendiger Bestandteil des Lebens aller Menschen auf dieser Welt sind.

Es ist daher völlig unsinnig, in Schicksalsschlägen gar einen magischen Angriff irgend eines „Schwarzmagiers" zu sehen. Es gibt zur Zeit nicht viele Menschen, die über das Böse gebieten, geschweige denn, es derart lenken können, dass es gegen dich gerichtet wirkt. Nur Hassgedanken deiner Feinde, wenn sie zu Recht bestehen, können dich gerechter Strafe ausliefern.

Trotzdem erhalte ich laufend Briefe von total verängstigten Menschen (zumeist haben sie ein schlechtes Gewissen), die sich von Hexen und Magiern verfolgt fühlen. Sie finden es verdächtig, weil plötzlich wie aus heiterem Himmel in allen Lebensbereichen Probleme auftauchen, und glauben an einen Fluch.

Krankheiten, Unfälle oder Verluste häufen sich aber in bestimmten Perioden, bei entsprechenden astrologischen Konstellationen, leichter als zu anderen Zeiten. Dann ist man den bösen Kräften mehr ausgesetzt und alles Übel, was jahrelang aufgestaut wurde, kann sich entladen.

Durch Kleinigkeiten schon beginnt der Abstieg. Jede kleinste Versuchung kann ein Schritt in Richtung des Bösen sein. Die kleine Lüge, der kleine Schwindel bringen dich schon in Dämonennähe, und du ziehst dadurch auch Schwindler, Betrüger in deinen eigenen Lebensbereich, begibst dich geistig auf die Ebene des Schwindels und der Lüge. Wenn du also heute zum Beispiel betrogen wurdest und dein Gut verloren hast, dann hast du selbst dazu vor Jahren schon den Keim für den Verlust gelegt. Dämonische Mächte umlauern die Menschen ständig, um sie zu schwächen, zu verführen und ihnen zu schaden. Dazu bedarf es keines Schwarzmagiers, aber sobald der so Geschlagene sich voll zum Guten bekennt und vertrauensvoll den Engel SCHALNACH um Hilfe bittet, wird sein Los sich leichter tragen lassen, weil das Böse weichen muss.

Aus den vielen Berichten über seine segensreiche Tätigkeit will ich nur einen hier wiedergeben: Es geht um einen Fall, in dem ich selbst keine Hoffnung mehr sah, helfen zu können. Die Frau war nach ihren Angaben zwar nie ein Glückspilz gewesen, aber was in den letzten Monaten über sie gekommen war, erinnert mich an Hiob. Es begann mit einem Autounfall ihres Mannes. Er war Fernlastfahrer und tötete bei diesem Unfall einen Menschen. Obwohl er freigesprochen wurde, fühlte er sich schuldig und begann zu trinken. In den Lokalen, wo er sich herumtrieb, lernte er dann eine andere Frau kennen und kam oft tagelang nicht nach Hause. Dann verlor er seine Stelle. Das Eigenheim war nicht bezahlt und musste verkauft werden. Dann wurde der 13 Jahre alte Sohn bei einem Diebstahl verhaftet. Die Tochter ließ sich scheiden und zog mit einem zweijährigen Kind zur Mutter. Dann bekam meine Klientin Krebs, und eine Brust musste ihr abgenommen werden. Alle ihre Ersparnisse waren aufgebraucht, jede Zukunftshoffnung dahin. „Ich will nicht mehr leben“, schrieb sie mir damals, „welchen Sinn hat denn das Leben noch für mich?“

Ich machte sie auf den Engel SCHALNACH aufmerksam und erklärte ihr das Gesetz vom Karma und die Kraft des positiven Denkens. Sie befolgte meinen Rat und ließ sich von mir das Siegel des Schicksalsengels SCHALNACH machen.

Sie schrieb mir dann nach einiger Zeit: „Ich hatte zwar keine Wunder erwartet, aber als nach sieben Monaten noch immer keine Änderung meiner Lage eintrat, begann ich zu zweifeln, ob es für mich noch eine Rettung gibt. Als wir dann auch noch aus dieser neuen Wohnung raus mussten und mein Mann die Scheidung einreichte, war meine Stimmung wieder am Tiefpunkt angelangt. Ich machte aber trotzdem weiter mit den Gebeten und glaubte an SCHALNACH. Und dann geschah das Wunder: Wir bekamen von der Fürsorge eine neue Wohnung zugeteilt. Kurz weitererzählt: Der

Kaufmann an der Ecke, wo wir dann wohnten, ist heute mein zweiter Mann. Er war Witwer, und wir lieben uns, als ob wir 20 Jahre alt wären. Auch meine Tochter hat einen braven Mann gefunden."

Auch wenn die Hilfe von SCHALNACH nicht immer so tiefgreifende Änderungen bewirkt und man sich manchmal vorerst darauf beschränken muss, wieder Vertrauen zu sich und Kraft für das Leben zu schöpfen, zeigt dieser Fall, dass man nie den Mut verlieren soll. Es sah sieben Monate lang so aus, als ob die Situation sich sogar noch verschlechtern würde. Aber hinterher zeigte sich: Wenn die beiden nicht in die andere Wohnung hätten ziehen müssen, hätten sie nicht die neuen Ehepartner kennen gelernt, und dass ihr Mann die Scheidung verlangte, machte sie erst frei für das neue Glück.

Unzählige Male konnte ich erleben, dass es aus den ausweglosesten Situationen durch unerwartete Ereignisse zu Lebenswendepunkten kam, die vom menschlichen Erkennen nicht vorhersehbar waren. Das Gewebe des Schicksals ist undurchschaubar, und es dauert auch eine gewisse Zeit, bis die Engel alle Fäden gezogen haben, die für das neue Lebensmuster nötig sind.

DEPRESSION

Viele Menschen leiden unter Depressionen, ohne sich dessen bewusst zu sein. Sie sind missmutig, lustlos und sehen stets nur das Negative an einer Sache. Fast jeder wird irgendwann einmal davon befallen. Wer kennt nicht die lähmende Melancholie, das Gefühl verpasster Chancen, das seelische Tief, das einen in graue Einsamkeit verbannt und von den anderen isoliert? Oft ist das der Beginn eines üblen Kreislaufes, aus dem ein Entrinnen schwierig ist. Und tatsächlich ist auch bald die ganze Lebenssituation so trostlos, wie diese Menschen es vorerst nur in ihrer einseitigen Betrachtung sehen.

Erika B., Hausfrau, Mutter zweier Kinder im Alter von sieben und 13 Jahren, klagte mir ihr Leid, das eigentlich vor allem in dem undankbaren Los bestand, das jede Hausfrau trägt. Die tägliche Routine und das Fehlen jeden Dankes oder Erfolgserlebnisses führen bei vielen Frauen bald zur Erlahmung jeder Glücksfähigkeit. Glück aber muss gepflegt werden wie eine heikle Blume.

„Es ist besser, eine Kerze anzuzünden, als über die Finsternis zu klagen", sagt ein chinesisches Sprichwort.

FLABISON ist der Engel, der hilft, das Licht der Fröhlichkeit und der Freude anzuzünden. Ich machte dieser Frau ein Amulett mit seinem Siegel und erklärte ihr, wie sie sich an den Engel FLABISON um Hilfe wenden konnte. Gleichzeitig legte ich ihr nahe, sich nach einem Hobby umzusehen. Aber es geschah dann etwas anderes. Nach einigen Tagen erhielt sie überraschend einen Anruf. Es war eine alte Jugendfreundin, die sie seit vielen, vielen Jahren nicht gesehen hatte, mit der sie aber seinerzeit viel Spaß und Freude gehabt hatte. Die alte Freundschaft wurde wieder aktiviert, sie treffen einander zweimal in der Woche und entspannen sich prächtig miteinander, indem sie einfach bummeln gehen, manchmal in ein Theater oder in eine Konditorei. Ebenfalls durch diese Freundin angeregt, besucht sie nun einen Malkurs und findet in dieser Betätigung eine neue innere Erfüllung, die sie alle Depressionen und negativen Gedanken vergessen lässt.

FLABISON schafft gerne Situationen, die erfreuen und erheitern, und gibt Gedanken des Optimismus ein. Zur Heilung einer Depression sind richtige Gedanken ausschlaggebend und nicht Beruhigungsmittel. Denn die Ursache einer Depression liegt im falschen, nämlich negativen Denken, welches die innere positive Einstellung zum Leben untergräbt und von der Stimmung bald Besitz ergreift. Medikamente dämpfen nur den Zweifel, der es verhindert, dass positive Gedanken ins Bewusstsein gelangen.

Folgende Belehrungen erhielt ich einst von FLABISON:

- „Gedanken lösen Gefühle aus! Negative Gedanken verzerren die Wirklichkeit. Sie müssen daher als solche erkannt und sofort fallengelassen werden, bevor du das Gefühl durchmachst, welches diese Gedanken auslösen. (Auch hier hilft uns das positive Denken.) Nicht nur deine Stimmung prägt deine Gedanken, auch das Gegenteil trifft zu. Deine Gedanken sind es, welche zuerst über deine Stimmungen entscheiden. Daher denke das Richtige – und du fühlst dich wohl.
- Da Stimmungen durch Gedanken erzeugt werden, ist die momentane Gefühlslage eine Folge der Gedanken, die du gerade denkst. Das ist leicht überprüfbar, und du wirst dabei feststellen,

dass es egal ist, ob die Gedankenbilder, welche eine trübe Seelenstimmung verursachen, Folgen von tatsächlichen Ereignissen sind, wie zum Beispiel Liebesleid oder Todesfall, oder ob diese nur deiner Phantasie entspringen.

- Wenn du niedergeschlagen bist, dann nur deshalb, weil du durchwegs negative Gedanken pflegst. Deine Welt sieht düster aus, und das Verhängnisvolle daran ist, eines Tages glaubst du tatsächlich, dass auch die Wirklichkeit genauso schlimm ist wie in deiner Einbildung. Dein Denken ist verdreht und sieht die Wirklichkeit verzerrt, so wie es zu der vorherrschenden Stimmung passt.
- Wir wissen, dass Gedanken lebende Wesen sind, und haben daher sofort die Erklärung für dieses Phänomen. Die Gedankenschemen nähren sich von der Vitalkraft, die du in deinem Leid verlierst. Daher liegt die einzige Chance, aus einer Depression herauszukommen, im Abtöten der stimmungsauslösenden Gedankenbilder. Du musst die entsprechenden Gedanken aufstöbern, als Seelensaboteure entlarven und zum Schweigen bringen, indem du sie nicht beachtest. Oder, wenn sie sich dir hartnäckig aufdrängen, ersetze sie durch einen anderen bewusst positiv gehaltenen Gedanken. Suche die depressionsauslösenden Gedanken, indem du folgendes überlegst:
- Hältst du dich gleich für einen Versager, wenn du einmal einen Fehler machst? Eine solche Einstellung verursacht Selbstzweifel und du wirst deinen Ansprüchen nie genügen. Wer Fehler macht – und wer macht keine! –, ist deshalb noch lange keine Niete.
- Siehst du alles schwarz und suchst in jeder Situation nur das Negative, so wirst du bald nur das Negative finden.
- Erwartest du, dass alles misslingt und alle gegen dich sind, nur weil du öfters schlechte Erfahrungen gemacht hast, so wird es auch bald keinen Anlass für dich geben, Erfolge anzustreben, weil dir der Glaube daran fehlt.
- Denkst du: ‚Ich bin ein Mensch zweiter Klasse‘, weil andere dich unterdrücken, dann wirst du dich bald auch so fühlen, denn du vergrößerst dann deine eigenen Unvollkommenheiten, die ja jeder hat, und bagatellisierst deine Stärken und Fähigkeiten, was automatisch andere über dich erheben kann.
- Gedanken wie ‚ich müsste das tun‘, ohne dass du es auch machst, lösen Schuldgefühle aus. So ein Gefühlsurteil kann dann für dich zum Beweis werden, wirklich unfähig zu sein.

- Wenn du also nach solchen Untersuchungen jene Gedanken gefunden hast, welche dein seelisches Tief auslösen, schreib diese auf und lasse sie nicht ständig in deinem Kopf herumschwirren. Erkenne diese Gedanken als verzerrte, unrichtige Vorstellungen, welche dir ein falsches Bild der Wirklichkeit übermitteln.
- Da deine Situation somit anders ist, als du sie siehst, sind auch deine Gefühle, welche dieses Denken widerspiegeln, ungerechtfertigt. Du könntest froher sein, wenn du dein Denken änderst. Dazu ist nötig, dass du auch die Einstellung zu dir selbst änderst.
- Daher sei gut zu dir selber und mache dir täglich eine kleine Freude!
- Suche den Sinn in deinem Dasein, indem du ihm einen Sinn gibst! Das kannst du damit erreichen, indem du der Tätigkeit, die du ausübst, jenen Sinn beimisst, der ihr auch zusteht. Denn selbst die geringste Arbeit hat Bedeutung und ist sinnvoll, wenn du dir deiner Schöpferkraft bewusst bist und sie gerne und gewissenhaft tust für dich und andere.
- Löse dich aus der Vergangenheit! Du bist nicht mehr, wer du einst gewesen. Jede Erfahrung hat dich verändert und zu einer neuen Persönlichkeit geformt mit neuen Erkenntnissen, Eigenschaften und Fähigkeiten. Lass keine Erinnerungen an Erlebnisse aufkommen, die dich kränken, schmerzen oder dich zurücksehnen lassen.
- Trenne dich von allen ‚Freunden', die dir einst geschadet oder nicht geholfen haben.
- Jedes Ende ist auch Neubeginn. Schau in die Zukunft, sie ist voll Glückseligkeiten, und einmal wirst auch du sie ergreifen können! Suche aber nicht das große Glück in weiter Ferne, warte nicht auf ein Wunder, sondern ergreife jede kleinste Freude, die dir heute schon möglich ist.
- Sieh dich dem Leben nicht hilflos ausgeliefert, sondern mache dir bewusst, dass du es selbst gestaltest, und sei es nur, indem du gerade das kleinere Übel von allen Möglichkeiten auf dich nimmst und freiwillig erträgst!
- Nimm dich, wie du bist, und erwarte nicht immer mehr, als du zur Zeit leisten und erreichen kannst!
- Gehe unter Menschen, gehe auf sie zu und mache täglich einem eine Freude!
- Nütze die Schönheiten der Natur und der Musik, um deine Seelenlandschaft zu veredeln!

- Bei schweren Depressionen können Psychopharmaka als erste Hilfe Wunder wirken! Die heutigen wissenschaftlichen Erkenntnisse verdanken wir nur der Inspiration der zuständigen Engel, damit wir selbst alle auf Erden zur Verfügung stehenden Mittel nützen können. Das ist aber keine Aufforderung zum hemmungslosen Tablettenkonsum – dies würde nur neue Abhängigkeit schaffen. Aber kurzfristig und unter ärztlicher Kontrolle kann damit die Arbeit der Engel wirkungsvoll unterstützt werden.
- Manchmal ist es unmöglich, eine trübe Stimmung durch positives Denken zu ändern. Schaffst du es nicht, dir andere Gedankenbilder vorzustellen, dann tu etwas, das dich auf andere Gedanken bringt. Dazu ist jede manuelle Tätigkeit geeignet. Noch besser: Tu etwas für andere!“

Wer sich aufheitern will und Zerstreuung sucht, kann sich direkt an den Engel FLABISON wenden. Sein Siegel ist in blauer Farbe zu zeichnen. Sein Kontakt bewirkt sehr rasch eine Entkrampfung der Seele, sei es über äußere Ereignisse, die erheitern, oder innere Eingebung. Die Arbeit dieses Engels kannst du unterstützen, indem du unter Leute gehst, ins Kino oder Theater, und bewusst Unterhaltung suchst.

LEBENSÜBERDRUSS

„Mein Leben hat keinen Sinn mehr." Wer so denkt, steht am Anfang seines Endes. Manchmal nützen weder Einsicht noch Psychopharmaka. Das Leben erscheint sinnlos, und die Verzweiflung verdunkelt jedes Licht, das noch die Seele aufhellen könnte. Täglich nehmen sich Hunderte Menschen das Leben, weil sie glauben, es nicht mehr meistern zu können. Es wären Tausende, wenn nicht der Engel LOTIFAR mit seinen geistigen Helfern es verhindern würde. Er gibt den Verzweifelten, die sich das Leben nehmen wollen, Gedanken ein, die ihnen vor Augen führen, dass sie doch noch eine Aufgabe zu erfüllen haben, oder schafft eine Situation, die den Selbstmord verhindert.

In meinem Archiv befindet sich ein Brief von Frau Elisabeth K. Sie schreibt: „Anbei das Geld für das Amulett des Engels LOTIFAR. Wie konnten Sie nur wissen, wie es um mich stand? Ich wollte von Ihnen doch nur ein Horoskop, weil ich keine Zukunft für mich sah. Aber Sie schickten mir dieses Amulett, das mir das Leben rettete. Der Eilbrief kam nämlich genau in dem Moment, als ich die Tabletten schon im Wasser aufgelöst hatte. Ihr Brief mit den Belehrungen hat mir neuen Lebensmut gegeben, und als ich dann das Amulett nach Ihrer Anleitung einweihte und mich an den Engel wandte mit der Bitte, mir zu helfen, durchströmte mich plötzlich eine ungeheure innere Kraft und ich fühlte mich wie eine Blume, die sich wieder aufrichtet, weil sie Wasser bekommt."

Ich habe noch viele Beweise von der trostreichen, wirkungsvollen Hilfe dieses Retters in höchster Not. Wer verzweifelt ist und nicht mehr leben will, der wende sich also getrost an ihn, und es wird ihm geholfen werden.

Oft greift LOTIFAR zu sonderbaren Situationen, um den Menschen wieder Sinn für das Dasein aufzuzeigen. Wie zum Beispiel bei Frau Petra K. Sie schreibt mir: „Ich war gerade dabei, den Abschiedsbrief, den ich am Abend zuvor an meinen Mann geschrieben hatte, endgültig abzuschicken, als Ihr Brief mit dem Amulett kam. Ich zweifelte zwar daran, dass mir ein Stück Metall mit einem unverständlichen Zeichen darauf helfen könnte, aber trotzdem sagte ich das Gebet zu dem Engel und hängte mir dann das Amulett um. Irgendwie – es war bestimmt keine Einbildung – hörte ich in mir eine Stimme: ‚Bleib stark, du wirst gebraucht.' Darauf läutete das Telefon und der Lehrer meiner zwölfjährigen Tochter teilte mir mit, dass sie sich im Hof beim Spielen verletzt habe und abgeholt werden sollte. Da verstand ich meine Eingebung und erkannte, wie egoistisch es von mir war, nur an mein Glück zu denken. Die anderen hatte ich über meinem Leid völlig vergessen. Seither geht es mir viel besser. Ich bin zwar nicht glücklicher geworden, aber ich lebe jetzt bewusst. Vor allem versuche ich jetzt auch meinen Mann zu verstehen, und ich gönne ihm sein Glück mit der anderen Frau. Er und seine Freundin haben auch ein Recht auf Glück. Seit ich so denke, sind meine Depressionen leichter zu ertragen und ich fühle keinen Groll und Hass wie zuvor. Ich bin freier, zuversichtlicher und nicht so gelähmt, wenn ich an die Zukunft denke."

Man muss einen schweren Schicksalsschlag schon wie einen Tod sehen. Man braucht sich darüber hinaus gar nicht tatsächlich das Leben nehmen.

Wenn alles in die Brüche ging und du glaubst, am Ende zu sein, so birgt das ganz im Gegenteil eine einzigartige Chance für dich. Du hast nämlich die Möglichkeit, ein neues Leben zu beginnen, ohne dass du dazu wirklich sterben musst. Du kannst neu beginnen und trotzdem alle Erfahrungen deines bisherigen Lebens bewusst verwerten. Du kannst Fehler vermeiden und offene Schulden begleichen, noch ehe sie dich zwingend karmisch belasten. Nütze diese Möglichkeit einer bewussten „Wiedergeburt".

Kein Selbstmörder will sich wirklich das Leben nehmen. Oft ist es ein verzweifelter Aufschrei oder der Versuch, jemanden zu bestrafen. Man will nicht das Leben, sondern eine unerträglich erscheinende Lebenssituation beenden. Aber gerade das kann man nur, wenn man das Leben behält und umgestaltet.

Das Spannendste, das einem im Leben wiederfahren kann, ist, wenn man am Ende ist und doch, statt sich das Leben zu nehmen, ein neues Leben im alten Körper beginnt. Diese „Wiedergeburt" ist eine echte Initiation und die damit mobilisierte Kraft wird tatsächlich das ganze weitere Leben entscheidend verändern.

- Statt dir dein Leben zu nehmen, kannst du ein neues Leben beginnen. Wenn du alles verloren hast, kannst du nichts mehr verlieren. Wage also einen Neubeginn.
- Man soll den Tod nicht suchen. Denn wer Gutes getan hat, der kann mehr Gutes tun, und wer Böses tat, der kann es wieder gutmachen.

LOTIFAR wird dir helfen, deine Gedanken zu ordnen, und dir die nötige Stärke und Gelassenheit verleihen, der Verzweiflung Einhalt zu gebieten. Das Siegel des LOTIFAR ist in schwarzer Farbe zu zeichnen. Zur Anrufung ist immer eine Kerze anzuzünden, auch untertags, und folgendes Gebet zu sprechen:

„LOTIFAR, in tiefer Not bin ich und schrei zu dir. Verdunkelt ist mein Geist, gelähmt ist meine Seele. Tot und leer bin ich, und tiefste Finsternis ist alles, was mir blieb. Hör mich, ich kann nicht mehr! Doch weiß ich, dass du helfen kannst, und bitte dich darum. Du erfüllst mich mit dem Licht der Hoffnung und Zuversicht. Du meine Hilfe, LOTIFAR, oh komm!“

VER-RÜCKT

Bei Geistesgestörtheit wird das Bewusstsein von Reizen überflutet, was zu Verwirrung führt und das Bewusstsein auf eine andere Ebene drängt. Es beginnt sehr häufig zuerst mit einer Seelenkrankheit. Das heißt, Angst und Schwermut auslösende Schemen nehmen überhand und entziehen sich einer bewussten, geistigen Kontrolle. Was im Anfangsstadium als Depression diagnostiziert wird, kann durch die Dauerbelastung der Seele in eine Schizophrenie übergehen. Ob es nur Angstschemen oder eine höhere dämonische Wesenheit oder die Seelenteile eines Verstorbenen sind, die auf solche Weise das Bewusstsein eines Menschen bedrücken, verdrängen, es verrücken, macht keinen Unterschied.

Daher ist eine ärztliche, medizinische Behandlung auch bei echter Besessenheit dringend nötig. Denn die Angst, die den Patienten durch das Gefühl der Bedrängnis schwächt, wird erst recht den Wesen, die besessen machen, Tür und Tor öffnen. Es gibt heute hervorragende Medikamente, welche diese Angst gar nicht erst aufkommen lassen und dadurch den vampirisierenden Schemen das Lebenselement entziehen. So kann einer geistigen Verwirrung schon im Entstehen Einhalt geboten werden.

Erst nachdem alles im Bereich des irdisch Möglichen getan wurde, kann zur Hilfe aus der unsichtbaren Welt der Engel HYRMIUS angerufen werden. Sein Siegel wird in brauner Farbe gezeichnet. Zur vorbereitenden Meditation ist eine Schale Baldriantee zu trinken. Das gilt auch, wenn du den Engel für einen anderen Menschen um Hilfe bitten willst.

HYRMIUS greift direkt in den Geist- und Seelenkörper des Menschen ein, indem er den bedrängenden Elementalen und Schemen den Lebensfaden durchschneidet. Er ist der Chirurg der Gedankenbildebene. Seiner Inspiration verdanken die Menschen unter anderem den Heilschlaf und den Insulin- und Elektroschock für die Behandlung von Geisteskrankheiten.

Auch mir vertraute er eine sehr wirkungsvolle Methode an, mit der sich Zwangsvorstellungen, die Depressionen, Platzangst, Erröten oder andere Neurosen hervorrufen, kurzfristig ableiten lassen. Der krankheitsauslösende Faktor ist in jedem Fall ein gefühlsgeladener Gedanke, ein so genannter Schemen, und muss daher als lebendes Wesen behandelt werden. Die Autorität eines depressiven, geschwächten Menschen reicht jedoch nicht aus, diese Seelenschmarotzer zu bezwingen oder abzuwehren. Da auch Schemen ein elektromagnetisches Lebensfeld brauchen – viele Schizophrene fühlen sich, wie sie glaubhaft versichern, bestrahlt –, kann man ihnen dieses entziehen.

- Schlage dazu mit der Faust einige Male auf einen Laternenpfahl, einen Heizkörper, eine Wasserleitung und sage dazu: „Fort mit euch!“ Stelle dir dabei vor, wie die bedrängenden Gedanken durch den Metallteil in die Erde sausen!

Der geerdete Metallkörper, es kann auch ein Baum oder eine Hauswand sein, leitet unweigerlich die Energie der Quälgeister ab und macht sie für eine Zeit machtlos.

HYRMIUS ist auch bei den anderen Engeln unseres Bundes und bei allen Wesen der Elementarreiche ein hochgeachteter und mächtiger Genius, der selbst dafür sorgt, dass demjenigen, dem er geholfen hat, auch andere Engel helfen, sein Leben zu gestalten.

So schreibt mir die Mutter einer Schizophrenen, Frau Erika L.: „Als ich unserer Tochter das Amulett in die Klinik brachte, hatte ich wenig Hoffnung. Zum Erstaunen der Ärzte besserte sich aber ihr Zustand so rasch, dass sie schon nach zwei Wochen wieder nach Hause entlassen wurde. Der Schub hat nicht so lange wie sonst gedauert. Inzwischen hat sie sogar ihr Sprachstudium wieder aufgenommen und zusätzlich Klavierspielen zu lernen begonnen. Ich kann Ihnen gar nicht sagen, wie glücklich wir sind."

LIEBE

Der Traum der Liebe ist der häufigste Grund, warum Menschen mich aufsuchen oder mir schreiben. Entweder weil sie Rat und Hilfe brauchen bei einem Liebesproblem, oder weil sie einsam sind und einen Menschen suchen, der sie liebt.

Die meisten gehen dabei von völlig falschen Voraussetzungen aus. Sie träumen von einer Zwillingsseele, die in einem irdischen Idealpartner steckt, der nun gefunden, herbeigezaubert werden soll, oder sie verlangen, dass ein solcher durch ein Amulett wieder zurückgezwungen wird, obwohl er längst eine andere „Zwillingsseele" fand.

So nüchtern und realistisch manche Menschen im Leben sonst sind, in der Liebe hängen sie einem irrealen Traum nach.

Die Realität der Liebe ist ganz anders. Die allerwenigsten Menschen erleben das, was sie sich erträumen, auch in Wirklichkeit. Romane, Filme, Gedichte verherrlichen etwas, das es nie gegeben hat: die Liebe, die auch auf Dauer glücklich macht. Es wird verschwiegen, dass es sich bei der Liebe um etwas Traumhaftes handelt, aus dem es stets auch ein Erwachen gibt. Die ewige Liebe, von der du träumst, ist zeitlich begrenzt. Ein dauerhaftes Glück, das aus der Liebe wachsen soll, gibt es nicht. Du bist da keine Ausnahme und sollst deswegen weder andere beneiden, noch dich selbst bedauern.

Sicher gibt es einige Menschen, die glücklich sind in ihrer Liebe, die Glück in der Liebe und im Leben haben und mit ihrem Partner zufrieden sind. Aber das sind Ausnahmen. Diese Menschen denken anders und können eben mit dem zufrieden sein, was sie erreichen. Sie passen ihre Träume der Wirklichkeit an. Sie stellen keine großen Anforderungen, sind tolerant, bescheiden, und da sie nichts Unmögliches erwarten, ergreifen sie das Mögliche, wenn es sich bietet, und sind glücklich damit.

Schau auch nicht neidvoll auf jene, die strahlend von einem Liebesabenteuer zum nächsten schreiten! Ein kurzes, fragwürdiges Glück, zumeist auf Kosten eines anderen – Meilensteine nur für diese Menschen auf ihrer unerfüllten Suche nach der wahren Liebe.

Schau nicht auf das alte Paar, das Hand in Hand nach 45 Ehejahren noch immer gemeinsam seinen Abendspaziergang absolviert! Auch dieses Liebesglück ist letzten Endes nur Gewöhnung und vielleicht doch viel mehr, als du von Liebe dir erträumst.

Jeder Mensch liebt anders. Der eine läuft sein Leben lang einem Traumbild nach, der andere erwischt ständig den Falschen. Du musst bei deinen Wünschen berücksichtigen, wie du in dir die Liebe erlebst. Eine astrologische Analyse kann da Fehler in deiner Einstellung oder in deinem Verhalten aufdecken. Was jemand als seine Liebe erlebt, liegt nicht so sehr im Schicksal als in seinem Inneren selbst verankert, nämlich darin, wie er es erlebt. So wie einer geistig mehr sprachliche, der andere mehr mathematische Begabungen aufweisen kann, ist auch die Seele mit unterschiedlichen Eigenschaften und Fähigkeiten ausgestattet, die Gefühle der Liebe zu handhaben.

Wenn du schüchtern, zärtlich und romantisch veranlagt bist, gleichzeitig aber von einem sportlichen Supermann träumst, wirst du bald von ihm enttäuscht sein, falls du ihn finden solltest. Denn sportliche Supermänner haben selten die Fähigkeit, auf ein verträumtes, sensibles Seelenleben einzugehen. Sie gehen darüber hinweg und verletzen es. Bist du dagegen ein Individualist und suchst die Spannung im Besonderen, dann wird ein konservativer, treuer Partner dich bald langweilen und du wirst ausbrechen oder ihn herausfordern, sobald er dich nicht mehr zu fordern weiß.

Ein Engel unseres Bundes, der dafür zuständig ist, Liebe und Sympathie unter den Menschen zu verbreiten, ist RIGOLON. Sein Siegel ist in grüner Farbe zu zeichnen.

Ehe du ihn das erste Mal um Beistand in einer Liebesangelegenheit rufst, musst du dich baden, deine Haare waschen, dich schön machen und ein neues Kleidungsstück tragen. Ruf ihn nur untertags, am besten morgens! Folgende Belehrung erhielt ich einst von RIGOLON:

- „Suchst du dein Liebesglück, beachte folgendes: Jeder kann seine Liebe finden, aber nicht jede Liebe wird für dich zu jenem lebenslangen Glück, das du erträumst. Ewige Liebe gibt es nur in Romanen. Auch Freundschaft kann wie Liebe sein.
- Erwarte die Liebe nicht passiv, sondern suche sie. Es gibt viele Partner auf dieser Welt und in erreichbarer Nähe für dich, mit denen du glücklich sein könntest, nicht nur einen einzigen. Du musst aber geduldig sein und suchen!
- Es gibt auch Liebe auf Zeit, die viel Erfüllung bringt und zum wichtigsten Erlebnis für dich werden kann. Warte daher nicht auf die ganz große, ewige Liebe! Freue dich des Lebens und der Liebe! Nach jeder Liebe kann eine neue kommen. Versteife dich nie auf einen bestimmten Menschen, wenn der gerade nicht will!
- Jede Liebe ist Schwankungen unterworfen. In manchen Zeiten bist du deinem Liebesglück näher. Beachte diese astrologisch berechenbaren, vorhersehbaren Perioden besonders auch bei deiner Partnersuche!
- Bete zuerst darum, dass du selbst einem anderen das Glück durch die Liebe schenken darfst! Nur gegenseitige Erfüllung wird dir auch noch nach Jahren das Glück aus Liebe schenken. Die meisten wünschen sich Liebe und vergessen, dass auch sie selbst für den anderen dessen Glück sein müssen, soll nicht Einseitigkeit die Bindung bald zerstören."

Überdenke also die Punkte, die ich von RIGOLON als Belehrung erhielt! Du musst vielleicht deine bisherige Einstellung zur Liebe ändern und deine zu hohen Erwartungen an das Glück, das du durch Liebe zu finden hoffst, etwas korrigieren und zurückschrauben!

Erst dann wende dich an RIGOLON, den Engel aller Liebenden, damit er auch dir hilft, dein Liebesglück zu schaffen.

„Ich komme immer an den Falschen", schrieb mir eine 24-jährige Serviererin. „Ich weiß, dass ich etwas mollig bin und die Männer gerne schlanke Frauen lieben, aber es muss doch auch für mich einen Partner geben, der nicht nur ein Abenteuer sucht und dann geht."

Diese Frau hatte den Fehler gemacht, auf jedes Kompliment hereinzufallen, das ihr ein Mann machte, und hatte vergessen, dass Liebe und Sex für Männer häufig zwei getrennte Erfahrungen bedeuten. Ich erklärte ihr das und machte ihr das Siegel des RIGOLON. Sie schrieb mir dann aus einem kleinen Ort in Bayern: „Der Traumprinz ist er nicht, mein Egon. Aber wir haben geheiratet und führen gemeinsam eine kleine Gastwirtschaft, und ich bin doch glücklich, wie es ist.“

Auch der junge Lagerarbeiter eines Warenhauses, Peter R., fand mit Hilfe von RIGOLON sein Lebensglück. Er schreibt: „Ich war immer viel zu schüchtern, um ein Mädchen anzusprechen, und wenn mir eine gefiel, wurde ich gleich rot und wagte nicht, sie zum Tanz aufzufordern. Ich habe dann, Ihren Rat befolgend, täglich den Engel RIGOLON gerufen und bin sicher, dass er es war, der mir den Mut gab, Elisabeth anzusprechen. Heute sind wir verlobt. Da auch sie schüchtern und zurückhaltend war, bat sie ebenfalls RIGOLON um mehr Kontaktfreudigkeit, und ich muss sagen, wir haben jetzt einige gemeinsame Freunde, die wir treffen, und unsere ganze Einstellung zu den Menschen hat sich völlig geändert.“

Aus Bremen schreibt mir die 45 Jahre alte Käthe B. Folgendes: „Ich hatte schon jede Hoffnung auf einen Lebenspartner aufgegeben und mich damit abgefunden, allein durchs Leben gehen zu müssen. Da erfuhr ich von einer Bekannten von den unsichtbaren Engeln und besonders RIGOLON schien mir als mein Helfer geeignet. Wir waren drei Frauen, die sich gemeinsam zweimal wöchentlich zu einer kleinen Andacht in seinem Namen zusammensetzten. Sie haben dann auch jedem von uns das Siegel des Engels RIGOLON gemacht und zwei von uns haben inzwischen tatsächlich einen Freund gefunden. Mein Hans ist bei der Bahn. Wir denken zwar vorläufig noch nicht ans Heiraten, aber wir sehen uns oft, gehen ins Kino und machen lange, gemeinsame Spaziergänge, wenn er zuhause ist. Im Sommer wollen wir auch zusammen in die Berge fahren, weil wir beide die Natur sehr lieben und gerne wandern.“

Ich könnte noch sehr viele Fälle bringen, wo eindeutig RIGOLON Hilfe brachte, denn Liebesamulette gehören zu den häufigsten Bestellungen. RIGOLON hilft zuverlässig, sobald du dich auf ihn einstellst und deine Einstellung zur Liebe den Möglichkeiten und Gegebenheiten anpasst.

LIEBESLEID

Nichts schmerzt so sehr wie Liebesleid. Keine Wunde ist so tief wie die Wunde, die durch die Trennung von einem geliebten Menschen in die Seele gerissen wird. Liebesleid und Sehnsuchtsschemen nach verlorenem Liebesglück saugen die Lebenskraft und treiben viele zu Selbstmord oder in geistige Umnachtung, um dem Leid zu entgehen. Es ist also verständlich, dass nichts so häufig von den Engeln erbeten wird, wie die Liebe eines ganz bestimmten Menschen zu erringen.

Aber leider ist gerade dieser Wunsch oft nicht erfüllbar. Denn der Heißbegehrte liebt zumeist selbst einen anderen. Die scheinbar vollkommene Einheit, welcher der an Liebesleid Erkrankte nachtrauert, besteht nur in dessen Einbildung, die von Eros-Schemen geschürt wird und ihm Lebenskraft entzieht.

Die beste Art, diese Vampire loszuwerden, die im Kleid der Liebe getarnt dich peinigen, ist, sie durch Freundschafts- oder Liebesgefühle zu einem anderen Menschen zu ersetzen. Das ist oft das einzige Mittel, wieder Frieden zu finden. Denn die Eros-Schemen sind hartnäckig und machen blind gegen jedes Argument, das sie entlarven könnte. Sie peinigen mit Bildern der Erinnerung an gemeinsame schöne Stunden, geben Gedanken ein, die Hoffnung auf ein neues Glück aufkommen lassen. Zeigen ein falsches Charakterbild des Geliebten und löschen im Geist alle Erinnerungen, die ihn einem verleiden könnten. Sie gaukeln sogar ein schöneres Aussehen des Geliebten vor.

Schau sie nur an, all die heiß und innig, voll verzehrender Sehnsucht geliebten Menschen! Siehst du die Schönheit, die der Liebende in ihnen zu sehen glaubt, oder hast du nicht oft selbst zu dir gesagt: „Was findet der denn bloß an ihr?“ Sie alle lieben ein Abbild des anderen, das sie sich in den Träumen schufen, und nicht ihn als Person. Je mehr sie aber mit dem Geliebten zusammen wären, desto stärker würde der Unterschied zwischen Phantasie und Wahrheit zutage treten und der eine früher, der andere später bemerken, welcher Illusion er erlegen ist. Die Liebe würde, wie in vielen Ehen, erlöschen.

Hast du nicht selbst schon eine große Liebe hinter dir, bist dann erwacht aus einem Traum, der dich damals gefesselt hat? Heute wunderst du dich, wie du, in diese Illusion verstrickt, in Sehnsucht nach dem dir jetzt so fremden Menschen dich verzehren konntest. Zieh in Betracht, dass auch heute die Ursache deiner Qual aus unerfüllter Liebe nur Illusion ist und du nicht ewige Erfüllung hinter dir lässt.

Liebe lässt die Zeit vergehen und Zeit lässt die Liebe, aber auch den Liebesschmerz vergehen. Bedenke das in deinem Leid und wende dich als Erstes an den Engel TRAPIS, auf dass er dein Leid und die Qualen lindere und dir Stärke gebe.

TRAPIS ist der große Tröster aller Menschen, besonders hilft er aber jenen Verzweifelten und Unglücklichen, die von einem geliebten Menschen enttäuscht wurden, die an Depressionen leiden und glauben, mit dem Leben nicht mehr fertig zu werden. Durch seine Nähe lindert er jedes Seelenleid und macht die Zeit des Vergessens erträglicher. Er hilft, indem er die Gedanken der schönen Erinnerungen abschwächt und dir hoffnungsvolle Bilder für die Zukunft eingibt. Sein tiefes Mitgefühl für den Leidenden vermittelt jedem das tröstende Gefühl der Wärme und der Liebe.

Eine Schülerin, der ich mit dem Siegel des TRAPIS seine Hilfe vermittelte, berichtete: „Für mich ist eine ganze Welt zusammengebrochen, als mein Verlobter mich mit meiner besten Freundin betrogen hat. Ich weinte stundenlang und glaubte, nie wieder glücklich sein zu können. Dann schickten Sie mir das Amulett des TRAPIS, und es war mir mit einem Schlag leichter. Es ist, als ob ein guter Freund mir seine Arme um die Schultern legt und mich an sich drückt. Der Krampf in meinem Hals und Magen löste sich, und ich bin wieder bei gutem Appetit. Immer wenn mich die Erinnerung an die schönen Stunden überkommt, rufe ich TRAPIS und fühle mich sofort gestärkt."

Um zu vermeiden, dass du durch eine Beziehung enttäuscht wirst, kannst du dich schon vor Beginn einer Liebe an TRAPIS wenden. Er wird dir helfen, deine wahren Gefühle und die des Partners rechtzeitig zu prüfen und zu erkennen. Nachstehend einige seiner Belehrungen:

- „Wahre Liebe fließt ruhig und gleichmäßig durch beide Seelen und bedarf keiner leidenschaftlichen Höhepunkte, die Tiefen und Entfremdung nach sich ziehen. Wahre Liebe fließt gleichmäßig in beiden, sich gegenseitig verstärkend, und lässt nicht nach, wenn der andere sie zu heftig erwidert. Die wahrhaft Liebenden erkennen sich sehr bald. Sie fordern nicht und zweifeln nicht und brauchen keine Schwüre. Wie kannst du glauben, dass ein Zauber nötig ist, wenn ihr wirklich für ewig füreinander bestimmt seid? Wie kannst du glauben, dass, wenn zwei zur einzig großen Liebe füreinander geschaffen sind, es eine Macht gibt, die dieses größte Wunder und Glück dieser Welt trennen könnte? Die wahre Liebe bedarf keiner Nachhilfe zur Bindung, noch kann sie getrennt werden.

- Einseitige Liebe ist aber keine wahre Liebe, sondern Verblendung und soll deine Seele nicht verdunkeln dürfen. Hat sich dein Partner zweimal von dir lösen können, wird er sich immer wieder von dir freimachen wollen. Glaube seinen Treueschwüren nicht und suche dir einen anderen!
- Leiden schafft jene Liebe, die leidenschaftlich ist. Sie unterscheidet sich grundlegend von der glücklichmachenden Zuneigung, die länger und dauerhafter ist. Du brauchst auf Liebesglück durch Leidenschaft nicht zu verzichten, wenn du erkennst, dass es nur Glück auf Zeit für dich bedeuten wird. Denn keiner von euch Menschen könnte intensive Liebe auf Dauer ertragen, ohne dadurch ernsthaft Schaden zu erleiden an seiner seelischen Vervollkommnung. Werden deine Gefühle für den anderen stärker, sobald du von ihm getrennt bist, und wächst deine Liebe mit der Entfernung zu ihm, wird sie schwächer aber nach einigen Tagen des Zusammenwohnens, dann wirst du mit dem Partner nicht auf Dauer glücklich sein. Sei auf der Hut!
- Verpflichtendes, Ehe, gemeinsamer Besitz, Kinder können später einmal den Partner als Last erscheinen lassen. Lass deshalb deine Liebe in freiem Schwingen eurer Seelen wachsen und warte solange als möglich mit allem, was dich zwingend bindet!
- Bist du getrennt von deiner Liebe und glaubst, auf diesen Menschen nicht verzichten zu können, dann achte darauf, dass der Strom der Gefühle richtig fließt! Die Liebe lebt vom Geben, nicht vom Nehmen. Sende daher dem Betreffenden deinen Strom uneingeschränkter Zuneigung und Liebe! Wünsch ihm alles Glück der Welt, auch wenn er nicht in deiner Liebe sein Glück zu finden weiß! Dieser Strom, den du ihm sendest, wird auch dir dein Glück zur rechten Zeit bringen. Zersehnen, herbeiziehen,

qualvolles Herbeiwünschen dagegen zerreißt schmerzhaft in dir das Band, das dich an den Betreffenden binden könnte, und du kannst den ersehnten Menschen erst recht nicht fassen. Willst du ihm nahe sein, dann erreichst du ihn besser über das Glück, das du ihm im Geiste schickst. Mit deiner Sehnsucht ergreifst du ihn sicher nicht. Jeder lässt gerne Glück in sich einströmen, ganz gleich, von wem es geschickt ist, und öffnet sich ihm. Man versperrt sich aber gegen jeden Eingriff, der aus der Seele nehmen will. Wenn du durch deine Sehnsucht dein Glück forderst, seine Liebe von ihm holen willst, dann wird er sich versperren. Denk dir *sein* Glück und wünsch es ihm in deiner Seele; für dich verlange nichts!"

Aus dieser Geisteshaltung, so hat mir TRAPIS einst versichert, kann er dir am besten antworten und dein Liebesglück dir zuführen. In manchen Fällen wird TRAPIS eine zerbrochene Bindung wieder kitten helfen. Dazu sind jedoch zumeist sehr tiefgreifende Änderungen im Schicksal der Beteiligten nötig, die oft nur mit großen Opfern oder auf Kosten eines anderen Glücks, auf das dafür verzichtet werden muss, möglich sind. Ich möchte daher sehr eindringlich davor warnen, mit irgendwelchen magischen Praktiken zu versuchen, den anderen zu zwingen, dich zu lieben. Selbst wenn es dir gelingen sollte, wirst du nur kurze Zeit binden können, was von den Schicksalsmächten gelöst wurde, und wirst doch dafür teuer bezahlen müssen.

Es gibt zwar einen Genius, sein Name ist SARON, der dieser Arbeit vorsteht. Doch da er nicht zur Hierarchie der Engel unseres Bundes gehört und um Missbrauch vorzubeugen, werde ich in diesem Buch sein Siegel und die geheime Praktik, mit der er zu rufen ist, nicht anführen. Wenn du die Meisterstufe erlangst, wirst du lernen, mit SARON Kontakt aufzunehmen. Ich graviere sein Siegel nur in ganz dringenden Ausnahmefällen in ein Liebesamulett.

- Wenn du einen Engel des Bundes bittest, dir zu helfen, dein Liebesglück zu schaffen, vermeide möglichst, dich auf einen bestimmten Menschen zu versteifen. Überlasse es der größeren Weitsicht der jenseitigen Helfer, zu erkennen, wer für dich dein Glück bereiten kann. Schließe daher jedes Gebet um Liebe mit der Feststellung: „Dein Wille geschehe." Auch eine astrologische Partneranalyse kann Aufschluss geben, wie zwei Menschen zueinander passen, und ob es sinnvoll und möglich ist, eine Beziehung mit jemand Bestimmtem einzugehen.

TREUE

Die Geißel aller Liebenden ist Eifersucht. Sie entsteht aus der Angst, den Geliebten zu verlieren. Zweifel an der Treue des Partners hat mehr Beziehungen zerstört als tatsächliche Untreue. Durch die gefühlsbetonten Bilder, in denen man den anderen schon in den Armen eines Nebenbuhlers sieht, schafft man selbst auf der geistigen Ebene Ursachen als Impuls für einen späteren tatsächlichen Seitensprung des Betreffenden.

Daher ist es wichtig, schon am Beginn einer Liebesbeziehung sich der Hilfe des Engels ISTAROTH zu versichern, damit er geistig festigt und schützt, was irdisch gebunden bleiben soll. ISTAROTH ist ein Schirmherr aller Liebenden, denn zu seiner Aufgabe gehört es, Treue unter den Menschen aufrecht zu erhalten.

Das Siegel des ISTAROTH ist in grüner Farbe zu zeichnen. Morgens und abends ist er am besten zu erreichen. Stets aber sollst du eine frische rote Rose vor sein Siegel stellen, wenn du mit ISTAROTH im Geiste sprichst. Für ISTAROTH ist es ein echtes Anliegen, für Treue unter den Liebenden zu sorgen. So wie ein Blumenliebhaber bei keiner welkenden Blume vorbeigehen kann, ohne dieser Wasser zu geben, wird ISTAROTH, wenn du ihn rufst, dir helfen und versuchen, deine Partnerschaft zu erhalten, solange du das Deine dazu beiträgst. Daher frage dich zuerst:

- Was veranlasst einen Menschen dazu, ein Leben lang einem anderen treu zu bleiben?
- Was verhindert, dass Versuchungen, auch einen anderen zu lieben, nicht nachgegeben wird, oder dass sie erst gar nicht aufkommen können?
- Was bewirkt, dass Menschen Nachteile ertragen und Situationen in Kauf nehmen, die zumeist recht stark belasten, nur weil sie versprochen haben, treu zu bleiben?

Jeder, der Treue verlangt, muss wissen, welche Voraussetzungen dazu nötig sind. Auch die Engel müssen erst die Grundlagen für das erwünschte Verhalten schaffen. Kein Mensch wird grundlos treu sein.

Am Beginn einer Partnerschaft, solange diese nicht durch Eheschließung zu einer Pflichtbindung wird, sind es natürlich Liebe, Erotik und Freude am gemeinsamen Zusammensein, die verbinden. Aber fast jeder, der längere Zeit verheiratet ist, wird bestätigen, dass ihn jetzt auch andere Ursachen als Liebe binden. Zumeist liegen zum Teil recht egoistische oder zumindest unromantische, nüchterne Überlegungen vor, den anderen nicht zu verlassen: Familie, finanzielle Vorteile, Vermeidung von Nachteilen, Bequemlichkeit, dazu Sexualität, Haushalt, also Essen, Wäsche, Kinder usw. oder eben Haushaltsgeld, gesellschaftliche oder familiäre Tradition und Status, der eine Scheidung oder Trennung nicht zulassen würde. Nur in seltenen Fällen ist es der gute Charakter oder Mitleid, der die Menschen treu sein lässt. Man bricht nicht ein Versprechen, das man gab, oder man will den einmal sehr geliebten Menschen nicht verletzen und unglücklich machen.

Ganz gleich, was letzten Endes bindet. Erst muss die geistige Ursache wie für jedes andere Verhalten auch geschaffen werden. Eine gedankenbildliche Vorstellung von einem dieser Gründe muss vom Bewusstsein aus das Handeln lenken und beeinflussen. Auch ISTAROTH muss erst diese geistigen Ursachen schaffen, um jemanden zur Treue anzuhalten. Dessen musst du dir bewusst sein, wenn du dich an ihn wendest.

Stell dir daher die Frage, wie du die Arbeit des Engels auf der unsichtbaren Ebene von der physischen Ebene aus unterstützen kannst. Zumeist ist es ja umgekehrt und der Engel wird behindert. Denn bei den meisten Pflichtbindungen bilden sich bald aus den Situationen eines zermürbenden Alltaglebens Vorstellungen, welche verärgern, Hassschemen nähren und zu Entfremdung führen. Diese Schattenschemen schüren dann jene Argumente, die das Wirken des Gewissens übertönen und zur Untreue verleiten.

- Ich muss da wieder einmal betonen, wie wichtig es ist, den Mechanismus der Schicksalsgestaltung zu beachten: Gedanken lösen Gefühle aus. Gefühle veranlassen, zu handeln! Wer das bdenkt und berücksichtigt, wird viel verantwortungsbewusster und überlegter denken und handeln.

- Dass eine mürrische, ungepflegte Frau durch ihr Verhalten ihren Mann nicht gerade zur Treue ermuntert, ist klar. Er hat das Bild des hingebungsbereiten, sauberen, hoffnungsfrohen Mädchens geheiratet und fühlt sich betrogen und belogen von der Realität. Auch die Männer lassen sich gehen und oft wird aus dem höflich werbenden, diszipliniert männlich wirkenden jungen Mann sehr bald ein ungewaschener, rücksichtsloser Haustyrann.
- Das Verhalten von Eheleuten steht in ständiger Wechselwirkung. Jede Aktion ruft im anderen sofort und unbewusst eine Reaktion hervor.
- Überdenke daher stets dein Reden und Handeln in der Vorstellung und im Gefühl deines Partners!
- Überlege, welche Vorstellungen du in ihm einst hervorgerufen hast, die dann Anlass waren, dich zu lieben, zu begehren, sich für immer an dich zu binden, und ergründe, welche Vorstellungen du heute in ihm wachrufst, die Ursache sein könnten, sich von dir abzuwenden, oder die Grund sind, doch zu bleiben. Je genauer du dir darüber im Klaren bist, umso eher kannst du die Voraussetzungen für eine haltbare Ehe schaffen.

Es ist sicher nicht möglich, jahrzehntelang das Feuer der Liebe zu schüren. Die Leidenschaft vergeht. Aber es ist vermeidbar, Eifersucht, Unmut oder gar Hass im Partner oder bei sich selbst aufkommen zu lassen. Fast jeder Untreue geht eine langsam fortschreitende Entfremdung voraus, und die lässt sich vermeiden, wenn man wachsam ist. Wende dich daher gleich bei Beginn einer Beziehung an den Engel ISTAROTH, damit es durch seine Hilfe erst gar nicht so weit kommen kann! Aber versuche stets, auch selbst dein Bestes beizutragen! Er ist auch in der Lage, dort, wo eine glückliche Dauerbeziehung nicht möglich ist, schon vorher zu verhindern, dass es zu einer Ehe kommt, und kann dir dadurch so manches Problem vermeiden helfen. Neben falschem Verhalten in der Ehe ist ja das voreilige Eingehen einer Bindung mit dem falschen Partner einer der Hauptgründe für das Scheitern einer Beziehung.

Unter meinen Klienten ist zum Beispiel eine Frau, die schon zweimal geschieden wurde. Ihr Liebesleben ist auf Grund ihres Horoskops stark belastet. Gefühle der Zuneigung und Liebe stehen bei ihr im argen Widerspruch zur besseren Einsicht und Vernunft, und so kommt sie immer wieder durch falsche Partnerwahl zu neuen Liebesproblemen. Ich machte ihr das Siegel des ISTAROTH, und seither hat sie keinen Liebeskummer mehr. Sie hat kurz danach ihren jetzigen Ehemann getroffen, sich allerdings erst zwei Jahre später zu ihrer nunmehr dritten Ehe entschlossen. Sie erzählte mir: „Ich bin früher immer eifersüchtig gewesen und gleich eingeschnappt, wenn mein Mann mir nicht ständig seine Liebe und Zuneigung zeigte oder gar irgendwo widersprochen hätte. Da begann ich ihn gleich zu hassen. Heute bemühe ich mich ganz bewusst um die Liebe meines jetzigen Mannes und versuche, ihm das Leben so schön als möglich zu gestalten. Ich fühle dafür seine Dankbarkeit und Zuneigung, auch ohne dass er große Worte oder Gesten macht. Einmal sagte er mir sogar, dass es für ihn undenkbar erscheine, zu einer Frau, die sich so bemüht wie ich, nicht ebenfalls rücksichtsvoll und ehrlich zu sein."

In meinem astrologischen Archiv befindet sich auch der Partnervergleich von Frau Lotte K. und ihrem Verlobten. Durch eine bestimmte astrologische Konstellation in seinem Geburtshoroskop tendierte er sehr zu Flirt und unrealistischen Vorstellungen über Liebe und Partnerschaft, und die Gefahr von Untreue war stets vorhanden. Da die beiden jedoch sonst sehr gut zusammenpassten, machte ich ihr das Siegel des ISTAROTH, worauf sich sein Verhalten plötzlich änderte. Statt anderen Frauen schönzutun, war er jetzt noch aufmerksamer zu ihr, was es ihr wieder erleichterte, sich selbst so zu geben, wie es seinen inneren Vorstellungen entsprach. Die beiden sind heute verheiratet.

In jeder Ehe tritt zeitweise – bedingt durch astrologische Konstellationen – eine meist vorübergehende Entfremdung ein. Auch Routine im Sexualleben lässt Gleichgültigkeit und, als Folge von Unbefriedigtsein, Aggressionen entstehen. Nur allzu leicht wird dann durch gedankliche Einstellung der Wunsch nach Abwechslung geweckt. Durch diese geistige Einstellung auf ein Abenteuer kann bald ein Seitensprung die Folge sein. Das muss aber nicht gleich das Ende der Ehe bedeuten.

Frau Johanna L. suchte verzweifelt meine astrologische Beratung auf. Nach 25 Ehejahren hatte ihr der Mann gestanden, dass er eine junge Freundin habe und sie verlassen wolle. Eine Welt brach für sie zusammen. Auch ihr machte ich das Siegel des ISTAROTH und riet ihr, sich völlig ruhig zu verhalten und sich nun erst recht besonders um ihn zu bemühen. Durch den seelischen Schmerz konnte sie nichts essen und verlor 15 Kilo an Gewicht. Das stand ihr gut, und sie begann sich wieder zu pflegen, kleidete sich neu ein und ließ sich von einem Friseur eine zu ihr passende moderne Frisur machen. Trotz ihres Kummers versuchte sie, freundlich zu ihm zu sein, und machte ihm auch nie Vorwürfe, wenn er erst spät nachts heimkam. Sie legte ihm sogar geschälte frische Nüsse an sein Bett, weil sie wusste, dass er diese besonders gerne mochte, sich selbst aber nie die Arbeit des Schälens machte. Während im Laufe der nächsten Wochen die Beziehung zu seiner Freundin für ihn zur Routine wurde, gewann er bald neues Interesse an seiner eigenen Frau, und nach sechs Monaten trennte er sich von der Freundin und ist wieder der aufmerksame Ehemann wie seit 25 Jahren. Durch ihr vernünftiges, tolerantes Verhalten unterstützte sie die Arbeit des Engels, so gut sie konnte, denn dieser konnte dadurch rascher den Mann zu ihr zurückführen, indem er ihm seine Frau als liebenswert vor Augen stellte und sie das auch tatsächlich war.

FAMILIE

ADON ist der Schirmherr aller Ehen. Er hat sie als Schutz für die Familie geschaffen und ist besonders in der heutigen Zeit, da mit dieser Institution so sorglos und leichtfertig umgegangen wird, bestrebt, allen Menschen zu helfen, deren Ehe in einer Krise steckt. Sein Hauptanliegen aber ist es, Harmonie und Bestand einer Familie zu erhalten. Wenn trotzdem kaum etwas mit so viel hoffnungsvoller Glückserwartung begonnen wird und dann so häufig enttäuschend endet wie die meisten Ehen, liegt das nur an den Menschen selbst. Es wäre nicht nötig, dass jährlich Hunderttausende Ehen geschieden werden; ganz zu schweigen von jenen Paaren, die sich nicht trennen, weil ihnen dadurch noch größere Probleme erwachsen würden. Wer sich an ADON wendet und seine Belehrungen aufnimmt und befolgt, hat damit das Fundament für eine harmonische Ehe gelegt. Sein Siegel ist stets in roter Farbe zu zeichnen, welches dann auf ein Familienfoto gelegt wird und zusammen mit diesem aufbewahrt wird. Nachfolgend einige Verhaltensregeln und

Anregungen zum Nachdenken, die mir der Engel ADON für Männer und Frauen, deren Ehe und Familienleben gefährdet ist, anvertraute.

- „Enttäuschungen entstehen dort, wo zu große Erwartungen in den Partner gesetzt wurden. Ist deine Ehe in der Krise, frage dich zuerst, ob nicht du selbst es bist, der heute anders ist als zu der Zeit, wo alles noch harmonisch war. Dort liegt auch für dich die einzige Möglichkeit, etwas zu ändern.
- Deinen Partner kannst du nicht ändern. Nur seine Einstellung zu dir lässt sich wandeln, indem du wieder jene Eigenschaften zeigst, die er an dir einst liebte. Das bedeutet nicht, dass du deine Individualität aufgeben und dich nicht weiter entfalten und entwickeln sollst. Zumeist sind es ja die Kleinigkeiten, die den einen am anderen stören.
- Sprich offen, aber ohne zu verletzen, aus, was dich am Partner stört!
- Frage ihn nach seinen Wünschen betreffend Sex, Geselligkeit, Sport, Hobbys usw. und gehe darauf ein! Lass ihm die Freiheit, das zu tun, was seinen Wünschen entspricht! Aber lass auch dir die Freiheit nicht nehmen.
- Versuche, sein Wollen als Ausdruck freier Menschenwürde und nicht als gegen dich gerichtete Schikane zu verstehen! Betrachte es nie als Schwäche oder Nachgiebigkeit, wenn du auf deinen Partner Rücksicht nimmst, auf ihn eingehst oder manchmal nachgibst! Es ist deine Stärke, die seine Schwäche auffängt, ausgleicht und den Frieden sichert, bis der andere sich wieder eines Besseren besinnt. Schieße also nicht sofort zurück, wenn du dich durch ihn verletzt fühlst!
- Aber lass dich niemals unterdrücken oder demütigen. Nichts zerstört eine Ehe rascher als die Erduldung eines Despoten oder einer Xanthippe aus Angst vor den Folgen, würde man sich durchsetzen.
- Bereite zwischendurch eine kleine Freude, auch ohne konkreten Anlass.
- Sei dankbar, dass du diesen Partner hast, solange du ihn noch hast! Es ist überraschend, wie vielen Menschen erst, wenn sie von ihrem Partner getrennt sind, bewusst wird, was sie an ihm verloren haben. Sie erkennen seinen Wert und ihre Liebe zu ihm oft erst, wenn es zu spät ist.

- Wenn du vom Traumpartner träumst und Vergleiche anstellst mit dem, den du hast, überlege auch ehrlich, ob du selbst Traumpartner bist oder wärst für einen anderen! Schau dich dabei in einen Spiegel! Deinen Idealpartner hast du dann, wenn du selbst Idealpartner bist.
- Hat dein Partner sich verändert, seit er mit dir zusammenlebt, so bedenke, dass auch du nicht schuldlos daran bist!
- Vermeide unnötige Kritik und Zurechtweisung. Viele Vorwürfe sind sinnlos und erwecken nur Aggression zur Verteidigung.
- Lob ist eine Zauberkraft, Anherrschen ist der Ton des Bösen. Mit Lob versetzt du das Gute in die Seele des Menschen als Keim für ein entsprechendes Verhalten.
- Was du vom Partner erwartest, das gib du ihm zuerst! Verlange nichts, was du selbst nicht zu geben bereit bist!
- Pflege dich, vermeide Schlamperei in Kleidung und Hygiene!"

Diese Ratschläge des Engels haben sich alle bestens bewährt. In meiner astrologischen Lebensberatung konnte ich damit vielen Menschen einen Tipp geben, wie sie ihre Ehe wieder aufrichten können. Die meisten Menschen haben nur eine falsche Einstellung zur Ehe, und das lässt sich ändern. „Das Leben ist eine Schule, kein Rummelplatz", sagte Meister Bardon immer. Man könnte ergänzen: „Die Ehe ist eine Hochschule und kein Sanatorium für angeschlagene Seelen." Wer das nicht so sieht, wird nach wenigen Ehejahren das Gefühl haben, ausgenützt zu werden, und wird dann kaum das Bestreben aufbringen können, seinerseits auf den Partner einzugehen. „Ich bin immer der Dumme", höre ich oft. Wer glaubt, dass sein Familienglück und der Ehefrieden in Gefahr sind, soll die Ratschläge des ADON beherzigen und sich rechtzeitig seinen Beistand sichern.

„Ich bin erst seit zwei Jahren verheiratet", schreibt Frau Karin B., „und wir haben ein ganz liebes Kind, das ich über alles liebe. Aber trotzdem habe ich das Gefühl, mein Mann liebt mich nicht mehr. Ich habe solche Angst, ihn zu verlieren. Er geht abends oft mit Freunden in ein Gasthaus, oder er bastelt an seinen Modellflugzeugen herum. Für uns zwei hat er immer weniger Zeit."

Ich schickte ihr die zwölf Punkte des ADON und sein Siegel, und ein kleines Wunder geschah: Ihr Mann wechselte sein Hobby. Er begann zu fotografieren, und als Hauptmotiv wählte er das Kind und seine Frau. Statt im Gasthaus zu sitzen, macht er nun künstlerische Fotos von ihr und entwickelt sie selbst in seiner Dunkelkammer. Am Wochenende gehen sie gemeinsam in die Natur auf Motivsuche, und sie teilen beide die Freude an seinem Hobby. Die Ehe ist jetzt glücklicher als zuvor.

SCHEIDUNG

Trotz der segensreichen Tätigkeit von ADON und seinen Helfern werden jährlich Hunderttausende Ehen geschieden. Auch ADON kann keine Wunder vollbringen, wo sich die nötigen Voraussetzungen für eine Harmonisierung einer Beziehung nicht mehr schaffen lassen, weil absolute Unvereinbarkeit der beiden Charaktere oder brutale Rücksichtslosigkeit und uneinsichtiger Egoismus diese verhindern. Beides wäre schon vor der Ehe durch eine astrologische Partneranalyse erkennbar und somit das Scheitern der Ehe vorhersehbar gewesen. Eine Trennung ist dann sogar das kleinere Übel.

„Seit ich verheiratet bin, ist mein Leben eine Hölle. Mein Mann erniedrigt mich, wo er kann, und behandelt mich wie das letzte Stück Dreck", schreibt zum Beispiel Frau Elisabeth R. aus Braunschweig. Wenn die gegenseitige Abneigung einmal so weit fortgeschritten ist, halte ich ein Ende mit Schrecken für besser als eine Schreckensherrschaft ohne Ende.

Kinder und das Fehlen eines eigenen Einkommens zwingen leider dennoch unzählige Frauen, einen Mann zu erdulden, den sie längst hassen gelernt haben. Nicht immer ist es ratsam, zu versuchen, eine solche Ehe um jeden Preis zu retten. Sobald ein Partner leidet, weil er sich dem anderen hilflos ausgeliefert fühlt, ist der Preis zumeist die Würde und Selbstachtung. Das Leben ist eine Schule, und eine Ehe ist nur so lange lehrreich, als beide Partner voneinander etwas lernen können. Rücksicht nehmen und verzichten lernt man gerne, solange es einem Menschen zugute kommt, den man liebt. Ein vom anderen aufgezwungener Verzicht dagegen schwächt die Persönlichkeit, anstatt sie aufzubauen.

Daher ist es besser, eine Ehe aufzulösen, wenn durch sie Geist und Seele in negative Gedanken und bedrückte Stimmung versetzt werden. Auch eine Scheidung kann für viele Menschen ein heilsamer Lernprozess sein, aus dem dann, wenn alles überstanden ist, eine neue, gestärkte und glücklichere Persönlichkeit erwächst. Vielen aber erscheint dieser Schritt unmöglich. Sie haben Angst und leiden lieber weiter. Aber auch hier wird ADON einen Ausweg finden und für den Rest der Familie einen Neubeginn schaffen helfen für Harmonie und Glück.

Margot R., 28 Jahre alt, seit neun Jahren verheiratet, drei Kinder, lebte in einer solchen Ehehölle. Ihr Mann, ein Trinker, verprügelte sie regelmäßig und drohte sogar, sie zu ermorden, wenn sie sich scheiden ließe. Sie war am Ende ihrer Kraft, hatte keine Ahnung, wie sie es schaffen könnte, aus allem auszubrechen, um mit den Kindern in Frieden leben zu können. Da erfuhr sie durch eine Bekannte von der Hilfe durch die Unsichtbaren und bat mich um ein Amulett. Und bald nachdem sie mit ADON über sein Siegel und Gebete in geistigen Kontakt getreten war, fasste sie den Mut, sich zu befreien. Sie bekam bei einer Frauenorganisation, an die sie sich um Hilfe wandte, Unterkunft und einen Arbeitsplatz als Putzfrau. Später fand sie eine kleine Wohnung und leitete die Scheidung ein. Obwohl sie durch die Umstellung viele neue Probleme zu meistern hat, ist sie jetzt glücklicher, und auch die Kinder lernen wieder gut in der Schule und sind nicht mehr dauernd krank wie früher.

SEX

Nicht immer reicht die Macht ADONs aus und je nachdem, aus welchem Bereich die Hindernisse kommen, übernimmt der dafür zuständige Engel unseres Bundes auf sein Geheiß die Arbeit. So wird dort, wo Eheprobleme auf Grund unterschiedlicher sexueller Bedürfnisse entstehen, der Engel FORTESTON am besten helfen können. Egal, ob es sich dabei um Impotenz, Gefühlskälte oder Frigidität handelt, wird es ihm gelingen, durch vitale Lebensströme die Sexualkraft bei Mann und Frau zu heben. Sein Siegel ist in blauer Farbe zu zeichnen, darf aber nur in Verbindung mit ADON oder ISTAROTH in Zusammenarbeit verwendet werden, denn ein gesteigertes Sexualbedürfnis ohne einen geeigneten geliebten Menschen wäre Missbrauch in der Natur.

Gemeinsam erlebte Lust am Sex ist das Erhabenste, was zwei Menschen miteinander verbinden kann. Rücksichtslosigkeit ist eine der Hauptursachen, die eine Ehe bald zerstören, aber besondere Rücksicht muss auf die sexuellen Bedürfnisse des Partners genommen werden. Hier soll unbedingt Übereinstimmung vorherrschen. Wenn einer sich durch den ehelichen Verkehr belästigt, benützt und ausgenützt fühlt, oder wenn der andere meint, er bekomme zu wenig, komme nicht zu seinem Recht oder nur gnadenhalber, dann gibt es nicht viel Hoffnung auf harmonischen Fortbestand dieser Beziehung. Daher ist es oft nötig, dass einer seine ganze geistige Einstellung zum Sex ändert, ehe er den Partner auf der physischen Ebene versteht und akzeptieren kann. Aufklärung über die Bedürfnisse des Geliebten kann da wahre Wunder wirken. Ehekrisen entstehen ja öfter aus ungenügendem Verständnis für die Anliegen des Partners als aus Mangel an Zuneigung.

So war zum Beispiel die Ehe von Frau Elisabeth N. ernsthaft in Gefahr. Sie schrieb mir. „Ich habe immer gerne gekocht für meine Familie, und der Haushalt macht mir Freude. Ich liebe meinen Mann und die Kinder. Nur im sexuellen Bereich, da klappt es nicht so richtig. Ich bin immer froh, wenn es vorbei ist, und erfinde alle möglichen Ausreden, damit es erst gar nicht dazu kommt."

So wie ihr geht es trotz unserer modernen, so genannten aufgeklärten Zeit der Pille vielen braven Ehefrauen. Ich machte ihr also das Siegel des FORTESTON und erklärte ihr, dass ein regelmäßiges Sexualleben für manchen Mann genauso ein naturbedingtes, biologisches Bedürfnis darstellt wie geregelte Verdauung, die täglichen Mahlzeiten und der Schlaf. Zwei- bis dreimal pro Woche ist der Durchschnittsbedarf an Sex bei den meisten Männern, und wo das fehlt, entstehen Missmut, Aggressionen und Unwillen gegen die Frau.

Schlechtes Gewissen entsteht dort, wo der Mann das Gefühl hat, sich etwas nehmen zu müssen, statt in gemeinsamer Freude etwas zu teilen. Besonders wenn er gar zur Selbstbefriedigung greifen muss, werden längst verdrängte Schuldgefühle und Gefühle der Unzulänglichkeit aus der früheren Jugendzeit wieder erweckt und belasten ihn. Der naheliegendste Ausweg ist dann häufig, sich bei einer Freundin die verlorene Selbstachtung und die Bestätigung seiner Männlichkeit zu holen.

Nachdem Elisabeth das alles klar geworden war, änderte sich ihre Einstellung zum Sex völlig. Sie betrachtete sich nun nicht mehr als das Vergnügungsobjekt ihres Mannes, sondern erkannte auch die Bedeutung von Sex für das gesundheitliche Wohlbefinden. Sie ergriff nun manchmal selbst die Initiative und sprach auch offen ihre eigenen Wünsche und Bedürfnisse aus. Dabei zeigte sie ihm, wie auch er sie zum Höhepunkt führen konnte. Aus den ehelichen Pflichten wurde bald für beide ein gemeinsames bindendes Erlebnis.

SELBSTVERTRAUEN

Viele Menschen sind seit ihrer Kindheit schüchtern und leiden schrecklich unter ihrer Unsicherheit. Die Angst, zu versagen, verzehrt Kraft, und bald sind tatsächlich Misserfolge zu verzeichnen. Dabei hätten sie es gar nicht nötig, an ihrem Erfolg zu zweifeln, würden sie an all ihre Möglichkeiten und Fähigkeiten, die sie besitzen, glauben.

Die Angst verschwindet, sobald die Gedankenschemen der eigenen Unzulänglichkeit nicht mehr beachtet werden. Wer ständig denkt: „Ich schaffe das nicht" und dauernd aus Angst, andere zu vergrämen oder zu reizen, Rücksicht nimmt, verliert bald sein Selbstwertgefühl. Dieses innere Empfinden strahlt er dann auch aus und zieht gerade damit rücksichtslose Menschen an, denen er sich prompt unterlegen fühlt, weil sie seine Schwächen ausnützen. Dabei hat gerade dominantes Verhalten nichts mit Selbstsicherheit zu tun, denn nur eine echte Persönlichkeit kann es sich erlauben, auf andere einzugehen, Rücksicht zu nehmen, freundlich und entgegenkommend zu sein, ohne befürchten zu müssen, ausgenützt zu werden. Es ist also nur eine falsche gedankliche Einstellung zu ihrem Wesen, die sensible Menschen anderen gegenüber unsicher macht. In Wirklichkeit haben gerade die gütigen, bescheidenen Menschen allen Grund, sich selbstsicher zu fühlen und selbstbewusst aufzutreten. Kein Mensch wird dadurch geschädigt oder würde das übel nehmen.

Bist du also schüchtern und ängstlich, dann versuche nicht gewaltsam, eine Rolle zu spielen, die dir nicht liegt. Wahre deine Rechte, ohne dabei rücksichtslos zu werden. Bleibe verständnisvoll anderen, aber auch dir selbst gegenüber. Sich seine Fehler einzugestehen, zeigt Größe und ist sicher kein Anlass, seine Fähigkeiten zu bezweifeln. Der Große bleibt bescheiden. Er übernimmt seine Pflichten nicht, weil sie zu tun sind, sondern weil er einen Sinn darin sieht, sich einzusetzen für die Familie, für den Beruf, für die Mitmenschen. So wird durch die bewusst geübte Bescheidenheit die starke Ausstrahlung einer echten Persönlichkeit entwickelt.

Echte Macht ist immer von Güte und Mitgefühl getragen und nicht von rücksichtslosem Durchsetzen. Das fühlst du auch sofort, wenn du einem wirklich großen Menschen begegnest, und erkennst sofort den Unterschied zum rücksichtslosen Machthaber und Angeber, der mit der Angst der anderen spekuliert. Du bist also auf dem richtigen Weg und hast allen Grund, stolz auf dich zu sein, wenn du ihm weiter folgst. Bescheidenheit ist das erste Zeichen von Größe.

Es gibt viele Erfolgslehrbücher, aus denen du Selbstbewusstsein lernen kannst. Aber das wichtigste ist und bleibt deine innere Einstellung zu dir und deiner Umwelt. Dulden und Dienen nimmt dir nicht deine Menschenwürde. Das Bewusstsein, dass du alles freiwillig deiner inneren Stimme gehorchend tust, wird dir dabei helfen, auch Situationen zu ertragen, in denen du dich unterordnen musst, sei es aus Vernunft oder ganz einfach aus Bequemlichkeit. Kein Tyrann zwingt dich zu deiner Ehe, kein Chef tyrannisiert dich gegen deinen Willen. Du wählst in jedem Augenblick aus innerer Überzeugung dein Los, weil es für dich aus den Wegen, die dir zur Zeit offenstehen, die beste Möglichkeit ist. Das soll dich gelassen machen. Du könntest anders entscheiden, könntest dich scheiden lassen, könntest kündigen, jodeln mitten auf der Straße – und wenn du es nicht tust, dann aus deiner eigenen freien Entscheidung heraus, weil du weißt, dass es für dich dadurch nicht besser werden würde.

Willst du eine selbstbewusste, starke Persönlichkeit werden, wende dich an den Engel MELAMOTH. Sein Siegel ist in schwarzer Farbe zu zeichnen. Solange du mit ihm in Kontakt bist und seine Hilfe suchst, versuche täglich einen Akt des Willens, also eine Handlung vollbringen, zu der du dich überwinden musst, weil du etwas Angst davor hast. Du wirst sehen, dass im Laufe der Zeit diese kleinen Schritte deine Persönlichkeit stärken.

Versetze dich in Gedanken bewusst in Situationen, wo du als Persönlichkeit auftrittst, Entscheidungen triffst und überzeugend andere in deinen Bann ziehst. Während dieser Vorstellung stecke dir einen besonderen Ring an den Finger, der dir fortan als Symbol deiner wachsenden Persönlichkeit dienen soll. Er wird für dich zu einem Amulett der Stärke, sobald du ihn in schwierigen Situationen, wo du Selbstvertrauen brauchst, an deinen Finger steckst. Du kannst auch statt des Ringes das Siegel von MELAMOTH bei dir tragen.

Zur Aufgabe dieses Engels gehört es, den Menschen Selbstvertrauen einzugeben und ihnen zu helfen, sich zu einer bewussten Persönlichkeit zu entfalten. Er lässt keinen im Stich, der ihn um seine Unterstützung bittet. Selbst ängstliche Personen gewinnen durch seinen Schutz die nötige Sicherheit für festes, erfolgreiches Auftreten und Wagemut.

So schreibt mir Herr Egon T., Bürokaufmann, 19 Jahre alt, folgendes: „Vor vier Jahren erhielt ich von Ihnen das Siegel des MELAMOTH samt Ihren Ratschlägen und Buchtipps. Ich war damals verzweifelt über meine Schüchternheit. Ich wurde ständig rot vor Verlegenheit und wagte in Gesellschaft nicht den Mund aufzutun. Ich war es gewohnt, deswegen von allen gehänselt zu werden, und Mädchen hatte ich damals auch noch keines geliebt. Heute ist alles anders, und ich verstehe selbst nicht, wieso ich mich damals so unterlegen fühlte. Heute kümmert mich nicht, was die anderen sagen oder von mir denken. Heute horchen die anderen auf mein Urteil. Ich bin erfolgreich im Außendienst meiner Firma tätig und die schwierigsten Kunden werden mir zugeteilt. Dabei habe ich mich, wenn ich es genau überlege, gar nicht so sehr verändert. Ich habe eigentlich nur eine andere innere Einstellung zu mir und zu den anderen gefunden. Ich lege weniger Wert auf die Meinung der anderen. Misserfolge stören mich nicht mehr so wie früher; damals glaubte ich, mir wird nie mehr etwas gelingen, wenn ich einmal einen Fehler mache. Heute ist es umgekehrt. Ich glaube eher an die Wiederholung meiner Erfolge, wenn mir etwas glückt. Dabei ist mir bewusst, dass ich mir das alles nur einrede, denn wenn ich vor einer Betriebsversammlung reden muss, habe ich vorher immer noch Angst. Aber sie verschwindet, sobald ich anfange zu reden, und dann macht es mir oft sogar Vergnügen, vor den Menschen zu stehen. Ich fühle richtig, dass mir MELAMOTH innere Kraft sendet, sobald es nötig ist. Das ist manchmal, als ob mir jemand väterlich die Hand auf die Schulter legen und sagen würde: ‚Du schaffst es schon!‘ Manchmal höre ich auch eine Stimme, die sagt: ‚Nimm dich nicht so ernst‘, und dabei fällt mir dann auf, wie wichtig und ernst sich die anderen nehmen, und da fühle ich mich gleich wieder sicher.“

Ich habe diesen Brief absichtlich so ausführlich wiedergegeben, denn er spiegelt hier Belehrungen, die direkt vom Engel MELAMOTH stammen und verwertet wurden.

Selbstvertrauen ist etwas, das du aus dir selbst schaffen musst. Du musst daher Abstand zu dir gewinnen und darfst dich nicht im Mittelpunkt der Welt sehen. Die meisten Menschen sind so sehr mit sich selbst beschäftigt und haben selbst Angst, zu versagen, dass sie gar nicht daran denken, dass du ebenfalls unsicher sein könntest. Bleib ruhig und bescheiden und gib dich, wie du bist! Und je offener und natürlicher du dein wahres Wesen zeigst, umso mehr wird man dich als Persönlichkeit empfinden und achten.

In der heutigen Zeit sind Selbstbewusstsein und Selbstvertrauen auch bei Frauen sehr gefragt. Im Zeitalter der Emanzipation haben auch sie das gültige Bestreben entwickelt, aktiv in die Schöpfung einzugreifen. Auch wenn diese Entwicklung scheinbar eine Pervertierung kosmischer Prinzipien darstellt, gehört sie zum Schöpfungsplan. MELAMOTH weiß auch Bescheid über jene Eigenschaften, welche sich aus diesen Bestrebungen der heutigen Frauen herauskristallisieren sollen, und fördert bei ihnen die aktive Seite des weiblichen Prinzips. Er erklärte mir diese Form der Kraft, indem er auf die analoge Naturgewalt des Sogs hinwies. Die Frau soll nicht herrschen, indem sie Angst verbreitet und dominiert, sondern durch Sympathie. Ihre Weisheit heißt Diplomatie. Nicht im Drängen, Unterdrücken, Dirigieren zeigt sie ihren Einfluss, sondern indem sie ohne aufzufallen ihren Einfluss auf andere überträgt und dort die Kraft zum Einsatz weckt, indem sie Feuer gibt, ohne es selbst zu entzünden. Keine Frau, der es an Selbstvertrauen oder Durchsetzungsvermögen fehlt, sollte es also versäumen, sich an MELAMOTH zu wenden.

Eine Therapeutin der Nervenheilanstalt Rosenhügel schreibt mir dazu: „Seit ich das Siegel des MELAMOTH bei mir trage, gelingt es mir immer besser, bei den wöchentlichen Besprechungen über unsere Patienten meinen Standpunkt durchzusetzen.“ Und die 26-jährige

Lehrerin Ruth B. aus Flensburg schreibt: „Sie haben mir vor Monaten das Siegel des MELAMOTH geschickt, weil ich mich nicht durchsetzen konnte und meinen Beruf nervlich nicht mehr schaffte. Nun wurde ich endlich von der Sonderschule in eine normale Hauptschule versetzt und bin über mich selbst überrascht. Wenn ich jetzt ein Klassenzimmer betrete, wird es plötzlich still, und die Angst, die ich früher immer hatte, ehe ich vor die Schüler trat, ist völlig weg."

Aber nicht nur im Berufsleben ist Selbstvertrauen nötig. Eine Hausfrau und Mutter von drei Kindern, Frau Käthe G., schreibt mir. „Senden Sie mir bitte auch ein Amulett für Berufserfolg. Seit ich das Amulett für Selbstvertrauen trage, bin ich wie verwandelt. Früher musste ich mir immer alles gefallen lassen und wagte nichts zu sagen, wenn alle auf mir herumhackten. Das ist jetzt anders geworden. Gestern habe ich meiner Schwiegermutter endlich meine Meinung gesagt und zu meiner Überraschung hat mein Mann, der sonst gleich zu toben anfängt, mir auch noch Recht gegeben. Nun habe ich mit ihm besprochen, dass ich eine Halbtagsarbeit suchen werde. Das habe ich mir schon lange gewünscht. Die Kinder sind groß und ich habe jetzt Zeit dazu."

GESUNDHEIT

Erst mit dem Leib als Instrument der Seele wird es dir möglich, geistige, gedankenbildliche Vorstellungen in die Realität der physischen Ebene zu versetzen, sie zu verwirklichen. Dein Körper ist Träger deiner Seele und Werkzeug deines unsterblichen Geistes. Durch die Sinnesorgane ermöglicht er dir, dich in der materiellen Ebene zu orientieren und sinnvoll zu betätigen. Ein gut funktionierender Körper, ein gesunder Körper also, ist für das Leben die wichtigste Voraussetzung, und du sollst so viel als möglich dazu beitragen, deinen Körper gesund zu erhalten!

Geist, Seele und Körper stehen in ständiger Wechselwirkung zueinander. Das Geheimnis der Gesundheit lässt sich nur verstehen, wenn man den Körper als eine miteinander verbundene Gemeinschaft von Lebewesen, den Körperzellen, betrachtet und die Lebensvorgänge nicht mechanisiert sieht wie eine Maschine, an die eben der lebende Mensch angeschlossen ist – oder durch die er gar erst zum Bewusstsein erwacht. Man weiß, dass die Zellen kleine lebende Bausteine sind, und man kann sich das bei einem Blutkörperchen besonders gut vor Augen führen. Aber man übersieht und vergisst dabei die sie belebenden, die durch sie bewusst wirkenden geistigen Mächte.

Die Lebenskraft

So wie der Körper in Verbindung aller Organe deine Seele trägt, werden deine Organe und Zellen von bewusst wirkenden kleinsten Lebensgeistern durchströmt. Sie bilden den Lebenskörper, Ätherkörper, das Od, Orgon oder welche Namen sonst noch in den verschiedensten Richtungen der Geisteswissenschaften gefunden wurden. Unsichtbare kleinste Wesenheiten, „Vitale" genannt, bilden zusammen in ihrem Wirken diesen Lebensstrom. Seine Bahnen sind heute teilweise bekannt als Meridiane der Akupunktur. Gleich den Fingern eines Chirurgen arbeiten sie, bewegen sich sinnvoll gelenkt von höheren unsichtbaren geistigen Wesen, lösen und binden, entfernen sie, was zu viel oder abgenutzt ist, und lenken Baustoffe und Energie an jene Körperstellen, wo sie benötigt werden. Sie gehorchen den geistigen Gedankenimpulsen und den Mentalen, egal ob diese von Engeln oder dir selbst oder einem dir gut gesinnten Heiler stammen. Das erklärt die Volksweisheit, die da sagt: „In einem gesunden Körper wohnt ein gesunder Geist."

Auch die so genannte Psychosomatik kommt langsam der Wahrheit näher, wenn sie nach seelischen Ursachen für Krankheiten sucht, und zeigt dir auch, wie wichtig es ist, wie du dich selbst siehst und welche Bilder über dein Wohlbefinden du als Signal den lebenden Wesenheiten sendest. Es wirken genauso bewusste Wesen und nicht blinde Naturkräfte durch die weißen Blutkörperchen, wenn diese gezielt einen Fremdkörper auseitern, wie durch ein Chirurgenteam, wenn dieses einen Gallenstein aus dem Körper entfernt. Die Kraft, die den Gallenstein entfernt, ist intelligent gelenkt durch den Chirurgen. Die Kraft, welche die Harnsäure aussondert, ist ebenfalls von Wesen gelenkt. Hinter jeder Kraft stehen Wesenheiten als Arbeiter Gottes, ob es sich um Elementare in den Elementen handelt, die die Schwerkraft lenken, um Elfen, die den Pflanzen die Vitale zuführen, oder um Engel, welche den Menschen die Mentale eingeben: Es steht immer eine unsichtbare geistige Wesenheit dahinter, wenn irgendwo sich etwas bewegt.

Wer erkennt, dass sein Körper das Ergebnis des sinnvollen Zusammenwirkens unzähliger Wesenheiten ist, und beachtet, dass diese Wesen auf Impulse seiner Gedanken und Gefühle, die ja auch kleine Wesenheiten sind, reagieren, der wird seinen Körper nicht nur durch vernünftige, gesunde Lebensweise, sondern auch durch richtiges Denken und Fühlen gesund erhalten.

Wer ständig an Krankheiten denkt, sie erwartet, damit rechnet oder gar davon spricht, darf sich nicht wundern, wenn er nicht gesund wird. Fast jede Krankheit wird zuvor geistig verursacht. Nicht immer ist dabei der Patient selbst schuld, aber er kann zumindest die Genesung durch sein Denken herbeiziehen und beschleunigen.

Krankmachende Ursachen wie psychischer Stress durch Familie und Beruf oder ungesunde, durch den Beruf aufgezwungene Lebensweise lassen sich meist nur sehr schwer umgehen. Aber bestimmte Fehler in der Einstellung zur Gesundheit lassen sich vermeiden und gewisse Regeln leicht nachvollziehen:

- Zweifelst du an der Möglichkeit, gesund zu werden, glaubst du also, krank sein zu müssen?
- Erzählst du allen ständig, was dir gerade fehlt?
- Sündigst du bei Essen, Trinken und machst zu wenig Bewegung?
- Übertreibst du bei den Kleinigkeiten, indem du bei der leisesten Unpässlichkeit einen Arzt aufsuchst und Medikamente einnimmst?
- Glaube lieber daran, dass auch für dich eine Möglichkeit gefunden werden kann, gesund zu werden! Es gibt sicher eine Behandlung, ein neues Medikament, das hilft. Die Engel werden es ermöglichen, den Weg dorthin zu finden.
- Sieh dich schon heute im Geiste gesund und gestärkt!
- Erzähl von den erfreulichen Symptomen, zum Beispiel, wenn du gut geschlafen hast!
- Gewöhne dir eine gesunde Lebensweise an, aber vor allem eine harmonische Seelenstimmung, indem du dir selbst Freude bereitest, wann immer sich die Möglichkeit dazu bietet.

Du meinst, es sei dir nicht möglich zu denken: „Ich bin gesund und wohlauf", wenn du dich krank fühlst? Dann versuche folgendes:

- Sage dir: „Ich kann gesund sein und ich will mich gesund fühlen!" Bejahe die Möglichkeit und glaube an die Pendelbewegung als Naturgesetz! So wie es mit dir schlechter wurde, wird es auch besser werden müssen. Du musst nur selbst den ersten Schritt zur Besserung tun, indem du dir immer wieder vorstellst, wie es dir mit jedem Tag besser geht. Wie viele Menschen werden täglich geheilt! Und so gibt es auch für dich einen Weg und eine Möglichkeit zu deiner Genesung. Außerdem stehen dir die Engel unseres Bundes zur Verfügung, wende dich vertrauensvoll an sie.

KARASA ist der Engel, der als Schutzherr aller Patienten und Ärzte gilt. Er wird dafür sorgen, dass es auch für dich eine Heilung oder zumindest Besserung und Linderung deines Leidens gibt. Sein Siegel ist in brauner Farbe zu zeichnen. KARASA lässt Ärzte durch Eingebung die richtige Diagnose und Behandlung erkennen, und Patienten finden häufig durch seine Hilfe jenen Arzt, der dann die entscheidende Behandlung einleiten kann. Daher sollte kein Patient oder Arzt es versäumen, in schwierigen Fällen diesen Engel um Hilfe zu bitten.

Ich verwende daher in allen meinen Gesundheitsamuletten stets auch sein Siegel, denn er ist ein ausgezeichneter Diagnostiker, der in vielen unklaren und scheinbar aussichtslosen Fällen Hilfe bringen konnte, indem er den behandelnden Ärzten nicht nur die richtige Diagnose, sondern auch eine erfolgreiche Therapie eingab. Ich konnte durch KARASAs Hilfe an Wunder grenzende Heilungen erleben.

Ich will aber jetzt, um Enttäuschungen vorzubeugen, nicht über Fälle von spektakulären Wunderheilungen berichten. Nicht immer kann und darf auf geistige Art geholfen werden. Aber wie tief und schicksalhaft bedingt die Krankheitsursache auch sein mag, es besteht immer Hoffnung auf Heilung, wenn man sich an KARASA wendet. Sehr oft wird durch sein Eingreifen doch noch eine richtige Diagnose gestellt und mit entsprechender Behandlung die Heilung eingeleitet.

So schrieb mir Herr Richard L. folgenden Brief: „Ich war schon bei zehn Ärzten, und keiner konnte mir helfen. Sie sagen, das sei nur psychisch, und ich sollte mich nicht beunruhigen. Aber ich bin doch beunruhigt, weil ich oft Schmerzen im Bauch und manchmal Schwindelanfälle habe, dass ich glaube, ich sterbe schon. Ich bin doch nicht verrückt und bilde mir das alles bloß ein."

Solche und ähnliche Briefe bekomme ich oft. Ich machte dem Patienten das Amulett mit dem Siegel des KARASA, und als er wieder Schmerzen hatte und einen Arzt aufsuchte, diagnostizierte dieser die seltene Form einer allergiebedingten Dickdarmentzündung und konnte auch eine entsprechende Behandlung einleiten, die ihm dann geholfen hat.

So erfreulich es ist, wenn auch die Schulmedizin zu begreifen beginnt, dass es die Seele ist, die den Körper krank machen kann, so traurig ist es, dass dieselben Ärzte vergessen, dass auch eine Gesundung durch Geist und Seele eingeleitet werden kann. Durch Diagnosen wie: „Sie bilden sich das alles nur ein“ wird der Leidende kaum die nötigen Impulse zur Gesundung geben können. Im Gegenteil: Die Menschen sind noch mehr verunsichert; sie denken, dass der Arzt nicht weiß, was ihnen fehlt, und sie suchen dann die verschiedensten Wunderheiler auf, weil sie sich von diesen ernstgenommen fühlen. Nicht selten versuchen solche Heiler den Patienten einzureden, nur ein Wunder könne sie retten. Diese „Wunder“ kosten dann eine Menge Geld und bleiben trotzdem aus. Wende dich also getrost an KARASA, wenn du dich krank fühlst, und er wird dir auf die eine oder andere Art helfen, wenn geholfen werden kann und darf.

Du darfst nie vergessen: Das Leben hat einen Sinn für dich und zwar den Sinn, geistig zu wachsen und zu lernen! Aufgabe der Engel ist, dir dabei zu helfen, nicht aber, dir die Arbeit abzunehmen. Das wäre, wie wenn der Vater dem Kind die Schulprüfungsarbeit schreiben würde. Jeder erlebte Sturm lässt den nächsten leichter bezwingen, und gerade nach einer schweren Krankheit und im Leiden sind vielen Menschen erst jene Einsichten gekommen, durch die sie dann den Sinn ihres Daseins voll erfasst haben.

- Trotzdem darfst du, selbst in aussichtslosen Fällen, wo scheinbar keine Heilung mehr in Aussicht ist, nicht verzagen oder dich der Krankheit als deinem unabänderlichen Schicksal ausliefern! Krank ist nur der Körper, und vielleicht ist dieser nicht mehr ganz gesund zu machen. Aber Geist und Seele kannst du gesunden lassen, indem du deine Gedanken in Ordnung hältst und keine negativen Stimmungen pflegst. Oft bewirkt das dann auch für den Körper eine bessere Heilungschance oder zumindest eine Linderung deiner Beschwerden.

ECHAGIEL ist der Spezialist und Schutzherr aller Patienten, die an einer unheilbaren Krankheit leiden, und schützt vor allem bereits Erkrankte vor weiteren Schäden und einer Verschlechterung, wenn dies karmisch zugelassen ist. Besonders Krebs, Epilepsie und viele heute noch nicht heilbaren Krankheiten stehen unter seinem Machtbereich. Ein an Krebs erkrankter Klient von mir, Herr Richard P., fand mit seiner Hilfe zumindest eine vorläufige Heilung, aber was noch wichtiger war, den Weg zu den geistigen Gesetzen. Kurz nachdem er den Kontakt mit ECHAGIEL aufgenommen hatte, begann er nämlich, sich mit Astrologie zu beschäftigen, und besuchte in diesem Zusammenhang einen Vortrag eines bekannten Astrologen. Es war ein Vortrag über Krankheiten und über deren geistige Ursachen und karmische Hintergründe. Er war davon so beeindruckt, dass er sich noch mehr für Geisteswissenschaften zu interessieren begann und seither bewusst an seiner inneren Vervollkommnung arbeitet. Er glaubt nun an ein Weiterleben nach dem Tod und hat keine Angst mehr vor dem Sterben. Durch eine spezielle Rohkost und Diät, auf die er gut ansprach, dürfte sogar die Krankheit zum Stillstand gekommen sein.

Prof. Siegfried R. hatte nach einem schweren Autounfall von mir das Siegel des ECHAGIEL erhalten, weil der Knochenbruch, den er sich dabei zugezogen hatte, nicht verheilte. Nachdem er so mit diesem Engel verbunden war, verheilte der Bruch innerhalb von zehn Tagen anstandslos und er war danach völlig beschwerdefrei. „Seither“, so schreibt er mir, „verwendet mein zwölfjähriger Sohn Peter dieses Amulett. Er litt an Asthma und er bemerkte, dass die Anfälle, sobald er das Amulett in die Hand nahm, viel leichter verlaufen, und seit er nun das Amulett trägt, sind sie fast völlig verschwunden.“

„Ich habe schon viele Operationen hinter mir, wurde aber nie ganz gesund“, schreibt mir Frau Karla Sch., 61 Jahre alt. „Immer öfter plagen mich Schmerzen. Obwohl ich erschöpft und müde bin, kann ich nachts nicht schlafen. Untertags bin ich unruhig, nervös und oft nicht imstande, selbst die dringendsten Arbeiten zu verrichten.“ Wie aus einem weiteren Brief von ihr hervorgeht, hat KARASA, nachdem ich ihr sein Siegel geschickt hatte, auch ihr helfen können. „Ich schlafe jetzt manchmal sogar durch“, schreibt sie, „und fühle mich auch tagsüber ruhig und stark. Die Schmerzen kommen allerdings zeitweise noch, aber wenn ich dann das Siegel in die Hand nehme, habe ich sofort ein Gefühl der Erleichterung und Zuversicht, als ob jemand bei mir wäre und mich trösten würde."

Dass es sich hierbei um keine Einbildung handelt, beweist ein Erlebnis von Frau Käthe G. Sie schreibt: „Als ich das Siegel des Engels ECHAGIEL zum Bett meines Jungen hängte, wie Sie es mir beschrieben, wurde er sofort ruhiger und schlief dann ein. Auch ich legte mich auf die Couch in seinem Zimmer, um bei ihm zu sein, sobald er wieder weint. Da erwachte ich plötzlich durch einen kühlen Luftstrom und wollte das Fenster schließen. Zu meiner Überraschung aber war es gar nicht offen, aber um das Bett des Kindes war ein sonderbares Leuchten, das sich immer mehr zu einem strahlenden Licht verdichtete, und aus dem Licht wuchs eine große Gestalt, die ruhig am Fußende des Bettes stand. Sonderbarerweise hatte ich überhaupt keine Angst, obwohl ich sonst furchtbar ängstlich bin. Langsam löste sich dann alles wieder auf. Ich konnte dann nicht mehr einschlafen, fühlte mich aber am Morgen frisch und ausgeruht. Das sonderbare Fieber von Peter war verschwunden. Und er aß zum erstenmal nach Wochen wieder ein Frühstück, nachdem er erwacht war. Ich bin sicher, es war der Engel, der mir erschienen ist", endet der Brief.

Der Arzt Dr. Paul Sch. verwendet schon seit Jahren die Siegel einiger Genien für seine Patienten. Er ist Paracelsus-Forscher und war einer meiner ersten Kunden, als er für seine Mutter ein Amulett gegen Augenleiden anfertigen ließ. Seither konnte er unzähligen Kranken helfen, indem er mit Hilfe der Engel KARASA und ECHAGIEL auch Leiden heilte, bei welchen die heutige Schulmedizin bisher nicht helfen konnte.

Diabetes

NATOLISA, sein Siegel ist in roter Farbe zu zeichnen, ist Spezialist für Diabetiker. In vielen Fällen hat er die Krankheit zum Stillstand gebracht.

Eine 70 Jahre alte Frau, deren Zucker so gestiegen war, dass sie nur noch mit Injektionen den Insulinspiegel halten konnte, war völlig verzweifelt. Sie konnte keine Nadel handhaben, weil sie schlecht sah, und wäre gezwungen gewesen, dafür fremde Hilfe in Anspruch zu nehmen. Sie bat NATOLISA inständig um Hilfe, und er gewährte sie auch. Seit sie täglich zu ihm betet, ist ihr Zucker so weit zurückgegangen, dass sie nun doch nicht mehr spritzen muss und wieder mit Medikamenten durchkommt.

Ein noch junger 23-jähriger erblich belasteter Diabetiker, Richard R., der besonders unter der Diät litt und ständig das Verlangen nach Süßigkeiten unterdrücken musste, wandte sich ebenfalls an diesen Engel um Hilfe. Ich riet ihm, jedes Mal das Siegel von NATOLISA in die Hand zu nehmen, sobald er das Bedürfnis nach etwas Süßem hatte, um dadurch seinen Willen zu stärken. Es hilft ihm tatsächlich. Wie er mir bestätigte, verschwindet der Gusto auf Süßes, sobald er das Amulett in die Hand nimmt und die Formel spricht: „Du meine Hilfe, NATOLISA".

NATOLISA ist auch für Bienen zuständig und lehrte mich, auf einen Bienenstich sofort Speichel und Zucker zu geben, damit sich keine schmerzende Stelle entwickelt. Meine beiden Kinder haben auf diese Weise noch nie länger als einige Minuten unter einem Bienenstich zu leiden gehabt. Das Mittel hilft stets absolut rasch und zuverlässig.

NATOLISA verriet mir auch, dass Diabetes schon in wenigen Jahren keine so schwere Krankheit mehr bedeuten wird, und er ist sehr bemüht darum, Fachärzte durch seine Ideen zu inspirieren, diese Krankheit in den Griff zu bekommen. Ein sehr bekannter, weltberühmter Diabetes-Spezialist ist im Besitz des Siegels von NATOLISA und macht laufend neue Erfindungen zur Behandlung seiner Patienten.

Naturheilkunde

Wer sich besonders zur Naturheilkunde und Behandlung durch Wasser und Kräuter hingezogen fühlt, wende sich mit seinen Fragen und Problemen an ANADIA. Sein Siegel ist in roter Farbe zu zeichnen. Er wird ihn durch Inspiration die rechte Behandlung finden lassen oder direkt seine Heilung beschleunigen. Besonders Anhänger der Kneipp-Methode werden in ihm einen wahren Helfer finden. Er war es, der seinerzeit Hahnemann und Kneipp die magnetische Wirkung des kalten Wassers vor Augen führte. Kaltes Wasser hat nämlich die Eigenschaft, alle Gedanken der Krankheit an sich zu ziehen.

Wer kaltes Wasser über seine Füße und Hände rinnen lässt mit der festen Überzeugung, dass damit krankmachende Einflüsse weggeschwemmt werden, wird sich auch tatsächlich bald wohler fühlen, weil die Magnetkraft des kalten Wassers mit den Gedanken auch die Krankheit an sich zieht. Man kann diese Wirkung verstärken, indem man das Siegel des Engels in ein passendes Gefäß legt, kaltes Wasser darauf schüttet und dann fünf Minuten beide Beine in das Wasser stellt mit der festen Überzeugung, dass das Wasser sämtliche krankmachenden Einflüsse an sich zieht. Danach wird das Siegel herausgenommen, abgespült und das Wasser weggeschüttet.

Schutz vor Erkrankung

„Vorbeugen ist besser als heilen", besagt eine alte Volksweisheit. Nach diesem Prinzip arbeitet und inspiriert der Engel AMILLES. Er stärkt die Immunität und schirmt ab vor ansteckenden Krankheiten.

So schreibt mir Frau Ingrid P. aus München: „Seit ich Ihr Schutzamulett, auf dem sich auch das Siegel des AMILLES befindet, bei mir trage und mich seinem Schutz anvertraue, bin ich kaum noch krank. Früher war ich ständig verkühlt und fing jeden Bazillus ein."

Ein Ingenieur aus Basel, Herr Hans S., schreibt: „Durch meinen Beruf habe ich viel im Nahen Osten zu tun. Trotz Impfung und Medikamenten komme ich jedes Mal mit einer Infektion oder geschwächt von Durchfall heim. Durch die Hilfe von AMILLES bin ich dieses Jahr ohne Beschwerden durchgekommen."

Besonders Kinder, die in der Schule vielen Ansteckungsgefahren ausgesetzt sind, soll man in Grippezeiten unter den Schutz von AMILLES stellen.

Schwangerschaft

Überwacher aller Schwangerschaften und gebärenden Frauen ist der Engel ARIOTH. Sein Siegel ist in grüner Farbe zu zeichnen.

Frau Dr. Elisabeth K., eine Mathematiklehrerin aus Wien, erhielt von mir, nachdem sie bereits die zweite **Fehlgeburt** gehabt hatte, das Siegel des ARIOTH mit der Anleitung, wie sie sich ihm bewusst anvertrauen sollte. Während ihre Zwillingsschwester im selben Jahr die dritte Fehlgeburt erlitt, brachte sie danach ein gesundes Mädchen zur Welt. Das ist nur ein Fall von vielen.

Aber nicht nur bei Schwangerschaftsproblemen, auch wenn **Unfruchtbarkeit** vorliegt, gibt es einen dafür zuständigen Engel, an den man sich um Hilfe wenden kann. Sein Name ist FORTESTON. Sein Siegel ist in blauer Farbe zu zeichnen. Ich verwende für meine Fruchtbarkeitsamulette diesen Genius oft in Verbindung mit einem bestimmten Engel der Merkurzone.

Mit FORTESTON weihte und verband ich übrigens mein allererstes Amulett, das ich 1967 der Hebamme schenkte, die meiner Tochter auf die Welt half. Sie war seit 15 Jahren mit einem Arzt verheiratet, und beide wünschten sich vergeblich ein Kind. FORTESTON hat, wie in vielen anderen Fällen, auch ihr geholfen. Dabei habe ich erlebt, dass oft, nachdem der Kontakt mit FORTESTON hergestellt worden war, die Ursache für die Unfruchtbarkeit von einem Arzt entdeckt wurde, obwohl schon vorher vielleicht fünf falsche Diagnosen gestellt worden waren. Auf welche Art auch immer, die Hauptsache ist, dass FORTESTON hilft und das ersehnte Kind zur Welt kommt.

Alkohol- und drogenkrank

Eine weitverbreitete Krankheit, die nicht nur den Betreffenden zu schaffen macht, sondern unter der dann zumeist auch alle Angehörigen zu leiden haben, ist die Trunksucht. Aber es haben auch die Alkoholiker ihren persönlichen Schutzengel. ALPASON heißt er, sein Siegel ist in brauner Farbe zu zeichnen. Er ist der unsichtbare Helfer aller Suchtgiftgefährdeten und Alkoholiker. Nicht nur, dass er mit seinen Untergebenen ihr Leben schützt, unterstützt er jeden Süchtigen dabei, von seiner Sucht loszukommen. Sei es, dass er dessen Willen stärkt oder die Situation verbessern hilft, die den Betreffenden zum Trinken veranlasst.

Alkohol kann ja „helfen“, durch Heben der Stimmung mit den Sorgen leichter fertig zu werden. Man darf nicht vergessen, dass

Alkohol, zeitweise konsumiert, Millionen Menschen vorübergehend seelische Entkrampfung ermöglicht und sie so vor ernsthaften Nervenleiden, die sonst entstehen würden, schützt und diese erst gar nicht aufkommen lässt. Aber wie jeder Engel hat auch ALPASON seinen Gegengenius, der ihn bekämpft, und dieser ist es, der dann die Menschen süchtig und abhängig macht. Wer sich an den Schutzengel der Alkohol- und Suchtgiftabhängigen wendet, findet in ihm einen zuverlässigen Helfer in seiner Not. Es spielt keine Rolle, ob er für einen anderen Hilfe erbittet oder für sich selbst bei ihm Unterstützung sucht.

„Jedes Mal, wenn ich zur Flasche greifen will“, schreibt mir eine Alkoholikerin, Frau Frieda K., 30 Jahre alt, „nehme ich das Siegel des Engels ALPASON in die linke Hand und sage, wie Sie es beschrieben haben, dreimal: ‚Du meine Hilfe‘. Es gelingt mir dann, den Gedanken an das Trinken wegzuschieben, und ich fühle, wie mein Wille durch den Engel gestärkt mich durchpulst. Ich gehe dann spazieren und komme mir nicht mehr so verkommen vor wie sonst. Jetzt bin ich schon zwei Monate trocken.“ Solche und ähnliche Briefe beweisen, dass ALPASON nie jemanden im Stich lässt, der sich an ihn wendet.

Die Mutter eines achtzehnjährigen Studenten, der seit einem halben Jahr neben Marihuana nun auch härteren Drogen verfallen war, konnte ihn dazu bringen, das Amulett des Engels bei sich zu tragen. Kurz darauf wurde sein Freund wegen Drogenhandels verhaftet. Der Student bekam einen solchen Schock, dass er wieder nach Hause schlafen kam. Seine Freundin besuchte ihn wieder und half ihm, von der Droge loszukommen.

Jeder hat die Möglichkeit, sich für einen geliebten Menschen um Hilfe an den Engel zu wenden. So schreibt mir eine Frau, deren Mann seit einem Unfall trinkt: „Seit ich täglich ALPASON bitte, meinen Mann zu heilen, habe ich das Gefühl, es geht wieder aufwärts mit ihm. Er trinkt zwar noch, aber nicht so häufig und wird auch nicht mehr so brutal im Rausch. Er hilft jetzt sogar im Haushalt, was er früher nie tat.“ (Siehe auch Kapitel „Sucht, Diät und Willenskraft“, Seite 151)

Schlaflosigkeit

Keine Krankheit im eigentlichen Sinn, aber doch ein weitverbreitetes Übel, das nicht selten zu einer ernsten Beeinträchtigung der Gesundheit ausarten kann, ist die Schlaflosigkeit. Nicht selten ist sie die Folge einer Erkrankung oder Lebenskrise und macht den Menschen, die darunter leiden, schwer zu schaffen. Wer jemals nächtelang hellwach, von seinen Gedanken bedrängt, keine Ruhe fand, wird gerne voll Vertrauen seine Seelenruhe vor dem Einschlafen dem Engel NAHUM überlassen.

„Es kann zwar immer noch vorkommen, dass ich nicht sofort einschlafe, wenn ich das Licht ausdrehe", schreibt mir Frau Erika L., eine durch Beruf und Haushalt doppelt belastete Klientin, „aber seit ich das Siegel des Engels, den Sie mir angegeben haben, über meinem Bett hängen habe, geht es mir Nacht für Nacht besser. Wenn ich jetzt wach liege, dann habe ich nicht mehr so bedrückende Gedanken wie früher, sondern das entspannte Gefühl, umsorgt zu ruhen. Statt mich zu ärgern, dass ich noch immer nicht schlafe, genieße ich, dass ich im Bett liege und noch nicht aufstehen muss. Ich fühle mich plötzlich nur noch als Betrachter meiner Gedankenlandschaft, die bildhaft vor mir vorüberzieht, ohne mich zu beunruhigen. Irgendwann tauche ich dann tiefer in die Landschaft ein und beginne zu träumen, und manchmal schlafe ich dann doch noch ein."

Ein Rentner, Herr Alois E., schreibt mir: „Seit ich Ihr Siegel des Schlafengels über meinem Bett habe, fühle ich mich immer ausgeruht. Ich habe zu einem völlig neuen Schlafrhythmus gefunden. Lag ich früher trotz Schlaftabletten die halbe Nacht lang wach und war morgens müde und abgespannt, so bin ich jetzt schon um 1/2 6 Uhr hellwach, frisch und ausgeschlafen, obwohl ich auch nur sechs Stunden schlafe. Ich lese einfach bis Mitternacht und habe sogar begonnen, selbst Kurzgeschichten zu schreiben. So vergeht die Zeit, und plötzlich stellt sich ganz von selbst die nötige Bettschwere ein."

Noch ein Brief zum Thema Schlaf: „Als Kind habe ich unter Angstträumen gelitten, so dass ich mich sogar vor dem Einschlafen fürchtete", schreibt mir Frau Erika B. „Das ist dann verschwunden und erst, nachdem ich meinen Beruf wechselte, wieder aufgetaucht.

Obwohl ich jetzt schon 38 Jahre alt bin und als erfolgreiche Chefsekretärin eigentlich ein zufriedenes Leben führe, wache ich nun wieder schweißgebadet nachts auf, von Träumen geplagt, an die ich mich dann nicht einmal erinnern kann. Aber seit ich das Siegel dieses Schlafengels über meinem Bett hängen habe, sind die Albträume verschwunden."

Ein wertvoller Rat des Engels, der immer hilft: Wer Einschlafprobleme hat, weil ihn seine Gedanken an die Tagesereignisse wach halten oder weil er Ärger hat, der wieder hochkommt, kann sich ganz bewusst folgender Technik bedienen: Man macht sich seinen Körper, der wohlig entspannt im Bett liegt, bewusst und verschmilzt mit der Körperempfindung. Man denkt: Hier liege ich in meinem Bett, es ist angenehm und ich fühle meinen Körper als ein Refugium des Friedens. Daneben kann man sich noch Bilder vorstellen, die einen von seinen Gedanken und Gefühlen ablenken. Farben, Landschaften, Situationen – je deutlicher man die Bilder erlebt, umso weniger wird man die störenden Gedanken bemerken und umso rascher schläft man ein.

Ganz wichtig ist, dass man nicht friert und warme Füße hat.

Nervenruhe – Seelenfrieden

Erste Voraussetzung für Gesundheit ist und bleibt der innere Friede. Dieser ist aber nur allzu oft beeinträchtigt von der äußeren, näheren Umgebung. „Es kann der Bravste nicht in Frieden leben, wenn es dem bösen Nachbarn nicht gefällt!", sagt ein Sprichwort. Die krankmachenden Einflüsse von Familie, Beruf, Vorgesetzten, Mitarbeitern und Nachbarn sind jedem Arzt bekannt. Daher soll sich jeder, der es nötig hat, zuerst an den Friedensengel FERMEBUS wenden. Sein Siegel ist in blauer Farbe zu zeichnen. Man kann sicher sein, dass dieser Engel alles, was möglich ist, in die Wege leitet und, soweit es karmisch zulässig ist, auf wunderbare Weise für den Seelenfrieden sorgen wird.

Frau Astrid P. aus Stockholm schreibt mir dazu: „Der ständige Leistungsdruck von meinem Chef, die Stänkereien und Anfeindungen meiner Kollegin und dann zuhause das Nörgeln meines Mannes und die dauernden Vorwürfe meiner Schwiegermutter, das alles macht mich noch ganz krank. Am liebsten würde ich alles hinwerfen und davonlaufen. Aber da sind ja noch die Kinder. Was mache ich nur falsch, dass ich immer Streit habe? Jetzt habe ich sogar Krieg mit meinen Nachbarn, die behaupten, dass unsere Kinder immer Schmutz ins Treppenhaus tragen und lärmen."

Ich schickte ihr das Siegel des Friedensengels FERMEBUS. Schon nach drei Monaten schrieb sie mir folgendes: „Zwar habe ich noch immer denselben Chef, den selben Mann und meine noch immer manchmal kritisierende Schwiegermutter um mich, aber trotzdem kommt mir alles verändert vor. Ich bin irgendwie befreit von einer Angst und einem Druck und stehe allem viel gelassener gegenüber. Nicht nur dass plötzlich mein Chef meine Arbeit lobte, mein Mann mir Blumen kaufte, habe ich heute unsere Nachbarn zum Tee eingeladen und freue mich sogar über deren Besuch. Die Kinder meinten neulich: ‚Mutti, du bist so verändert und anders, so wie diese Fernsehfamilienmutter', und so fühle ich mich auch. Ich weiß, das verdanke ich dem Friedensengel FERMEBUS."

Wenn man nervös und unausgeglichen ist oder sich abgespannt und lustlos fühlt, kann man sich vertrauensvoll an FERMEBUS wenden. Er beruhigt die Seele, stärkt die Nervenkraft und vermittelt immer rasch eine zuversichtliche innere Stimmung. Die meisten Leiden und Krankheiten entstehen ja aus einer solchen oder ähnlichen aufgewühlten oder bedrückten Seelenlage, deren Wogen der Friedensengel gerne glättet und harmonisiert.

Die 75 Jahre alte Witwe Josefa R. bestätigte mir das, nachdem sie sich FERMEBUS anvertraut hatte: „Endlich habe ich wieder Frieden in mir. Ich bin nicht mehr so verbittert über die Welt und fühle, wie mich trotz meines Alters wieder neue Kräfte durchströmen. Ich gehe jede Woche in einen Pensionistenklub, und meine Kinder und Enkelkinder kommen auch wieder zu Besuch. Seither ist auch mein Blutdruck nicht mehr so hoch und ich plane sogar für diesen Sommer eine Busreise nach Salzburg. Dabei habe ich FERMEBUS eigentlich nur um Frieden in der Welt gebeten und für mich selbst gar keine Hoffnung mehr gehabt."

Heilmagnetismus

Fernheiler und Heilmagnetiseure werden bei ihrer Arbeit von CARASCHI unterstützt und inspiriert. Sein Siegel ist in roter Farbe zu zeichnen.

Patienten, die sich von Fernheilern, Heilmagnetiseuren und Gesundbetern behandeln lassen, stehen ebenfalls unter seiner besonderen Obhut. Daher sollte es kein Patient, der sich durch einen Heilmagnetiseur oder Fernheiler behandeln lässt, verabsäumen, sich an diesen Engel zu wenden, um dadurch den Heilungsprozess zu beschleunigen. Dabei hat sich das Siegel des CARASCHI als besonders gute Antenne für die Kraftströme, welche beim Heilungsprozess von den Heilern auf den Patienten übertragen werden, erwiesen. Es ist als Empfangsgerät und Verstärker für jene Art von Vitalkraft anzusehen, die bei Fernheilungen ausgesendet wird.

So schrieb mir ein Beinamputierter, Herr B.: „Ich bin seit Jahren in Fernbehandlung eines Geistheilers, aber die Perioden, in denen die Schmerzen in meinem Beinstumpf unerträglich wurden, dauerten immer länger. Jetzt lege ich das Siegel des CARASCHI auf die Narben und fühle oft sofort eine Erleichterung."

Wer sich in Behandlung eines Fernheilers oder Heilmagnetiseurs befindet, kann mit einem „Fernheil-Amulett" der Engel CARASCHI und DOSOM den übertragenen Heilmagnetismus verstärken.

Aber auch ohne Fernheiler lassen sich damit die heilenden Kraftströme anzapfen, die uns ständig unsichtbar umfluten und beleben. Die ganze Natur wird ja durchströmt mit Lebenskraft, und diese Energie kann man bewusst auf sich lenken und aufnehmen. Wer dieses Amulett bei sich trägt und sich geistig auf die alles belebende Lichtkraft im Universum einstellt, kann mit wenigen bewussten Atemübungen mehr Gesundheit tanken als mit hundert Vitaminpillen.

Zusammen mit dem Siegel des KARASA hat sich das Siegel des CARASCHI als hervorragendes Heilkraftamulett bewährt und besonders in langwierigen oder chronischen Krankheitsfällen Heilung oder zumindest zeitweise Linderung der Beschwerden gebracht.

Ständig krank – unheilbar ?

Leider gibt es auch krankmachende Ursachen, die von den Engeln nicht so leicht beseitigt werden können. Das sind die so genannten unheilbaren Körperschädigungen durch Krebs und andere Deformationen. Das sind jene durch jahrelange falsche Lebensweise oder schädliche Umweltbedingungen entstandenen Gebrechen mit der Folge von chronischen Beschwerden. Das sind geistig-seelische Blockierungen wie Stress und Unbehagen, hervorgerufen zum Beispiel durch Ehe, Beruf und Familie, wo eine Änderung vorerst nur noch mehr Probleme nach sich ziehen würde oder gar nicht möglich ist.

Trotzdem habe ich durch die Hilfe der Engel so viele wunderbare Heilungen erlebt, dass ich guten Gewissens sagen kann: Hoffnung besteht immer, und sicher darfst du eine zeitweise Linderung der Leiden und eine Stärkung der Vitalkraft erwarten, die dir hilft, die Krankheit leichter zu ertragen.

Voraussetzung ist, dass du selbst alles in deiner Macht Stehende unternimmst, um gesund zu werden: also ärztlichen Rat einholst, Hilfe durch die so genannte Schulmedizin und Naturheilkunde in Anspruch nimmst und die Gesetze des positiven Denkens und Schenkens befolgst.

Das Letztere bedeutet aber, dass du vertrauensvoll und geduldig alles Weitere den Engeln überlässt und nicht von einem Arzt zum anderen oder von einem Wunderheiler zum nächsten pilgerst und ungeduldig deine Genesung zu erzwingen suchst. Denn wer monatelang krampfhaft versucht, gesund zu werden, verstärkt durch seine stete, womöglich ängstliche Aufmerksamkeit, die er seinem schlechten Gesundheitszustand widmet, die vorhandenen Krankheitsbilder und macht damit zusätzlich auch noch seinen Geist ganz krank. Das ständige in sich Hineinhorchen und Überwachen des Befindens lässt naturgemäß laufend neue Symptome erkennen und führt so das Bild der Krankheit immer wieder neu vor Augen. Die damit im Bewusstsein hervorgerufenen Gedankenbilder an das Leiden stellen sich den zur Genesung notwendigen Gesundheitsvorstellungen entgegen und erschweren dadurch die Arbeit der Engel, die ja hauptsächlich auf der Gedankenbildebene wirken.

Wenn du schon physisch oder psychisch krank bist, dann trachte wenigstens danach, deinen Geist gesund zu halten, indem du nicht ans Kranksein denkst. Sobald du deiner Krankheit die Aufmerksamkeit entziehst, indem du sie einfach nicht beachtest, ist für die Zeit, in der dir das gelingt, dein Geist von ihr befreit und kann ungestört Bilder deines Wohlbefindens ins Bewusstsein rücken.

Das muss deshalb nicht eine sofortige Heilung nach sich ziehen, aber es wird helfen, mit der Krankheit besser leben zu können, und ist ein erster Schritt zur Genesung. Das Leben ist eine Schule und oft gehört das geduldige Ertragen eines Leidens zum vorgesehenen Lernpensum, das zu meistern ist. Das schließt die Möglichkeit einer Heilung nicht aus. Du musst immer auf Heilung hoffen. Aber die Bitte um Stärke im Ertragen des Leids wird manchmal eher helfen als der krampfhafte Wunsch nach sofortiger Genesung.

In vielen Fällen bedeutet das die Annahme der Krankheit als etwas schicksalhaft Gegebenes oder Unvermeidbares, und oft ist es gerade diese demütige Einstellung, die letztlich die Seele entkrampft und den Weg zur Heilung erschließt.

Glaube also an deine Genesung, aber versuche nicht, sie rascher zu erzwingen, als die Schicksalsmächte es gestatten. Wenn es für dich vorgesehen und die Zeit gekommen ist, weil die nötigen geistigen Voraussetzungen geschaffen werden konnten, wird es den Engeln gelingen, jene Situationen zu schaffen, die dich gesund machen.

Dabei genügt es, den Arzt deines Vertrauens aufzusuchen und seine Ratschläge zu befolgen.

Bitte gleichzeitig die Engel KARASA und CARASCHI, die Vorsteher aller Ärzte und Heiler, um Hilfe und trage deren Siegel als Heilkraft-Amulett bei dir. Da jede Gesundung letztlich von diesen Genien eingeleitet wird, kannst du dir das Geld für fragwürdige Wunderkuren, zweifelhafte Fernheiler und teure Zaubermedizinen sparen.

Gib dieses Geld lieber den Armen! Du wirst durch dieses Opfer dir selbst am meisten helfen und dich besser fühlen dürfen, weil du Ausgleich schaffst.

Bete und bitte für dich und andere Leidende! Schließe aber stets mit dem Gedanken: „Dein Wille geschehe!“

Hast du somit alles getan, was in deiner Macht steht, überlasse dein Leid vertrauensvoll den Engeln und nimm geduldig und gelassen als gegeben hin, was du vorerst nicht ändern kannst.

Warum können manchmal der beste Arzte und das teuerste Medikament keine Heilung bewirken? Der Grund liegt in der Wechselwirkung zwischen den Körperfunktionen und dem seelischen Stimmungsbereich. Längst wissen es die Ärzte, dass die häufigsten Krankheitsursachen im geist-seelischen Bereich zu finden sind. Stress am Arbeitsplatz, verdrängte Eheprobleme, Sorgen mit den Kindern oder Einsamkeit und Unverständnis von Seiten der Angehörigen, das alles führt zu einer Art Verstopfung und Verkrampfung in der Seele: Die Lebenskraft kann nicht mehr richtig zirkulieren, und bald danach treten auch physische Krämpfe und Störungen in der Gesundheit auf. Aber wie man die Seele wieder einrenkt, wissen die Ärzte nicht.

Die Symptome der physischen Erkrankung lassen sich durch Medikamente zwar vorübergehend betäuben, doch ihre Ursache, der seelische Krampf, bleibt davon unberührt. Und analog dazu, je nachdem welches Seelenorgan davon betroffen ist, leidet auch die entsprechende Körperfunktion weiter. Ein gebrochenes Herz zum Beispiel lässt sich nicht mit Digitalis oder Psychopharmaka kitten.

Wie schon an anderer Stelle erwähnt, sorgen im Organismus unsichtbare Lebensgeister, die so genannten „Vitale", für einen reibungslosen Austausch aller Stoffe und leiten die Lebenskraft den richtigen Zellen zu. So wie die belebende Kraft des Sonnenlichts und die lösende Feuchtigkeit des Regens die Pflanzen beleben, so sind, vereinfacht dargestellt, verschiedene Vitale mit den ihnen zustehenden Aufgaben betraut, die lebenden Körperzellen der Organe mit der nötigen Lebenskraft zu versorgen. Wo das nur unzureichend geschieht, wird der Mensch krank oder stirbt.

Im Samen, also in den verschiedenen Getreidesorten und Nüssen, sowie in allen noch lebenden Pflanzenteilen, wie rohem Gemüse, Früchten und Säften, sind die Vitale besonders dichtgedrängt und lebendig. Das ist heute kein Geheimnis mehr. Viele Menschen ernähren sich bereits entsprechend dieser Tatsache und essen täglich frisches Obst, ungekochtes Gemüse und naturbelassene Getreideprodukte. Was aber bisher niemand wusste, ist die Tatsache, dass man diese Vitale sammeln und lenken kann und dass es unterschiedliche Vitale gibt. Am intensivsten kommt ihre Wirkung in den Heilkräutern zur Geltung.

Der Engel PARACHMON ist für die verborgenen Kräfte der Heilkräuter zuständig. Er lehrte mich, wie man den astrologischen Lebenstee nach den Planeten eines persönlichen Horoskops individuell auswählt und mischt. Denn die Vitale weisen, je nach Pflanzenart, sehr unterschiedliche Qualitäten auf.

Die zwei Geheimnisse des Kräuterengels PARACHMON

PARACHMON verriet mir folgendes: Die Vitale folgen dem, was man denkt. Wenn man ständig denkt, man sei müde und abgespannt, dann werden sie nicht beleben, sondern dieser ungesunden Vorstellung folgen und lähmen. Das erklärt auch das Phänomen des so genannten Placebo-Effekts. Damit bezeichnet die Schulmedizin die Tatsache, dass in 60 % aller Fälle, wo zu Forschungszwecken wirkungslose Scheinpräparate verabreicht werden, trotzdem – nur weil der Patient an deren Wirkung glaubt – eine Besserung des Gesundheitszustandes eintritt. Aber das, was man dabei der Einbildung zuschreibt, bewirken in Wirklichkeit die Vitale. Durch den positiven Gedankenimpuls: „dieses Medikament macht mich gesund", können sie die Aufgabe, die ihnen zukommt, nämlich für Gesundheit zu sorgen, viel leichter erfüllen. Es verhält sich somit gerade umgekehrt: Selbst die stärksten, wirkungsvollsten Medikamente könnten ohne die Vitale nichts bewirken.

Die verschiedenen taoistischen Übungen, wie zum Beispiel Chi Gong und Tai Chi, beruhen auf der selben Tatsache, nämlich dass man die Lebenskraft mit seiner Gedankenkraft konzentrieren und auf sich lenken kann. Vitale sind nämlich auch im Sauerstoff und im Sonnenlicht enthalten und lassen sich zusätzlich über das bewusste Atmen und die gezielte Vorstellungskraft aufnehmen.

Das zweite Geheimnis, das mir der Engel anvertraute, betrifft die hermetische Anatomie und ihre Spiegelung auf der Ebene der Pflanzenwelt.

Die so genannte Seele ist nicht, wie viele Menschen glauben, ein nebuloses Lichtgespinst, sondern ein feinstofflicher Organismus, der genauso wie der grobstoffliche Körper ganz reale Organe und Glieder hat, ohne die das Geist- und Seelenleben nicht funktionieren würde. Sind diese Organe gesund und harmonisch aufeinander abgestimmt, dann wird sich auch der Mensch gesund und widerstandsfähig fühlen und Belastungen oder Verletzungen, seien diese nun physisch oder seelisch, gut verarbeiten können. Sind die Seelenorgane jedoch beschädigt und geschwächt oder durch geistige Unausgeglichenheit zueinander in Spannung versetzt, dann wird sich das bald auf den Körper übertragen. Der Betreffende wird dann kraftlos, lustlos und deprimiert sein und bei jeder kleinsten Belastung erkranken.

Der große Arzt Paracelsus ahnte das, als er sagte: „Jeder Mensch hat seinen Himmel in sich, und jedes Kraut hat seinen Stern." Denn tatsächlich entspricht der Zustand der Seelenorgane den Gegebenheiten des kosmischen Zustands der Planeten bei der Geburt. Während sich aber im Menschen das ganze Sonnensystem mit allen Planeten spiegelt und jedes Seelenorgan der Wirkkraft eines Planeten entspricht, kommt in einer Pflanze immer nur ein Planetenprinzip zur Geltung. Genau das aber machte sich der begnadete Heiler zunutze. Danach mischte er seine Arkana, mit denen er so viele Patienten heilen konnte. Er untersuchte das Horoskop des Patienten und wählte danach die entsprechenden Kräuter.

Durch das Horoskop lassen sich sowohl die verborgenen Schwachstellen des Organismus als auch die Stärken herausfinden, die einem Menschen Rückhalt geben. Und jedes Planetenprinzip hat auch in der Pflanzenwelt seine Entsprechung. Somit lassen sich ein Ausgleich und eine Stärkung des unsichtbaren Lebenskörpers durch analoge Pflanzen erzielen. Man braucht dazu nur jene feinstofflichen Kräfte zuzuführen, an denen es ihm mangelt, und jene störenden Energien, die überhand nehmen, durch entgegengesetzte Fluide zu mäßigen. Dabei geht es nicht um die in der Pharmazie verwendeten chemischen Substanzen, sondern um die dahinter wirkenden Vitalkräfte.

Jedes Seelenorgan hat eine bestimmte Funktion, erklärte mir der Engel, und wird mit dem analogen Planetenprinzip in Verbindung gebracht. Das hermetische Gesetz „Wie oben, so unten" bestätigt, was viele Religionen lehren: Der Mensch ist nach dem Ebenbild Gottes mit der Anlage zur Vollkommenheit geboren. Die kosmische Vollkommenheit drückt sich in unserem Sonnensystem im harmonischen Gleichlauf der Planeten aus, was sich im Menschen im gesunden Zusammenwirken seiner Seelenorgane und in der Natur in der ungestörten Ökologie spiegelt. Die göttlichen Wesensgeister sind die Planetengenien, die Hierarchie der Engel. Die menschlichen

Wesensgeister sind die Vitale (Lebensgeister), die Elementale (Gedankenbilder) und die Elementare (Gefühlsregungen). Die Analogie zu den Planeten und ihren Intelligenzen ist dabei folgende:

Das Wesen der Geister der Sonne erleben wir in uns über das Seelenorgan für Vitalität und Selbsteinschätzung in Form von Lebenslust und Lebenskraft. In der Natur finden wir die Energie der Sonne im stärkenden Johanniskraut, in der Orangenblüte oder im Löwenzahn gespeichert.

Die Geister des Mondes beeinflussen das Seelenorgan, welches das gemüthafte Prinzip im Menschen berührt, also die Phantasie und Stimmungen verursacht und im Organismus den Flüssigkeitshaushalt und die Lymphe regelt. In der Natur finden wir diese Kräfte zum Beispiel im Salat, in Gurken, in Huflattichblättern.

Das Seelenorgan, mit dem wir logisch denken, ist der innere Merkur. Die Merkurgeister regeln auch die Nervenfunktionen im Organismus und in der Natur das Wachstum aller Merkurpflanzen wie zum Beispiel der Haselnuss, des Baldrians oder des Lavendels.

Das Seelenorgan, welches die Fähigkeit zum Empfinden der Liebe und Harmonie verleiht, wird von den Venuswesensgeistern belebt. Im Organismus regeln die Venuskräfte den Kupferhaushalt, der für das Glücksempfinden wichtig ist, und in der Natur findet man sie besonders konzentriert in der Birke oder Hagebutte.

Das Seelenorgan für Willenskraft und Dynamik wird von den Marsgeistern aktiviert. Die Energie für sämtliche Verbrennungsvorgänge im Organismus beruht auf der Aktivität des inneren Mars und wenn diese Energien unkontrolliert aufflackern, kommt es zu Unruhe, Überreizung, Entzündungen und Fieber. In der Natur finden wir die Marsenergien in der Brennnessel, im Eisenkraut, in der Zwiebel, in der Eiche und in vielen anderen stärkenden Pflanzen.

Die Jupitergeister steuern in der Seele das persönliche Gerechtigkeitsempfinden, im Körper die Assimilation und das Wachstum und in der Natur die Aprikose, den Ahorn, das Zinnkraut und viele andere Pflanzen, welche die Assimilation und den Stoffwechsel regeln helfen.

Das Seelenorgan, welches von den Schicksalsengeln des Saturn überwacht wird und das im Geist die Konzentrationsfähigkeit und das Gewissen bewirkt, verursacht in der Seele die Depressionen und verfestigt und härtet auch den Organismus. Es bildet die Knochen, spannt die Haut und trocknet aus, was zu Steinbildung und

Versteifungen führen kann. Zu den Saturnpflanzen gehören unter anderen die Tanne, der Holunder, das Farnkraut.

Der Engel PARACHMON lehrte mich, wie man aus einem Horoskop die Schwachstellen der einzelnen Seelenorgane herausfinden kann und wie man dann mit entsprechenden Pflanzen das gesunde Gleichgewicht wieder herstellt. Die für den Lebenstee zusammengestellten Pflanzen spiegeln dann, in dem bestimmten Mengenverhältnis, auf der feinstofflichen Ebene die ganz persönliche Seelenschwingung des Betreffenden wider. Ich konnte, indem ich nach dem Horoskop die Pflanzen für einen individuellen Lebenstee auswählte, vielen Menschen den Lebenskörper harmonisch ausrichten, was sehr häufig zu enormen Leistungssteigerungen und einem gesunden Leben führte, wo früher keine Hoffnung mehr bestand.

Frau Käthe M., eine 45-jährige Verkäuferin aus Hamburg, bestätigt das. Sie schreibt: „Ich war früher ständig müde und lustlos, konnte trotzdem nur sehr schlecht schlafen und hatte auch Schmerzen in den Beinen vom vielen Stehen. Ich war bei so vielen Ärzten, doch keiner hat mir geholfen. Aber jetzt geht es mir viel besser. Ich bin sicher, dass das kein Zufall ist, sondern von Ihrem Lebenstee kommt, den ich täglich trinke."

Der Lebenstee lässt nicht nur auf Heilung hoffen. Er wirkt wie ein flüssiges Lebensamulett. Wenn man die individuelle Seelenschwingung durch das Geburtshoroskop ermittelt und dann durch die entsprechende Pflanzenmischung nachzeichnet, kann man damit nicht nur den gesamten körperlichen Zustand verbessern, sondern auch die geist-seelischen Funktionen harmonisch ausgleichen.

Brigitte K., eine Frankfurter Lehrerin, die glaubte, die Doppelbelastung von Berufsstress und Haushalt nicht mehr zu schaffen, schrieb mir ganz glücklich: „Ich kann es kaum fassen, seit zwei Wochen trinke ich meinen Lebenstee und fühle mich bereits wie neugeboren. Das kann keine Einbildung sein. Denn auch mein Mann findet, ich habe mich verändert und sei ganz anders als sonst. Sogar meine Schüler dürften das spüren, denn sie respektieren mich wieder und versuchen mich nicht mehr wie sonst ständig herauszufordern. Mich erinnert das Wunder", so schreibt die Lehrerin weiter, „an ein Erlebnis vor zwei Jahren. Ich litt damals unter entsetzlichen Kreuzschmerzen und ein Chiropraktiker hat mir das wieder eingerenkt. Genauso empfinde ich den Lebenstee, er hat meine Seele wieder eingerenkt."

SUCHT, DIÄT UND WILLENSKRAFT

Manche Menschen sind voll Vitalität und verfügen über eine starke persönliche Ausstrahlung und Willenskraft. Sie gehen selbstbewusst und zuversichtlich durchs Leben, während andere ängstlich sind und antriebslos und höchstens von ihren Stimmungen und Trieben bewegt werden.

Wie kommt es, dass die einen über ein Energiereservoir verfügen, das anderen anscheinend verschlossen bleibt?

Man darf sich die Seelenenergie nicht als blinde Kraft wie die Gravitation, Elektrizität oder Kernenergie vorstellen. Die feinstofflichen Kräfte, die den Menschen beleben und beseelen, sind die so genannten Elementale.

So wie der Körper aus lebendigen kleinen Körperzellen aufgebaut ist, besteht der Geist aus wesenhaften kleinen Geistern. Sie erleben sich selbst in den Gedanken, Gefühlen und Wünschen, die sie ausdrücken und ins Bewusstsein rücken.

Dabei entwickeln sie ein Eigenleben und einen Selbsterhaltungstrieb und können, sobald sie der bewussten Kontrolle entgleiten, zu mächtigen Emotions- und Angstkomplexen anwachsen. Aus gesunden elementaren Seelenwesenszellen werden dann schemenhafte Energieschmarotzer, die als Begierden, Süchte, Triebe oder in Form von Affekten, Leidenschaften und Zwangsvorstellungen die ganze Seelenenergie auf sich ziehen und den Betreffenden enorm schwächen. Denn sobald ein Elemental über die ihm zukommende Größe hinauswächst, geht das wie bei einer Krebsgeschwulst auf Kosten der anderen Seelenzellen.

Positive Fähigkeiten sind elementare Wesenszellen der Persönlichkeit, die einem ausschließlich aus Selbstbeherrschung, Disziplin und bewusstem Verzicht erwachsen.

Daher sind die Schemen der Schwäche und Angst, der Triebe und Begierden willkommene Gegner. Wer sie auf dem inneren Sportplatz beim Seelenmuskeltraining überwindet, der gewinnt geistige Spannkraft, die mit jedem Sieg wächst und die er dann nach seinem

Wollen (und nicht nach den Wünschen, die ihn bedrängen) im täglichen Leben einsetzen kann.

Während der Erzengel MICHAEL auf dem kosmischen Schlachtfeld der Götter und Dämonen für das Gute kämpft und der Engel JENURI die Menschenseelen vor negativen Elementalen, Schemen und Geistern, die ihn von außen angreifen, beschützt, hilft IVAR – sein Siegel ist goldfarben – im Inneren des Menschen dem Einzelnen bei der Überwindung seiner eigenen negativen Seelenwesensteile. Dabei ist es egal, ob diese Elementale durch körperbedingte Bedürfnisse entstanden sind oder von fremden Wesen, die sich von den geistigen Neigungen und Interessen des Betreffenden angezogen fühlen, in der Seele wachgerufen werden.

Wie kein anderer Engel geht IVAR dabei auf die persönliche Situation des Einzelnen ein und hat für jeden ganz individuelle Ratschläge bereit.

Bei meinen Bergwanderungen im Schweizer Alpsteinmassiv kam ich öfters an der Hütte eines freundlichen Schafhirten vorbei. Josef war ein einfacher, bescheidener Mensch, sein einziges Problem war der Alkohol. Er erzählte mir viel aus seinem Leben und ich erzählte ihm von den Engeln, und während ich das Siegel IVARs mit meinem Stock in die Erde ritzte, bekam ich für ihn folgende Eingebung:

„Sobald es in dir wünscht zu trinken, geh bis zum Gipfelkreuz und hol dir einen Stein. Mit diesen Steinen baue vor deinem Haus mein Siegel, ich helfe dir dann, die Säuferschemen auszutreiben. Hüte deine guten Vorsätze wie der gute Hirte seine Schafe. Achte auf deine Gedanken und Wünsche. Sobald du merkst, dass dich die Versuchung überkommt, mache dich auf den Weg.“

Zum ersten Mal begann der fromme Schafhirte, sich wirklich bewusst mit seinen Seelenregungen auseinander zu setzen. Statt dass er, wie früher, seine Vorstellungen und Gefühle wie Körperbedürfnisse hinnahm, stellte er sich ihnen jetzt prüfend entgegen, um die Versuchungen rechtzeitig zu erkennen.

Anfangs musste er täglich auf den Berg, manchmal sogar nachts, er nahm die Sache sehr ernst. Bald aber hatte er mit den Steinen das Siegel IVARs ausgelegt, und es fiel ihm täglich leichter, auf den gewohnten Schnaps zu verzichten. Als ich Josef ein Jahr später wieder traf, war er trocken.

„Ich habe mich schon noch ein paarmal besoffen", gestand er mir, „ich konnte doch, wenn ich am Freitag ins Dorf zum Einkaufen ging, nicht gleich wieder den ganzen Berg hoch laufen", lächelte er verschmitzt. „Aber dann habe ich mir in jeden Hosensack einen IVAR-Stein gesteckt und bin damit immer nüchtern heimgekommen."

Jeder Stein, den er sammelte, statt einen Schluck aus der Flasche zu tun, war für Josef als Symbol seiner Standhaftigkeit zu einem wirksamen Amulett geworden, das seine Willenskraft stärkte, sobald er schwach zu werden drohte.

Ich erzählte diese Geschichte einem guten Bekannten, dessen Sohn drogenabhängig war. Der verwitwete Großindustrielle, selbst ein passionierter Bergsteiger, war begeistert und bat mich, mit seinem Jungen ein Gespräch zu führen.

Jan war ein intelligenter, sehr sensibler Bursche, der sich, wie viele Jugendliche, gerne von der Welt der Magie und Mystik faszinieren ließ. Er kannte schon einige esoterische Bücher und war bereit, die Praxis einer Genienhilfe auszuprobieren. Er willigte ein in den Entzug.

Nach einer kurzen Übergangszeit, die er unter ärztlicher Kontrolle und mit Hilfe von Medikamenten gut überstand, mietete sein Vater ein gemütliches Ferienhaus im Salzburger Lessachtal, von wo aus die beiden dann immer ausgedehntere Bergwanderungen und später Schitouren unternahmen. Auf jeden heimgebrachten Stein ritzte Jan das Siegel des IVAR und fühlte sich mit der wachsenden Sammlung täglich besser und sicherer. Als ich ihn wieder sah, war er ein anderer Mensch „Meine Droge ist der Preber", begrüßte er mich strahlend. „Wenn ich mich auf seinem 2.500 Meter hohen Bergrücken langsam hoch schwitze, bin ich high und besser drauf als von einem Schuss."

Das ist medizinisch gesehen durchaus erklärbar. Beim Bergsteigen werden im Körper, ähnlich wie beim Joggen, Endorphine freigesetzt, die, wie eine Droge, euphorische Glücksgefühle erzeugen können.

Dazu kommt der überwältigende Eindruck, den die majestätisch aufragenden schneebedeckten Gipfel vermitteln. Man ahnt etwas von der erhabenen Gewalt der Schöpfermächte und fühlt sich ihnen näher, weiß sich einbezogen in die lichtdurchfluteten Sphären einer friedlichen Ordnung und in die Gemeinschaft ihrer geistigen Bewohner. Keiner kann sich dem feierlichen Gefühl der Ehrfurcht und Hochachtung verschließen, das die Seele in der Bergwelt über die dumpfen Niederungen der Alltagssorgen erhebt und den guten Engeln öffnet.

„Ich habe bemerkt", beschrieb Jan seine Erfahrungen, „dass ich mich schon beim Aufstieg, je höher ich komme, desto ruhiger und friedlicher fühle. Die ungewohnte Anstrengung gibt mir das Gefühl, dass ich mir die Losgelöstheit von meinen Sorgen erarbeite. Alle meine Ängste lösen sich da oben auf wie die vorbeiziehenden Nebelfetzen. Man ist wirklich weltentrückt. Wissen Sie", sagte Jan ernst, „ich empfinde eine Bergbesteigung als ganz legalen Trip in eine andere Welt, in der ich mich selbst finde und aus der ich jedes Mal ein Stück mehr von meiner Persönlichkeit mit nach unten nehmen kann. Ich habe zu meinem alten Drogen-Ich so viel Abstand bekommen, dass mir dieser arme Teufel sogar leid tut. Seit ich erkannt habe, dass nicht ich die Droge, sondern die Drogenschemen mich gebrauchten, ist der Entzug für mich zu einem Sportkampf geworden, zu einem heiligen Krieg. Ich fühle mich verantwortlich für mein schwaches Ich, das ich beschützen will, und es ist eine Ehrensache, stark zu bleiben. Andererseits", setzte Jan hinzu, „empfinde ich es nicht mehr so entmutigend und beschämend, dass ich zweimal ‚umgefallen' bin. Ich kenne ja die Macht der schleimigen Drogenmonster aus den entsetzlichen Horrorvisionen am Anfang der Entwöhnung. Trotzdem sehe ich weiteren Rückfällen gelassener als früher entgegen. Denn ich weiß jetzt IVAR auf meiner Seite, und ich fühle manchmal seine Nähe, als ob er ein Teil von mir selber wäre. Er verleiht mir eine ungeheure Kraft und ein starkes Selbstvertrauen, sobald ich mich auf sein Siegel konzentriere. Er wird mir immer wieder helfen, ich bin ihm unendlich dankbar."

Der Kampf zwischen Gut und Böse spielt sich nicht nur in den geistigen Hierarchien ab, sondern wird zugleich in jeder einzelnen Menschenseele ausgetragen. Jeder ist ein Kämpfer für Wahrheit, Gerechtigkeit und Nächstenliebe. Die Kraft dazu, die geistige Energie für diesen Krieg, beschaffen jene, die das Böse in sich überwinden.

Ganz gleich, ob das „Böse" in der Trägheit und Bequemlichkeit ist, die einen morgens nicht aus dem Bett lässt und verhindern will, dass man seinen täglichen Verpflichtungen nachkommt, ob es der „böse" Selbsterhaltungstrieb in Form von Geiz ist, der die Opfergabe einbehalten lässt, oder ob es das „Böse" in der Angst ist, das nur mit Mut und Zivilcourage überwunden werden kann.

Keiner soll einen Drogenkranken verurteilen oder gar auf ihn herabsehen. Wer es nämlich schafft, eine Sucht zu überwinden, ganz gleich, ob es sich um so genannte harte Drogen, Medikamente, Alkohol oder um Nikotin und Schokolade handelt, gewinnt bei diesem Kampf mehr Willenskraft und Energie für seine Persönlichkeit als ein braver Durchschnittsbürger, der noch nie mit den Wesensteilen seiner persönlichen Unterwelt konfrontiert wurde. Außerdem kommt sein Sieg allen zugute, weil das Böse auf einem menschlichen Seelenschlachtfeld geschlagen wurde.

Jeder ist ein Krieger, aber an der vordersten Front stehen jene, die den Suchtteufel bekämpfen.

Nicht nur die Droge ist ein giftiger Angstlöser und Lustbereiter, es gibt noch andere höchst ungesunde Seelenkrücken, welche die Spannkraft der Geistmuskeln verkümmern lassen, aber nicht als Sucht enttarnt werden.

Zum Beispiel die Tratschsucht, Streitsucht, Eifersucht, Sehnsucht. Viele Süchte werden den Betroffenen gar nicht bewusst. Wer fühlt sich schon abhängig vom gewohnten Glas Wein oder Bier zum Essen oder der Süßigkeit danach? Wie viele verschlingen täglich den lügengespickten, gifttriefenden Fraß aus der Morgenzeitung und prickelnde Sensationsenthüllungen aus den Illustrierten? Millionen Menschen sind süchtig nach geistiger Anregung durch flimmernde Bilder und sitzen Abend für Abend vor dem Fernsehschirm. Jeder hat eine geheime Lust oder liebgewordene Gewohnheit, auf die er nicht mehr verzichten kann. Auch du. Und statt andere zu verurteilen, sollte man lieber selbst den Kampf in sich aufnehmen. IVAR wird dabei helfen.

Wer einmal erfahren hat, wie heilsam und belebend es ist, wenn man seine Schemenvampire überwindet, der findet an diesem Kampf bald mehr Freude und Erfüllung als durch den zweifelhaften Genuss, den ihm die Befriedigung der Lust bereiten würde.

Es wird zum spannenden Sport, das, was man fälschlicherweise für „sich selbst“ hält, zu besiegen.

„Ich versuchte schon mehrmals, das Rauchen aufzugeben“, schrieb mir Dr. Peter M., „konnte es jedoch nie länger als einige Stunden oder Tage durchhalten. Dabei hat meine Familie in dieser Zeit vermutlich genauso gelitten wie ich, denn ich war dann immer furchtbar gereizt und ungemütlich. Jeder in meiner Nähe war froh, wenn ich wieder rauchte. Bis ich dann Ihr Willens-Amulett bekam.

Sobald mich das Rauchbedürfnis überkommt, nehme ich das Amulett in die linke Hand, spreche im Geist die Formel: ‚IVAR STÄRKT DEN WILLEN – IVAR NIMMT DIE SUCHT – DU MEINE HILFE IVAR‘ und es gelingt mir fast augenblicklich, die Energie des Begierdensturms in die Kraft meines Willens umzuwandeln, und jedes Mal empfinde ich tiefe Freude und Befriedigung dabei. Das Amulett hilft mir auch, andere ‚Laster‘ zu beherrschen. Es gibt mir Stärke, wenn ich ungeduldig werde oder bei schwierigen Verhandlungen meine Position behaupten muss“, beendet Dr. M. seinen Brief.

Wie kein anderer Engel steht IVAR den Menschen in seinen Nöten bei und stärkt jeden, der sich an ihn wendet. Bettina K., Hausfrau und Mutter von drei Kindern, wurde immer dicker. „Es begann während der ersten Schwangerschaft“, beklagte sie sich unglücklich, „jetzt wiege ich schon über 90 Kilo, dabei hatte ich einmal eine Traumfigur.“

Bettina K. hatte bereits drei Diäten hinter sich, aber nie ganz durchgehalten und danach jedesmal sehr bald wieder ihr altes Gewicht erreicht. Sie bat mich deshalb um ein spezielles Diät-Amulett, das ihr helfen sollte, die nötige Willenskraft für eine erfolgreiche Abmagerungskur aufzubringen.

Neben IVAR, der den Willen stärkt, ist bei Gewichtsproblemen LAMARION zuständig. Sein Siegel ist hellgrün. Er inspiriert seit jeher die Menschen zum Heilfasten und hilft, einen individuellen richtigen Ernährungsplan aufzustellen und durchzuhalten. LAMARION verleiht darüber hinaus Jugend und Schönheit, und wer sich an ihn wendet, ist überrascht, wie erfrischend es sein kann, die gewohnte Kost eine Zeit lang umzustellen, und wie beglückend es ist zu beobachten, wie die Fettzellen schwinden und dafür das Selbstwertgefühl und die ganze Persönlichkeit wachsen. Ich fertigte also für Frau K. das Diät-Amulett mit den entsprechenden zuständigen Genien an und schickte es ihr.

Bald danach berichtete sie mir erfreut: „Schon am ersten Tag spürte ich die neue Kraft, die ich den Fressschemen entzog. War ich früher während einer Fastenzeit immer müde, lustlos und deprimiert, so fühle ich mich diesmal direkt sportlich aktiv angeregt. Ich habe mich“, so erzählte sie mir, „für einen Gymnastikkurs angemeldet, mache täglich mit meinem Mann einen ausgedehnten Abendspaziergang, und die Hausarbeit geht mir so leicht wie nie zuvor von der Hand. In der Weight-Watchers-Gruppe, die ich jede Woche besuche, bin ich die, die am meisten abnimmt. Aber das Schönste daran ist, seit ich schlanker bin, ist mein Mann wieder ganz verliebt in mich."

IVAR hat auch verraten, wie man ohne spezielle Fastenkur sein Gewicht reduzieren kann:

- Langsam essen, gut kauen.
- Nie unmittelbar nach einer Mahlzeit naschen oder Süßes essen.
- Kein Alkohol, keine gesüßten Getränke.
- Statt naschen oder essen Anistee trinken.
- Fett meiden, beim Kochen Öl verwenden.
- Ganz spontan mehrmals im Monat eine Mahlzeit streichen.
- Zweimal täglich bis zum Schwitzen turnen oder laufen.
- Siegel des IVAR tragen. Formel: „Mein Wille ist täglich stärker, mein Hunger schwindet immer mehr".
- Merkzettel aufhängen:
  „Besser die Freude am Abnehmen als der Frust mit dem Übergewicht."
  „Der Hunger ist leichter zu ertragen als das Fett."
  „Die Freude am Abnehmen ist größer als der kurze Fressgenuss."

Leidenschaften und Begierden sind die zu Schemen zusammengeballte Macht vieler kleiner „befriedigter" Wunsch- und Genuss-Elementale. Man kann sie daher auch wieder kleinweise auflösen. Jede überwundene, nicht befriedigte Versuchung bedeutet die Zerstörung eines elementalen Wesensteils des Fress-, Rauch-, Trink- oder Suchtgiftschemens. Der gebändigte Triebimpuls wandelt sich dabei zur Stärke des Willens, der im selben Maße wächst, als die Kraft des Schemens schwindet. Am Anfang braucht man für diese Transformation viel Geduld und Energie, und gerade die fehlt ja den meisten.

Es gibt aber keine andere Willenskraft als jene Energie des Geistes, die man zuvor den Schemen entzogen hat. Wer glaubt, er sei zu schwach dazu, kann sich diese Kraft kleinweise holen und zwar von den Schemen, die seine so genannten kleinen Schwächen ausmachen. Oder er muss kleine Schritte machen. Mit der gewonnenen Energie lassen sich dann nach und nach auch die mächtigeren Schemen erfolgreich bezwingen.

So wie man die Naturgesetze in der Technik anwendet und sich damit das Leben erleichtert, kann man sich die geistigen Gesetze zunutze machen. Man nennt das fälschlicherweise „Magie“, obwohl es sich um ganz natürliche Vorgänge auf der feinstofflichen Ebene handelt.

IVAR, der Engel der Transformation

Die Transformation der Seelenenergie in Geisteskraft obliegt dem Engel IVAR. Ich veröffentliche nachstehend einige der wertvollen Anregungen, die er mir für den täglichen Gebrauch anvertraut hat.

- Das Wesentliche, worauf es ankommt, ist die Freude. Anstelle der körperbedingten Lustempfindung durch die Entspannung bei der Befriedigung eines Bedürfnisses soll das geistgetragene Glücksgefühl über die Stärkung der Persönlichkeit durch die Überwindung des Triebes wachgerufen werden.
- An die Stelle der Lust am Genuss muss die Freude an der gewonnenen Willenskraft treten. Auch die Elementale der Freude verbinden sich zu einem Schemen, der sich am Leben erhalten will. Dieser merkt, dass er bei jedem gemeisterten Verzicht einen belebenden Energieschub erhält, und sorgt bald selbst dafür, dass er so oft als möglich ins Bewusstsein gerufen wird. Man kann ihm daher die Funktion eines Wächters übertragen und ihn als Mitstreiter und Wesensteil IVARs mit der Formel: „Du meine Hilfe“ an dessen Siegel binden. (Elementale sind ja nicht nur Wesensteile der Menschen, auch die Engel und Dämonen bestehen aus diesen geistigen Kleinstwesen.) Damit gewinnt man nicht nur ein mächtiges Symbol als Speicher seiner eigenen Willenskraft, sondern zugleich auch eine Antenne zum Empfang der einströmenden Hilfe des Engels, die man mit der Formel: „Du meine Hilfe“ bei Bedarf dem Amulett entnehmen kann.
- Verzögerung: Rauche, iss, nasche erst zehn, dreißig oder 60 Minuten später, als es dich dazu drängt. Schon in dieser kurzen durchgestandenen Zeitspanne wächst die Spannkraft deines Willens ungemein.

- Kurzentzug: Bleibe 1/2 Tag, 1 Tag, 1 Woche, 1 Monat standhaft gegen die Schemen. Die begrenzte Enthaltsamkeit ist leichter zu ertragen, weil das Ende abzusehen ist. Trotzdem gewinnst du dabei Willenskraft und machst die beglückende Erfahrung, dass du es kannst, wenn du nur willst. Jede weitere Enthaltsamkeit fällt dann später leichter.
- Reduzierung: Lege im Voraus fest, wie viel du dir für einen Tag, eine Woche, ein Monat zuteilst, und halte dich eisern daran. Diese konsequente Haltung beweist, dass du doch Herr deiner selbst bist, und schafft Elementale des Selbstvertrauens.
- Mach einen Pakt mit dir: Schreib in ein kleines Dreieck zum Beispiel: Ich rauche heute nur drei Zigaretten, oder: Ich trinke heute nicht – und zeichne IVARs Siegel darüber.
- Durchbrich die Macht der Gewohnheit: Sehr viele Begierden erwachsen nicht aus einem Bedürfnis oder Wunsch, sondern sind als eine Art „bedingter geistiger Reflex" die Folge von Empfindungen oder speziellen Situationen, zum Beispiel die Zigarette zum Kaffee oder zum Glas Wein, die nach dem Sex. Das Naschen nach einer Mahlzeit (soweit nicht eine Bauchspeicheldrüsen-Erkrankung vorliegt!), der Drink zur Gemütlichkeit, die Erdnüsse zum Fernsehen, das Bier zum Essen, der Kaffee am Morgen (falls nicht Niederblutdruck besteht). Wenn schon Befriedigung, dann nicht gedankenlos automatisch, sondern bewusst gewollt, zu einem Zeitpunkt, den du selbst vorher bestimmst. Du machst dir damit die Schemen untertan, bindest ihre Energie an deinen Geist und nicht deinen Geist an die Schemen. Du hast ein Recht auf Lust, und Genuss ist keine Sünde. Aber du sollst dich nicht überwältigt hingeben, sondern bewusst genießen.
- Ersatzhandlung: Nütze die Macht der Gewohnheit, um eine ungesunde Angewohnheit (Sucht oder Leidenschaft) in eine weniger schädliche umzuwandeln. Du wirst erstaunt sein, wie rasch zum Beispiel der regelmäßige Genuss einer Tasse Tee mit einem Stück Knäckebrot anstelle des gewohnten Weins und der Chips am Abend genauso zu einem täglichen Bedürfnis wird wie zuvor der Alkohol und das fette Knabbergebäck. Aber Vorsicht, ein Freund von mir hat sich das Rauchen mit Nüssen abgewöhnt. „Hätte ich nur Karotten gewählt", beklagte er sich, als glücklicher Nichtraucher zwar, doch fünf Kilo schwerer, bei mir.

- Daher ist stets darauf zu achten, dass die freigewordene Kraft bewusst in den persönlichen Willen übergeleitet wird, weil sie sich sonst automatisch mit dem nächstliegenden Wunschschemen verbinden würde. Wir wählen dazu als geistige Grundlage die Freude über den Zuwachs an Persönlichkeit, umkleiden diese mit der Vorstellung eines hilfreichen Wächterschemens namens IVAR und verbinden diesen mit dem Siegel seines „Engelvorbilds". Das Siegel wird ritualgemäß, also mit der Formel „Du meine Hilfe", als Amulett verwendet.
  Es kann in einen „IVAR-Stein", den man sich unter Mühen irgendwo besorgt hat, geritzt werden oder in ein Metallplättchen, das an einer Schnur hängt, in die man bei jedem Verzicht einen Knoten macht; oder man malt es auf eine Streichholzschachtel, in die man zum Beispiel für jede nichtgerauchte Zigarette ein Streichholz legt und damit rasselt, sobald einen die Versuchung überkommt. Das Siegel kann auch in eine „magische" Waffe, ein Messer, ein Schwert, ein Beil geätzt werden, womit man dann die unerwünschten Schemen zersprengt oder abtrennt, doch diese Praktiken gehören schon zur hohen Magie und erfordern ein beachtliches Maß an geschulter Vorstellungskraft.
- Man kann sich feierlich für eine Zeit der Enthaltsamkeit weihen, ein Gelübde ablegen und sich ganz unter die Obhut des Engels IVAR stellen.
- Schemen der Sucht sind um Süchtige, halten sich in Kleidern auf, lauern in Gasthäusern und Diskotheken, werden von der lauten dissonanten Techno-„Musik" geweckt. Meide diese Sekundärgefahren.
- Leugne nie die üblen Folgen deiner Sucht, lüge dir nichts vor, die Engel helfen keinem Lügner.
- Gestehe dir deine Schwäche vorbehaltlos ein. Sage nie, du hast sie fest im Griff, solange du sie nicht völlig überwunden hast. Aber sei überzeugt, dass du alles in den Griff bekommen kannst, und wolle es auch.
- Der echte Wunsch, die uneingeschränkte Bejahung zum Entzug muss Grundlage des Wächterschemens sein. Wer zum Beispiel nur halbherzig das Rauchen aufgeben will, dessen Wächter wird auch nur halbherzig seine Aufgabe erfüllen können.
- Ersatz: Du kannst statt eines starken Gifts vorübergehend ein schwaches (Medikament) als Stütze nehmen. Aber niemals

darfst du während einer Entwöhnung, egal wovon, Alkohol oder Marihuanaprodukte konsumieren. Denn diese Drogen entspannen zwar für eine kurze Zeit, aber sie nehmen auch deinem Willen jegliche Spannkraft, und alle guten Vorsätze brechen zusammen. Aus den täuschenden Illusionen gibt es dann jedes Mal nur ein böses Erwachen.

- Sieh in Rückfällen nur die naturbedingte Erschlaffung der überanstrengten Spannkraft und nicht eine Schwäche oder persönliche Niederlage. Beginne immer wieder neu und lass dich nie entmutigen.
- Sage nie, jetzt ist es schon egal. Im Gegenteil, je tiefer du drinnen steckst, umso mehr Geisteskraft gewinnst du, wenn du herauskommst. Es ist nie zu spät und der richtige Zeitpunkt, aufzuhören, ist immer, ist heute, ist jetzt!.
- Kontrolliere ständig deine Gedanken, denn Vorstellungen wecken Gefühle und Begierden.
- Arbeite, bewege dich! Schon die geringste Körpertätigkeit überwindet Teile deiner Trägheitsschemen und wandelt deren lähmend depressive Seelenschwerkraft in die belebende Geistesfrische deines Willens um. Selbstwertgefühl erwächst nur aus der Zufriedenheit, die eine erbrachte Leistung beschert. Man hat nicht zu wenig Energie dazu, sondern die Trägheitsschemen, die, je fauler man ist, umso mächtiger werden, ziehen die Lebenskraft an sich. Hol dir die Kraft zurück, indem du etwas tust.
- Hol dir zuerst die Willenskraft aus den kleinen Schwächen, die du meistern kannst. Überwinde die Tratsch-SUCHT (Telefonieren reduzieren), die Neu-GIER (Zeitunglesen streichen), die Kritik-LUST (lobe stattdessen), die Sammler-LEIDENSCHAFT (trenn dich von deinem liebsten Stück), die Tob-SUCHT (versetz dich in den anderen), die Hab-GIER (verschenke das Geld, mit dem du dir die nächste Freude kaufen wolltest). Die Überwindung der Trägheit ist ein besonders ergiebiger Kraftquell, daher morgens zeitig aus dem Bett! Halte Ordnung und Sauberkeit, denn auf diesem Boden wachsen keine Suchtgiftschemen. Jeder Verzicht, jede kleinste Selbstüberwindung, jede bewusste Selbstbeherrschung ist geeignet, deinen Willen zu stärken. Vergiss aber nie, die gewonnene Kraft im Siegel IVARs zu speichern, es ist Symbol deiner Stärke und seines Beistandes.

„Ihr Willens-Amulett", schrieb mir Günter K. aus Bregenz, „hat nicht nur mich, sondern mein ganzes Leben verändert. Während ich nach den Punkten des IVAR das Rauchen und Trinken aufgab, überwand ich auch meine Unsicherheit. Ich wechselte meinen Job und meine Wohnung, fand eine liebe Frau und bin ein ausgeglichener, zufriedener Mensch geworden. Obwohl ich ein bescheidenes Leben führe, freue ich mich über jeden Tag wie ein König, denn nichts beherrscht mich mehr. Ich herrsche über mich!"

Mehr über das Thema Sucht und Diät in meinem Buch:
„DIÄTMAGIE, SCHLANK UND FIT DURCH GEISTESKRAFT"

GERECHTIGKEIT

Manche Menschen haben ständig gegen Ungerechtigkeiten, Anfeindungen und Intrigen zu kämpfen. Zum Teil liegt das an ihnen selbst und an ihrer intoleranten, strengen Haltung anderen gegenüber. Dabei wird das diesen Menschen meist gar nicht bewusst, weil sie auch von sich viel Disziplin verlangen und sich stets überkorrekt verhalten. Sie beschwören durch ihre Kritik und Perfektionssucht Konflikte und Auseinandersetzungen herauf und fühlen sich dann aber selbst ungerechten Vorwürfen ausgesetzt, wenn sie auf Widerstand stoßen. Das kann oft bis zu Prozessen hochgespielt werden.

All jenen, die öfter in solche Auseinandersetzungen verwickelt werden, empfehle ich für solche Situationen, sich an den Engel BREFFEOS zu wenden. Sein Siegel ist in brauner Farbe zu zeichnen. Er wird allen beistehen, die richten oder selbst gerichtet werden. Ihm obliegt es, die Wahrheit zu finden, und er lässt kein Unrecht zu. Ja, er kann sogar dafür sorgen, dass jenen, die dir unrecht tun, das Handwerk gelegt wird und sie dafür gestraft werden.

So konnte ich selbst einmal in einem Kleinkrieg zwischen zwei Nachbarn in meiner unmittelbaren Nähe mit Hilfe von BREFFEOS für gerechten Ausgang sorgen. In einem Mietshaus, in dem ich damals wohnte, gab es eine Beamtenwitwe, die verbittert und ungeheuer streitsüchtig war. An allem und jedem hatte sie etwas auszusetzen und ständig lag sie sich mit irgend einem Mieter in den Haaren. Als sie wieder einmal über eine gerade in Scheidung lebende

Frau, die neben ihr wohnte, das Gerücht verbreitete, diese empfange nachts fremde Herren, wusste die Arme sich nicht mehr zu helfen und bat mich, einzugreifen. Da für solche Belange BREFFEOS zuständig ist, schenkte ich ihr sein Siegel und riet ihr, sich weiter ruhig zu verhalten. Darauf geschahen zwei Dinge: Erstens wurde ihre Nachbarin auf frischer Tat beim Ladendiebstahl im Supermarkt um die Ecke ertappt. Das sprach sich natürlich sofort herum, und sie ließ sich dann wochenlang nicht mehr blicken; und zweitens wurde bei der Scheidung ihr Mann in allen Punkten schuldig gesprochen, obwohl er bisher erfolgreich versucht hatte, ihr die ganze Schuld an der Zerrüttung der Ehe zuzuschreiben.

Auch vor Gericht verhilft BREFFEOS Unschuldigen zu ihrem Recht. Eine gute Bekannte, die in einem Tabakladen arbeitete, wurde beschuldigt und angeklagt, 120.000 Schilling gestohlen zu haben. Das Geld fehlte bei der Inventur, und sie war die einzige Angestellte. Alles sprach gegen sie. Ein kleines Sommerhaus, das sie sich vom Geld einer Erbschaft gebaut hatte, die sie aber wegen der Steuer nicht angegeben hatte, belastete sie schwer. Der Wert des Hauses entsprach nämlich genau der Summe, die aus der Kasse fehlte. Sie war natürlich völlig verzweifelt und stellte sich gerne unter den Schutz von BREFFEOS. Obwohl astrologisch gesehen wenig Chancen bestanden, dass sie Gerechtigkeit findet, geschah das Wunder: Ihr Chef, der Besitzer des Geschäftes, wurde eines Tages von seiner Ehefrau mit einer Geliebten ertappt. Er gestand ihr dann auch, dass er selbst es war, der das Geld genommen hatte, und dass er dieses Geld mit seiner Freundin auf Reisen verbraucht hatte.

Ein anderer Genius, der für Wahrheit, Recht und Ordnung sorgt, ist ARMEFIA. Sein Siegel ist in blauer Farbe zu zeichnen. ARMEFIA verhilft einem nicht nur zu seinem Recht, sondern er wacht auch darüber, dass man selbst nicht vom Weg der Wahrheit und Gerechtigkeit abkommt. Er schützt dich sowohl vor Ungerechtigkeit als auch davor, selbst in kriminelle Angelegenheiten verwickelt zu werden. Er erwirkt oft sogar Gnade für Schuldige. Es ist wahrlich besser, Ungerechtigkeit zu erdulden, als selbst gesetzlos zu handeln. So schützt dich ARMEFIA lieber schon vorher, ehe du in den Einflussbereich des Bösen gerätst, und führt dich zurück auf den Weg der Gerechtigkeit.

Frau Erna R., die ihrem Enkel Michael das Siegel ARMEFIAs schenkte, berichtete mir folgendes: „Als ich mir Sorgen um meinen Enkel Michael machte, weil er in schlechte Gesellschaft geraten war, habe ich für ihn ein Amulett bestellt. Dank der Engel ist alles gut ausgegangen. Seine Freunde von damals wurden nach einem Geschäftseinbruch verhaftet, aber er war zum Glück nicht dabei. Das war für ihn ein heilsamer Schock, der ihn völlig veränderte. Er hat seine Lehrstelle behalten, obwohl er kündigen wollte, und ist nun bald ausgelernt. Und ein nettes Mädchen hat er auch gefunden. Nun mache ich mir aber wieder Sorgen, denn er hat sich ein Motorrad gekauft und ich fürchte, er wird einen Unfall haben, weil er so wild fährt."

UNFALL

Nun, ich machte für den Jungen das Siegel des EGENTION, der zuverlässig vor Unfall schützt, wenn man ihn darum bittet und sein Siegel bei sich trägt. Das Siegel des EGENTION ist in blauer Farbe zu zeichnen. Er wird Vorsicht und Achtsamkeit wecken, damit du unfallfrei fahren kannst. EGENTION obliegt es nämlich, dafür zu sorgen, dass die Menschen mit allen Fahrzeugen, die schon erfunden worden sind, also Auto, Fahrrad, Motorrad, Pferdewagen, Schienenfahrzeuge usw., richtig umgehen und auch durch diese Erfindungen nicht auf der Straße Schaden erleiden.

Ein Taxifahrer, Herr Egon K., schrieb mir dazu folgendes: „Nun bin ich 30.000 Kilometer unfallfrei gefahren. Das verdanke ich nur dem Engel, den Sie mir schickten, denn früher hatte ich noch alle zwei bis drei Jahre immer wieder Blechschäden, trotz der vielen Maskottchen, die ich im Auto hängen hatte."

Ich selbst hatte ein sehr eindrucksvolles Erlebnis der Hilfe durch EGENTION: Es war 1961, zur Zeit, als ich noch in Schweden lebte. Zu Weihnachten besuchte ich meine Eltern, die in Wien wohnten. Ich fuhr mit einer befreundeten Familie in deren PKW mit, und wir wollten uns am Steuer abwechseln und die Nacht durchfahren. Zur Sicherheit hängte ich das Siegel des EGENTION in das Auto. Bei der Hinfahrt ging trotz Nebel und stellenweisem

Glatteis alles gut. Am 1. Januar traten wir die Rückreise an und fuhren wieder, ohne zu nächtigen, die lange Strecke durch. Wir waren also den ganzen Tag und die halbe Nacht unterwegs. Mein Freund löste mich in der Nacht ab, während ich mich auf dem Rücksitz ausrasten konnte. Plötzlich hielt er bei einem Parkplatz abrupt an und weckte mich. „Du musst weiterfahren“, sagte er, „ich bin total übermüdet. Ich habe schon Halluzinationen. Jetzt habe ich schon zum dritten Mal einen weißgekleideten Mann mitten auf der Straße stehen sehen!“ Nun, ich war gut ausgeruht und fuhr also weiter durch die sternklare Nacht. Es war sonst niemand unterwegs um diese Zeit. Kein Auto begegnete uns auf der langen Strecke. Ich plauderte mit der Frau meines Freundes, die auf dem Beifahrersitz neben mir nun ebenfalls munter geworden war, als sie plötzlich aufschrie: „Ja, ist denn der wahnsinnig!“ Auch ich war entsetzt, denn vor mir, auf unserer linken Fahrbahnseite (in Schweden war damals noch Linksverkehr), rasten uns die gelben Scheinwerfer eines riesigen Fernlasters entgegen, der keine Anstalten machte, auf die andere Seite auszuweichen. Mir wurde heiß und kalt zugleich, die Straße war schneeglatt, und ich war wie gelähmt. Buchstäblich in letzter Sekunde, es war, als ob meine Arme sich selbständig gemacht hätten, riss ich das Steuer herum und schaffte es irgendwie doch, nicht im Straßengraben zu landen. Nachdem das Auto auf der schneeglatten Straße ausgerollt war, zitterten mir die Knie. Hinter uns konnten wir die Schlusslichter des vermutlich deutschen LKWs, der es gewohnt war, rechts zu fahren, immer noch auf der falschen Straßenseite verschwinden sehen. Ich bin sicher: Wäre mein übermüdeter Freund am Steuer gesessen, dann wäre ein Frontalzusammenstoß unvermeidlich gewesen. Er hätte nicht so rasch reagieren können wie ich, weil ich doch ausgeruht und munter war. Zur rechten Zeit hatte EGENTION ihm seine Müdigkeit vor Augen geführt und ihn anhalten lassen.

Nicht immer wird die Hilfe der Engel so spektakulär erlebt. Eine alte Frau, die in meiner Straße wohnt und im letzten Jahr mehrmals gestürzt war, bekam von mir das Siegel des Schutzengels EGENTION. Seither, sagte sie mir, fühlt sie sich sicher und wie von einem ständigen Begleiter umgeben, und sie geht jetzt ruhig im ärgsten Straßenverkehr über die Kreuzungen, weil sie weiß, wenn sie stürzt, wird ihr nichts geschehen.

DIE ENGEL DER ZÜNFTE FÜR BERUFSERFOLG

Zu den Engeln, die sich persönlich für den Bund der Pilger zur Verfügung gestellt haben, gehören auch jene Intelligenzen, denen seit jeher die Entwicklung des Wissens und der handwerklichen Fähigkeiten der Menschheit obliegt. Sie waren es, die zur Bildung der Zünfte inspirierten und den Menschen zur rechten Zeit Impulse für neue Technologien und Erfindungen eingaben. In symbolischer Darstellung oder als Schutzpatrone verkleidet, hatten sie einen festen Platz im Bewusstsein der Menschen, was für den Kontakt notwendig war, und sie stehen auch heute jedem, der sich an sie wendet, gerne zur Seite.

Deine Gedanken an den Engel, den du rufst, müssen aber den Engel durch ein Band der Sympathie an dich binden. Nicht nur die edle, charakterliche Reinheit deiner Seele ist Voraussetzung, sondern auch die besonderen geistigen Interessen, die deinen Gedanken Richtung geben, bringen dich in die Nähe des für dieses Gebiet zuständigen unsichtbaren Genius. In früheren Zeiten, als die Menschen noch nicht so weit waren, um mit ihren Gedanken den Kontakt zu den Engeln herzustellen, wurde die Brücke in die Welt der Genien allein über den Glauben aufgebaut. Die Engel, die mit Spezialaufgaben betraut waren, um auf diesem Gebiet die Menschheit zu belehren, bedienten sich dazu besonders gut geeigneter Seelen als Kontaktpersonen. Sie bildeten bestimmte Menschen besonders aus, um diese als Vorbilder in Form von Heiligen und Schutzpatronen der Zünfte aufzustellen. Die Seelen dieser Vermittler konnten dann, durch die gläubige Anbetung und Verehrung gestärkt, den Kontakt zum Engel herstellen, der dem Sachbereich vorsteht.

Heute sind diese menschlichen Vermittler auf der feinstofflichen Ebene nicht mehr nötig. Die Kraft der Gedanken reicht aus, die Engel direkt zu erreichen. Die Schutzpatrone sind zwar immer noch tätig, es kann sich aber jeder Pilger des Bundes direkt an den Vorsteher seines Berufs oder Handwerks wenden und in seinem Einflussbereich dessen besonderen Schutz und geistige Unterstützung genießen. Es liegt auf der Hand, dass er dadurch, wie seinerzeit die Zunftmitglieder, seinen Konkurrenten voraus sein wird, weil er, von den Engeln direkt inspiriert, erfolgreicher seiner Tätigkeit nachgehen kann. Es gibt für jeden Beruf einen entsprechenden zuständigen Engel. Wähle aber den, der für dein Vorhaben in Frage kommt, sorgfältig aus! Überlege vorher, ob es dir an Fähigkeiten mangelt und du deshalb erfolglos bist, oder ob du bisher keine Möglichkeiten fandest, deine Talente erfolgreich anzubieten und einzusetzen.

Franz Bardon hat in seinem Werk ausführlich jeden einzelnen Engel und seinen Wirkungskreis beschrieben. Ich will mich darauf beschränken, einige der Genien zu beschreiben, mit denen ich selbst in geistigem Kontakt stand und von deren segensreichem Wirken ich mich über die Amulette für meine Klienten persönlich überzeugen konnte.

So hat mich zum Beispiel seinerzeit, als ich noch als **Goldschmied** tätig war, der Engel LAMALI inspiriert und die uralte Methode der Schmuckherstellung, das Gießen in der verlorenen Form, wieder entdecken lassen. Es war mir dann durch diese Technik möglich, Formen herzustellen, die sich mit den herkömmlichen Methoden nie hätten gestalten lassen. Ich erfand darauf den Astrologenschmuck, der für jedes Sternbild die innere verborgene Entsprechung plastisch darstellt. Als „Sternengold“ wurde das ein enormer Erfolg. Fernsehen und Presse brachten Berichte darüber. Gold- und Silberschmiede, alle, die Erfolg in der Schmuckbranche und mit Edelsteinen wünschen, wenden sich also an LAMALI. Sein Siegel ist in grüner Farbe zu zeichnen.

Als ich 1970 von Schweden nach Österreich übersiedelte und eine Wiener Zeitung einen Bericht über meine Amulette bringen wollte, schenkte ich dem Journalisten, der das Interview mit mir machte, das Siegel des ZAGRION. Er ist der Schutzpatron aller **Schriftsteller** und **Journalisten**. Sein Siegel ist in brauner Farbe zu zeichnen. Dieser Journalist, der damals noch angestellter Redakteur jener Wochenzeitung war, kündigte wenige Wochen, nachdem er Kontakt mit ZAGRION hergestellt hatte, und begann eine steile Karriere. Er hat seither 25 Bücher geschrieben und gehört zu den beliebtesten Schriftstellern und Fernsehredakteuren Österreichs.

Da heute das Medium Fernsehen ebenfalls zur Publizistik gehört, hier jedoch neben dem schriftstellerischen Können auch Sympathie und Redegewandtheit für den Erfolg nötig sind, machte ich ihm dann vor einigen Jahren das Siegel des CORILON. Dieses ist ebenfalls in brauner Farbe zu zeichnen. CORILON ist der unsichtbare Genius aller **Bühnenkünstler** und Menschen, die in der Öffentlichkeit arbeiten. Durch seinen Beistand kann sich jeder bei seinem Publikum beliebt machen und wird auch darüber hinaus finanziellen Erfolg aus dieser Tätigkeit schöpfen. Viele bekannte **Schauspieler** und Publikumslieblinge tragen das Siegel des CORILON bei sich. Auch dieser Journalist schreibt seither nicht nur für das Fernsehen Serien, die ungeheuer gut ankommen, sondern moderiert auch selbst erfolgreiche Sendungen.

Für Öffentlichkeitsarbeit in Verbindung mit **Politik** sind dagegen neben Sympathie und Einfallsreichtum auch Persönlichkeit und Stärke nötig. Dafür ist der Engel PERESCH anzurufen. Er ist der geheime Lenker und wahre Herrscher über alle Politiker dieser Welt. Im Grunde genommen ist jeder Politiker, und sei er noch so mächtig, von der Gunst dieses Vorstehers abhängig. Die Weisheit der Göttlichen Vorsehung bedient sich dieses Engels, um eine jeweilige politische Strömung unter den Menschen aufkommen zu lassen. Sobald die Menschheit für eine neue soziale Errungenschaft reif ist, lässt sie durch den Engel die geeigneten Menschen an die Macht kommen, welche dieser Idee zur Realisierung verhelfen können. Andere, welche der nötigen Entwicklung im Wege stehen, werden von den Untergebenen dieses Engels ausgeschaltet. Jeder Erfolg und jeder Misserfolg in der Politik werden von diesem Genius geplant und gelenkt. Wer die nötigen Anlagen zur Führung und Lenkung anderer mitbringt und die Idee einer politischen Richtung auffängt und sich dafür einsetzen will, der wendet sich vertrauensvoll an PERESCH und dessen Unterstützung. So machte ich zum Beispiel meinem Freund H. dieses Siegel. In einer Funktion des österreichischen Fernsehens hatte er ständig mit Politikern zu kämpfen, da alle das Medium Fernsehen für ihre Zwecke ausnützen wollten. Ich hoffte, ihm dadurch zu helfen, richtigen Entscheidungen mit der nötigen Zähigkeit zum Durchbruch zu verhelfen. Heute ist er selbst Minister.

Ein Klient, der sich seit Jahren von mir astrologisch beraten ließ, verkaufte seine beiden gutgehenden Schuhgeschäfte, um aus dem stressgeplagten Berufsleben auszusteigen. Er hatte eine traumhafte, intuitive Beziehung zu Geld, und ich machte ihm das Siegel des

ISERAG, der ihm die Idee eingeben sollte, wie er sein Geld am besten anlegen könne. Seither spekuliert er äußerst erfolgreich mit Aktien. Zwei Stunden Telefonate am Vormittag genügen, um ihm den doppelten Gewinn zu bescheren, den er vorher mit einem Zehnstundentag erzielte. ISERAG ist der Vorsteher aller **Spekulanten,** sei es im **Glücksspiel**, an der Börse oder mit sonstigen Geldanlagen. Sein Siegel ist in brauner Farbe zu zeichnen, und jeder, der Freude an Geld hat, nicht geizig ist und kein Risiko scheut, wird durch diesen Engel inspiriert, der Wirtschaft zu dienen, indem er den Geldfluss für die Menschheit in die richtigen Kanäle lenken hilft. Dass er dabei selbst zu Reichtum kommt, braucht nicht näher erwähnt zu werden. Seine Fähigkeiten finden nur den gerechten Lohn. Denn kleinliche, übervorsichtige Pfennigfuchser wären niemals in der Lage, das Wirtschaftsgeschehen in dieser Welt aufrecht zu erhalten.

Aber auch **Bettler** haben ihren eigenen Schutzengel. Sein Name ist ALPASON und das Siegel ist in brauner Farbe zu zeichnen. Er lenkt das Schicksal aller vom Wohlstand Ausgeschlossenen. Obwohl in Wien das Betteln verboten ist, kann man im Stadtzentrum öfters Obdachlose und Alkoholiker um Almosen betteln sehen. Einem davon schenkte ich das Siegel des ALPASON. Ich wollte eigentlich sehen, ob er jetzt weniger von den Polizeikontrollen gestört wird, aber es geschah etwas ganz anderes: Durch einen Zufall kam er in den Besitz einer Drehorgel, wie sie früher von den Straßenmusikanten verwendet wurde. Er kleidete sich dann im Stil der Jahrhundertwende und war jahrelang als Original von Wien eine beliebte Persönlichkeit der Wiener Fußgängerzone und sogar von der Polizei geduldet.

Wer mit **Mode** zu tun hat, sei es als Erzeuger, Händler oder sonst in irgendeinem Zusammenhang, der wendet sich an BUTAMA, dessen Siegel in grüner Farbe zu zeichnen ist. Alles, was mit Bekleidung und Stoffen zu tun hat, wird von ihm geistig vorgezeichnet und inspiriert. Ihm verdanken die Menschen die Erfindung für wirkungsvollen Schutz vor Witterungseinflüssen durch Bekleidung, aber auch die Eingebung, durch die Mode seine innere Einstellung und Persönlichkeit zum Ausdruck zu bringen. Jeder, der sich von BUTAMA inspirieren und helfen lässt, kann sicher sein, erfolgreicher zu werden als seine Konkurrenz. Nachdem ich zum Beispiel meinem Freund P. das Siegel dieses Genius für Mode gemacht hatte, kündigte er seine Stelle als Einkaufschef eines großen Wiener Modehauses und machte sich selbständig. Seither begleitet ihn das Siegel auf jeder Messe, und er weiß aus der Vielfalt der Angebote stets die richtigen Modelle für seine Kunden auszuwählen. Während andere Boutiquen in den letzten Jahren katastrophale Einbußen hinnehmen mussten, konnte er Jahr für Jahr schöne Umsatzsteigerungen verbuchen.

Wer Freude am Kochen hat, egal ob als Hausfrau, Hobbykoch oder von Berufs wegen im **Gastgewerbe** tätig ist, kann sich an BUTHARUSCH um Hilfe wenden. Er inspiriert seit jeher die Menschen, Fleisch, Obst, Gemüse oder Getreide durch Kochen und Backen haltbar zu machen und daraus schmackhafte Gerichte zuzubereiten. Wer geistig aus dem Gedankenbereich dieses Engels schöpft, wird erstaunt sein, wie leicht es im Grunde genommen ist, durch billigste und einfachste Tricks die Speisen in köstliche Gerichte zu verwandeln. So manche Hausfrau konnte ihrer Ehe neue Impulse geben, nachdem sie durch den Kontakt mit BUTHARUSCH Freude an der Kunst des Kochens und Backens gefunden hatte. Liebe geht ja bekanntlich durch den Magen. In erster Linie wird aber dieser Engel den Berufsköchen zu Erfolg und Anerkennung verhelfen. So habe ich zum Beispiel einer Bekannten, die in Salzburg eine Gaststätte betrieb, aber, obwohl sie hervorragend kochte, wenig Gäste hatte, das Siegel dieses Vorstehers gemacht. Durch „Zufall“ verirrte sich danach ein bekannter Schauspieler mit seinen Freunden in das etwas versteckt gelegene Lokal und „zufällig“ hatte sie gerade an diesem Abend dessen Lieblingsgericht auf der Speisekarte. Er war so begeistert von ihrer guten Küche, dass er nun zu ihren Stammgästen zählt. Seither ist es „in“, bei ihr zu speisen, und sie hat sich über Gästemangel nicht mehr zu beklagen.

Wer sich selbständig machen möchte und Erfolg in seinen geschäftlichen Angelegenheiten wünscht, wird vom Engel YRGAMON und seinen unsichtbaren Helfern – aus den Märchen noch als Heinzelmännchen bekannt – zum Erfolg geführt. Besonders **Handwerkern** verleiht er Geschicklichkeit und neue gute Ideen. Darüber hinaus ist er noch der besondere Schutzpatron aller Schmiede, Metallarbeiter und heute auch der Konstrukteure und Mechaniker. Einer

Inspiration dieses Engels verdanke ich selbst mein finanzielles Fundament, mit dem ich dann mein Juweliergeschäft erwerben konnte. Er gab mir ein, wie man durch eine bestimmte Menge Zusatz von Kupfer und Antimon Zinn so geschmeidig macht, dass man es schmieden kann. Das war zuvor keinem gelungen, und ich habe seinerzeit Tausende Zinngegenstände handgeschmiedet geformt, was vorher nur durch die Technik des Drückens oder im Gussverfahren möglich war, und damit eine Meine Geld verdient.

Zinn hat eine ungemein wohltuende Wirkung auf den Menschen. Es sollten wie in alten Zeiten in jeder Wohnung Zinnteller an der Wand hängen, weil diese durch ihre Beschaffenheit als Durchgangspforte für die wohltuenden Jupiter-Schwingungen hochstehender Wesenheiten dienen können!

Alle **Sportler** unterstehen dem besonderen Schutz von LOCHATY. Alles, was der Körperertüchtigung und Leistungssteigerung dient, lernt der Interessierte von diesem Genius. Daher soll jeder Sportler sein Siegel, welches in schwarzer Farbe zu zeichnen ist, in seinem Trainingsraum hängen haben und sein Amulett bei Wettkämpfen bei sich tragen. LOCHATY zeigt nicht nur, mit welchen Methoden noch größere Leistungen erbracht werden können, sondern er vermittelt auch direkt im rechten Moment die Energie und die innere Überzeugung, die als Ansporn zum Sieg bei Wettkämpfen nötig sind. Es gibt einige Spitzensportler, die sein Siegel tragen und es nicht mehr ablegen würden.

Im Laufe meiner okkulten Forschungstätigkeit habe ich zu vielen Wesen des Erdzonengürtels den Kontakt vermittelt und mich von deren prompter Hilfe überzeugen können. Sämtliche Vorsteher des Erdzonengürtels, wie sie Abraham von Worms beschrieben hat und auch Franz Bardon in seinem Buch „Die Praxis der magischen Evokation“ darlegt, entsprechen voll den Tatsachen, und jeder kann sich selbst davon überzeugen.

Als Mitglied unseres Bundes steht es dir frei, an welchen Engel du dich wendest. Sei es über ein Amulett oder ein selbstgemachtes Siegel in der rechten Farbe; mit der nötigen geistigen und seelischen Einstellung wirst du die Aufmerksamkeit des Engels auf dich lenken und so in seinen Schutzkreis aufgenommen werden. Ich kann aber nicht oft genug betonen, dass die Engel unseres Bundes ausschließlich dem Guten, Wahren und Gerechten dienen. Es hat keinen Sinn, mit Gedanken der Rachsucht um Beistand zu bitten oder sich um Hilfe bei einer Intrige an einen Engel zu wenden. Wer von Machthunger, Ehrgeiz und Profitgier getrieben seinen Beruf ausübt, hat nicht die richtige Einstellung, die nötig ist, das Wohlwollen und die Unterstützung eines Engels zu erlangen. Nur wer glaubt, reinen Herzens zu sein, und Freude an seinem Beruf hat, diesen als Berufung sieht, wende sich an den zuständigen Engel der Zünfte. Sonst ist es besser, nur um allgemeines Glück zu bitten.

Bedenke stets, wenn dich ein Engel der Zünfte inspiriert, um dir zu dienen und dir zu Erfolg bei deiner Arbeit zu verhelfen, dann will er, dass von deiner Tätigkeit auch andere Menschen profitieren. Es geht ihm nicht um dein persönliches Erdenglück, sondern darum, dass du als geeigneter und fähiger Repräsentant seines Spezialbereiches überirdisches Wissen im irdischen Bereich zum Wohle aller Menschen in die Praxis umsetzt. Dein persönlicher Erfolg ist dann gerechter Lohn für deine Mühen.

GELD

Das materialistische Wirtschaftsdenken richtet den Blick der meisten Menschen auf die sichtbaren Dinge dieser Welt. Maß und Mittel, um Macht und Einfluss über Besitz und Menschen zu gewinnen, ist das Geld. So ist es nicht verwunderlich, dass jeder möglichst viel davon haben möchte. Im Grunde genommen ist das nicht verwerflich und Geld ist sicher auch ein Maß, an dem man seine geistigen Fähigkeiten messen kann: nicht nur indem man es besitzt, sondern auch in der Weise, in der man es erwirbt und es dann beherrscht. Denn meist ist es umgekehrt: Der Reiche wird vom Geld beherrscht, und der Arme oder der Streber ebenfalls. Der eine ist von Geldschemen besessen, weil er nur im Sinn hat, es zu erwerben, zu vermehren. Der andere wird durch Geiz und Angst, es zu verlieren, zum Sklaven des Geldes und seiner geistigen Wächter.

Betrachte daher, ganz gleich wie reich oder arm du bist, das Geld stets nur als Mittel, um dir das zu beschaffen, was du benötigst, und sieh niemals im Geld selbst den Anreiz. Nur so wird es dir gelingen, es zu beherrschen. Du brauchst dich nicht zu schämen, wenn du den Wunsch nach Geld und Reichtum in dir trägst. Jeder hat das Recht auf einen menschenwürdigen Lebensunterhalt und bekommt auch die Möglichkeit, diesen Wohlstand zu erreichen, wenn er es richtig anstellt. Ja, es hat sogar jeder die Pflicht, alles Mögliche zu tun, um glücklich zu sein.

Oft wenden sich Menschen an mich mit der Bitte um ein Amulett für Reichtum. Sie versichern aber gleichzeitig, dass sie das Geld nur für gute Zwecke, also für Kranke, Arme, Hungernde oder für Tiere usw. verwenden würden, was auch stimmen mag. Aber wenn du die Not anderer lindern willst, dann gib von dem wenigen, was du schon besitzt. Das ist auch der sicherste Weg, um selbst reich zu werden, denn es fließt dir stets ein Vielfaches zu von dem, was du abgibst. Dieses Gesetz kann jeder sofort zur Anwendung bringen.

Herr Egon S., der schon ein Amulett für Gesundheit von mir hatte, wollte endlich aus seinen ewigen Schulden herauskommen. „Ich weiß nicht, wie ich es anstellen soll", schrieb er mir. „Ich bin immer pleite und ich sehe keinen Ausweg. Gibt es auch da einen Engel, der mir helfen kann?" Aus den vielen Genien, die sich um das materielle Wohl des irdischen Menschen sorgen, wählte ich für Herrn S. das Siegel des NASI und erklärte ihm, wie man sich dessen Beistand sichert. Sein Siegel ist in grüner Farbe zu zeichnen, und wer sich seiner Hilfe bedient, muss auch die Gesetze der Mildtätigkeit befolgen.

NASI lehrte mich folgendes:

- „Die bösen und zerstörenden Mächte unterstützen jene Menschen, die in ihrem Sinne rücksichtslos und gierig Geld zusammenraffen und sich auf Kosten anderer durch Betrug und Machtmissbrauch bereichern.
  Ich und meine Diener helfen dagegen all jenen, die den Ausgleich dazu schaffen. Indem sie geben, schenken, weiterleiten, was in ihrem Besitz und Machtbereich ist, stellen diese Menschen das für den Fortbestand der Schöpfung nötige Gleichgewicht wieder her. Durch dein Verhalten zeigst du mir, ob du an Gottes Schöpfungsplan mitwirken willst und wir Unsichtbaren dich dabei unterstützen dürfen, oder ob du gegen uns und den Schöpfungsplan arbeitest.
  Gib also stets jenen Teil, der deinem inneren Bedürfnis zu geben entspricht und deinen Möglichkeiten angemessen ist! Doch

selbst wenn du noch so arm bist, sollen es 10 % von dem Geld sein, das du für dich persönlich für dein Vergnügen auszugeben pflegst. Lege es in eine Kassette, in der mein Siegel ist, und diese Schatztruhe für die Armen wird auch für dich zum Füllhorn werden! Verwende dieses Geld für Arme, Bedürftige, zur Linderung ihrer Sorgen oder spende es dorthin, wo dadurch geistige Gesetze, die dem Menschen dienen, verbreitet werden können." (Der Pilger wird dazu die Opferschale verwenden!)

NASI vertraute mir auch die Anleitung für folgendes wirksame Amulett an, um Geld und Reichtum anzuziehen:

- „Lass dich einmal auszahlen mit einer Goldmünze, keine Neuprägung soll es sein, sondern möglichst eine alte, die viele Jahre lang im Umlauf war. Reichtum zieht Reichtum an, und meine Diener wirken dort am ehesten, wo sie schon tätig waren. Das ist im Gold und im Besonderen in Goldmünzen der Fall. Lass diese Münze als dein Amulett stets in deiner Geldbörse, und dein Vermögen wird stetig wachsen. Dieses Amulett wird mit jedem Jahr wirksamer. Ansonst aber sollen Amulette für Geld und Erfolg möglichst aus Zinn hergestellt werden."

Egon S. versuchte, sich getreulich an diese Bedingungen zu halten. Bald danach wurde er in eine andere Abteilung seiner Firma versetzt und verdiente jetzt gleich um 50 % mehr. Auch seine Frau machte eine unerwartete Erbschaft, worauf sie sich eine Strickmaschine kaufte und für eine nahegelegene Boutique modische Pullover herstellte. Plötzlich hatten sie genug Geld und konnten sich Dinge leisten, die vorher gar nicht möglich waren. Sie gingen aber mit dem neuen Reichtum verantwortungsbewusst und sparsam um und sicherten sich so die weitere Hilfe der Unsichtbaren.

Der Sinn des Daseins liegt zum Teil auch darin, zu lernen, mit äußeren Dingen umzugehen. Nach außen zu wirken entsprechend der Fähigkeit, die man sich erworben hat, durch das Wirken nach innen, durch die Arbeit an sich selbst. Sich die Materie, die materielle Welt untertan zu machen, ist ein Gebot, das uns schon in der Bibel entgegentritt. Da die äußeren irdischen Dinge – das Stoffliche, aber auch das Geld – nicht unbegrenzt vorhanden sind, ist es nötig zu lernen, diese umzuwandeln und auch wieder abzugeben.

Sie sich nur anzueignen würde den harmonischen Ablauf und Fortbestand der Schöpfung stören, so wie ein Krebsgeschwür den Organismus früher oder später in Mitleidenschaft zieht und tötet.

Geld und Besitz werden geistig gelenkt durch die Wesen des Erdelements, die Gnomenkönige. Sie wiederum unterstehen den Engeln unseres Bundes und dienen auf deren Geheiß gerne den Menschen, die sich ihre Achtung erwerben. Wer mildtätig, großzügig, fleißig, ehrlich und gewissenhaft ist, der wird von ihnen den Reichtum erhalten, den er braucht und den er gut zu verwalten imstande ist, ohne an seiner Seele schaden zu nehmen. Die Engel des Geldes wachen nicht nur über Besitz, Geld und Schätze, sondern auch über die Reinheit der Seele jener Menschen, denen sie helfen, und wissen genau, wie viel sie geben dürfen.

Besonders der Engel PAFESSA ist ein mächtiger Herrscher über alle Fürsten und Könige des Gnomenreichs. Sein Siegel ist in grüner Farbe zu zeichnen. Er hilft durch seine Untergebenen jedem, der fleißig und bescheiden ist, zum Erfolg im Beruf und Geschäft und zu einem höheren Einkommen, entzieht aber seine unterstützende Hilfe, sobald der Betreffende sich des Reichtums unwürdig erweist.

Herr Guido R. erhielt von seiner Mutter das Amulett des Engels PAFESSA. Er war in der Kosmetikbranche tätig und gerade dabei, sich selbständig zu machen. Gleich nachdem ich ihm das Amulett gemacht hatte, fand er ein Lokal in guter Citylage zu einem sehr günstigen Preis und konnte schon im ersten Jahr unerwartet hohe Umsätze verbuchen. Es gelang ihm ein sagenhafter Aufstieg, während andere Geschäfte in seiner Umgebung zusperren mussten. Bald hatte er fünf Verkäuferinnen und zwei Filialen und konnte Jahr für Jahr seine Umsätze fast verdoppeln. Er machte jedoch den Fehler, nur an sich zu denken, und vergaß seine Pflicht den Armen gegenüber. Er kaufte sich ein Haus, zwei Autos, eine Sommerwohnung und machte viele Reisen. Aber für andere hatte er nichts mehr übrig. So war es für mich nicht verwunderlich, dass seine Umsätze rückläufig wurden. Er verlor Kunden und musste die zwei Filialen schließen, sodass ihm nur noch das eine Geschäft verblieb. „Was mache ich bloß falsch“, fragte er mich in einer astrologischen Beratung, zu der er mich aufsuchte, „es lief doch alles so gut?“ Ich erklärte ihm, was PAFESSA mich gelehrt hatte:

- „Wer nur nimmt, wird zu einer Wucherung, einem Krebsgeschwür in der Gesellschaft. Die Engel ziehen sich von ihm zurück und stellen die Unterstützung ein. Nur wer den Gesetzen des Kosmos folgt und für gerechten Ausgleich sorgt, kann mit der geistigen Hilfe der Engel rechnen. Wer das beachtet, kann auf Wunder hoffen. Es ist völlig ausgeschlossen, dass einem Pilger unseres Bundes der erwünschte Wohlstand verwehrt bleibt, wenn er sich an die Regel hält."

Ich riet ihm daher, nach dem Gesetz des Opfers, PAFESSA wieder gut zu stimmen und seinen über alles geliebten Sportwagen zu verkaufen. Die Hälfte des Erlöses sollte er für einen wohltätigen Zweck stiften, was er auch befolgte. Es gelang ihm auch tatsächlich, wieder hochzukommen; er blieb aber bescheiden und beachtete das Gesetz des Ausgleichs.

Hüte dich vor den Verlockungen des materiellen Wohlstands! Er fordert eine hohe moralische und sittliche Reife von dir. Die Gefahr ist groß, wenn dich die guten Engel verlassen und dann die bösen Mächte dich umgarnen und verführen wollen. Du hast aber nichts zu befürchten, wenn du dich an die Regel des PAFESSA hältst, die er mir als Belehrung gab:

- „Lass niemals Neid in deine Seele dringen! Freue dich über den Reichtum der anderen und sieh darin den Beweis, dass es möglich ist, Wohlstand zu erlangen!
- Gib selbst von dem, das du besitzt, noch ehe du von uns Unsichtbaren etwas forderst! Ob 2 oder 10% deines Lebensunterhaltes, es ist nicht wichtig. Es muss vom Herzen kommen und ohne den Nebengedanken, dass du etwas zurück erwartest. Daher soll es auch nicht auf ein Spendenkonto überwiesen werden, sondern direkt für geistige Zwecke oder an Bedürftige persönlich geschenkt werden.
- Sodann entwirf einen Plan, der deinen Möglichkeiten entspricht! Je klarer und deutlicher du dabei deine Ziele vor Augen hast und den Weg, über den du das Ziel erreichen willst, überblickst, umso rascher wird sich die entsprechende Situation für dich durch unsere Hilfe ergeben.
- Wähle kein weit entferntes Ziel, das für dich unerreichbar wäre! Plane kleine Schritte und gehe diese unbeirrt! Unmögliche Wunschträume können auch wir nicht erfüllen. Nur bei realisier-

baren Handlungen werden wir dir hilfreich zur Seite stehen. Sich Geld wünschen und die Hände in den Schoß legen kann nichts bringen. Du musst deinen Beitrag in der Form dazu leisten, die zu leisten du imstande bist! Selbst als Glücksspieler musst du deinen Einsatz zahlen, ehe du Glück haben kannst, und der Schatzsucher muss suchen, ehe er findet."

So habe ich zum Beispiel Herrn Georg F. durch ein Amulett den Kontakt zu IROMONIS, dem Engel des Wohlstands und Wächter über Reichtum und verborgene Schätze, hergestellt. Herr F. war seit seiner Kindheit Hobbyarchäologe und vom Traum besessen, einen wertvollen Schatz zu finden. Ausgerüstet mit dem Siegel und einem Metallsuchgerät setzt er seine Grabungen fort und findet nun jede Woche so viele Münzen, dass er davon leben und sich nunmehr ganz der Schatzsuche widmen kann. Er erzählte mir, dass er die Sonde jetzt nur noch für die Kleinarbeit verwendet, denn er fühlt ganz genau, wo er suchen soll, und manchmal träumt er schon die Nacht zuvor, wohin er fahren soll.

So unglaublich das klingen mag, jeder hat die Möglichkeit, sich selbst von der Hilfe durch die Engel zu überzeugen, wenn er sich dem Bund mit den Unsichtbaren anschließt oder sich ein Amulett machen lässt. Obwohl das geistige Gesetz erst einen Einsatz verlangt, ehe die Hilfe von oben wirksam werden kann, so kann es doch in manchen Fällen auf normalem Weg vorerst ausgeschlossen scheinen, Erfolg bei seinem Gelderwerb zu haben. Nicht nur Hausfrauen und Rentner haben wenig Möglichkeit, ihren Einsatz anders als in Form vom Ausfüllen eines Lottoscheines zu setzen. Manchmal erscheinen auch dem Tüchtigsten und Fleißigsten alle Einnahmequellen verschlossen.

Ähnlich erging es dem Techniker und Erfinder, Herrn Christoph F. Er hatte viele geniale Ideen und machte alle möglichen Erfindungen. Tag und Nacht arbeitete er unermüdlich in seiner Werkstatt, aber seine Versuche verschlangen immer mehr Geld, das ihm dann zur Patentanmeldung fehlte. Im Januar 1983 hatte er wieder eine Idee, und zwar eine Maschine zum automatischen Aussortieren von Kleinwerkzeugen. Es fehlte ihm aber das Geld für den Prototyp und er sah keine andere Möglichkeit, als durch einen Gewinn die dazu nötigen 40.000. Schilling zu bekommen. Ich fand, er hatte wirklich alles in seiner Macht Stehende versucht, und machte ihm das Siegel des ASPADIT, der für Glücksspiel, Wetten und Spekulationen zuständig ist. Sein Siegel ist in roter Farbe zu zeichnen. Das Unmögliche geschah: Herr Christoph F. machte darauf drei verschiedene Gewinne. Er zog ein Brieflos mit 50.000 Schilling, gewann bei einem Preisausschreiben eines Warenhauses Baumaterial für 20.000 Schilling, mit dem er seine Werkstatt ausbauen konnte, und erhielt einen Förderungspreis bei einem Wettbewerb eines Kreditinstitutes für ein Isolierfenster, welches er entwickelt hatte.

Normalerweise aber lehne ich es ab, Amulette für Glücksspieler zu machen. Nur in seltenen Fällen ist der Betreffende würdig, auf so leichte Weise zu Geld zu kommen, und meist würde es die Göttliche Vorsehung gar nicht gestatten, dass ASPADIT dem Betreffenden zu einem Gewinn verhilft. Ich möchte jeden davor warnen, sich mit Glücksspielen seinen wahren Leistungseinsatz zu ersparen zu versuchen. Alles muss erworben werden, erzaubern kann sich keiner etwas. Du musst mit Zins und Zinseszinsen zurückzahlen, was du je für dich genommen und verbraucht hast. Besser ist es, erst zu sparen und dann auszugeben. Und selbst wenn es dir am Allernötigsten fehlen sollte, kann diese Not notwendige innere Erfahrung für dich bringen, die für deine weitere Entwicklung und deinen Erfolg, deinen späteren Erfolg notwendig ist. ASPADIT weiß, wo er dir helfen darf und wo es karmisch nicht gestattet ist. Daher ist es nicht nötig, Unsummen als Einsatz zu riskieren, wenn du spielst. Durch höhere Verluste werden in dir nur Unmut und Missstimmung wachgerufen.

Das Gefühl, das Schicksal bezwingen zu müssen, Trotz und Fanatismus rufen den Spielteufel, ASPADITs Gegengenius, in deine Nähe, und dieser trachtet dann, dich vollends in seinen Bann zu ziehen. Ab und zu lassen dich dann seine Untergebenen kleine Gewinne machen und reizen so systematisch deine langsam wachsende Spielerleidenschaft. Viele menschliche Tragödien gehen auf sein Konto! Dabei muss es sich gar nicht um Unsummen handeln, die in Kasinos oder Spielhöllen verspielt werden. Mir schreiben viele einfache Rentner und Hausfrauen ganz verzweifelt, dass sie wohl vom Schicksal vergessen, ausgeschlossen sind, weil sie nie gewinnen. Seit Jahrzehnten leisten sie jede Woche voll Hoffnung ihren kleinen Einsatz und sind dann bitter enttäuscht, dass wieder nichts war. Besonders wenn sie immer nur ganz knapp am Gewinn vorbeigehen, haben sie das Gefühl, es wird das nächste Mal gelingen, und sind dann umso enttäuschter, wenn wieder nur drei von sechs Richtigen erraten wurden. Statistisch gesehen ist es aber ganz selbstverständlich, dass du nicht gewinnst. Denn es lässt sich berechnen, dass es zum Beispiel in der Bundesrepublik Deutschland vierhundertmal wahrscheinlicher ist, dass in deine Wohnung eingebrochen wird, als dass du einen Glücksgewinn erzielst, alle Lotto- und Totomöglichkeiten berücksichtigt. So bist du also doch ein Glückspilz, wenn du bisher von Dieben verschont wurdest.

Wer trotzdem spielt, betrachte das als Spiel und belasse es stets bei einem kleinen Einsatz! Ist die Zeit für ihn gekommen zu gewinnen, wird er auch mit diesen kleinen Einsätzen zum Zug kommen. Obwohl viele Erfolgsberichte von ASPADITs Hilfe bei mir vorliegen, will ich, um keine Hoffnungen zu wecken, davon keine weiteren beschreiben.

Besonders warnen möchte ich vor allen Pseudomagiern, die versprechen, Glückszahlen oder Glückszeiten auszurechnen. Das gibt es nicht, ist unmöglich, ist Betrug! Könnten sie, was sie vorgeben, würden sie selbst spielen und gewinnen und hätten es nicht nötig, über Annoncen den ohnedies schon Armen das wenige Geld abzunehmen.

Wer sich an ASPADIT wendet, bedenke folgendes:

- ASPADIT kann nur durch Eingebung und Inspiration helfen. Er setzt in dich die rechte Ahnung, wo du dein Kreuz zu setzen hast, auf welches Pferd, auf welche Zahl, oder er lenkt die Impulse deiner Hand, wenn du ein Los aus einer Vielzahl auswählst. Wenn du spielen willst, dann nur für dich und nie mit Hilfe anderer!

Aber trotz aller Hoffnungen auf die Hilfe ASPADITs bleibt es eine statistisch nachweisbare Tatsache: Die Wahrscheinlichkeit, vom Blitz getroffen zu werden, ist größer, als eine Sechs im Lotto zu treffen.

ERFOLG

Wenn du dir in einer Sache Erfolg wünschst, darfst du dein Ziel nie aus den Augen lassen und den Glauben, es zu erreichen, nie verlieren, auch wenn es lange dauert. Wenn du die Gesetze des positiven Denkens und die Regeln des Bundes beachtest, bist du auf dem rechten Weg, auch wenn es Monate dauern sollte. Auch Misserfolge können bedeutsame Meilensteine in Form von wichtigen Erfahrungen sein, die dir später dienlich sind, und sollen dir nicht den Glauben an die Hilfe der Engel nehmen. Wer überzeugt ist, ein Anrecht zu haben auf den Erfolg in einer guten Sache, und wer reinen Gewissens diesen anstrebt, dem werden die Engel unseres Bundes helfen.

Manche Menschen eilen von Erfolg zu Erfolg. Was immer sie beginnen, gelingt ihnen spielend. Wie machen sie das? Es gibt viele Erfolgsrezepte und Dutzende Bücher bringen Anleitungen, die mehr oder weniger brauchbar sind und die Gesetze des Erfolges aufzeigen. Aber zwischen Theorie und Praxis ist eben ein großer Unterschied, und schon das positive Denken bereitet den meisten Menschen Schwierigkeiten, wenn sie in der Senke sind und nach dem dritten Misserfolg mutlos aufgeben wollen.

Nicht jeder ist zum Erfolg geboren. Wer keinen gut gestellten Jupiter in seinem Horoskop hat, wem es an Selbstvertrauen und Optimismus mangelt, der wird sich zu bestimmten Zeiten besonders schwer tun und soll sich für diese Lebensperiode den Engel KOFAN um Unterstützung bei seinem Vorhaben aussuchen und ihn um Hilfe bitten. Sein Siegel ist in roter Farbe zu zeichnen. Zu KOFANs Aufgaben gehört es, allen jenen bei der Gestaltung ihres Lebens zu helfen, die es aus eigener Kraft nicht schaffen. Er inspiriert dich, wie du vorgehen kannst, um deine Lebenslage zu verbessern, und kann auch durch sein direktes Eingreifen schlechte Lebenslagen in gute wandeln.

KOFAN hat auch einen großen Überblick über die schicksalsbedingten Zusammenhänge, und er kennt genau die Grundlagen, aus denen sich deine Zukunft für dich gestalten kann. Er sieht so, was für dich in diesem Leben möglich ist und was von deinen Wünschen Traum bleiben muss, weil die nötigen Voraussetzungen dafür nicht zu schaffen sind. Daher ist für ihn deine Zukunft vorhersehbar. Er wird in diesem Rahmen die Impulse geben und dir die richtigen Ziele vor Augen stellen und er wird auch die dazu nötige Energie und Begeisterung in dir wecken, diese Ziele anzugehen. Versteife dich daher nicht auf ein bestimmtes Ziel, sondern bleibe offen für alles! Nicht immer deckt sich das Erfolgsstreben, das Ziel, das du dir setzt, mit dem Weg, der für dich vorgesehen oder vorhersehbar ist. Vorhersehbar ist nicht vorbestimmt. So sind für jeden Menschen von der geistigen Ebene aus gewisse Entwicklungen und Ereignisse sichtbar, während er im Irdischen gebunden noch nicht so weit seinen Weg im Voraus erkennen kann.

Herr Ingenieur Richard K. aus Winterthur zum Beispiel suchte zwei Jahre lang vergeblich einen Posten als Betriebsleiter. Er brachte dazu alle nötigen Voraussetzungen mit, war voll ausgebildeter Ingenieur und Techniker, Kaufmann und ausgelernter Werkzeugmacher und Maschinenschlosser. Trotzdem erhielt er auf alle Bewerbungen abschlägige Bescheide, oft sogar mit der Begründung, dass die eine oder andere seiner Ausbildungen für den Platz, um den er sich bewarb, gar nicht erforderlich wären. Dann suchte er die Hilfe KOFANs und erhoffte sich durch seine Unterstützung Erfolg bei den Bewerbungen. Um die Zeit zu überbrücken, unterrichtete er an einer Abendschule Buchhaltung, und dabei entdeckte er, dass ihm das ungeheure Freude machte. Noch im selben Jahr wurde ihm von einem großen Konzern, bei dem er sich beworben hatte, eine Stelle als Werkstättenlehrer angeboten, und er sagte zu. Seit acht Jahren ist er nun glücklicher Lehrer, und die jungen Lehrlinge lieben und schätzen ihn sehr. „Ich hätte nie die nötige Härte aufbringen können, die nötig ist, einen Betrieb zu leiten. Das weiß ich heute, nachdem ich Einblick in die Praxis der Betriebsführung genommen habe“, schrieb er mir.

KOFAN ist den Menschen, denen er hilft, besonders zugetan und freut sich selbst über jeden Erfolg, den er vermitteln kann, als ob er sein persönlicher wäre. Trotzdem musst auch du selbst alles, was in deiner Macht steht, dazu beitragen und folgende Belehrungen, die KOFAN mir gab, beachten:

- „Halte deinen Körper gerade im Stehen und im Sitzen! Bleib äußerlich und innerlich aufgerichtet, indem du deinen Mittelpunkt im Körper suchst und beibehältst als Stütze! Das verleiht

dir auch die nötige Gelassenheit in jeder Situation, und deine Haltung signalisiert Erfolg.
Mit gebeugtem Kopf und hängenden Schultern erweckst du nicht die Erfolgsstimmung als Seelenfrequenz, auf der du mich, den Engel des Erfolgs, erreichen kannst. So wie Turnschuhe dich automatisch sportlich auftreten lassen, erweckt die Haltung, die der Körper zeigt, die erste Voraussetzung für eine analoge Stimmung. Was immer du tust, Kleinmütigkeit, Pessimismus und Zweifel am Gelingen behindern jede Hilfe aus den geistigen Bereichen und verzögern den Erfolg. Der feste Glaube und ein klares Bild vor deinen Augen sind dagegen auf der feinstofflichen Ebene schon die reale Tatsache für daraus entstehendes irdisches Geschehen. Es ist dann nur eine Frage der Zeit, bis die wirkenden Mächte auch auf der physischen Ebene die nötigen Grundlagen für dein Wollen bereiten können. Es müssen ja die nötigen Voraussetzungen hergestellt werden. Auch wir Unsichtbaren haben die Gesetze von Ursache und Wirkung zu berücksichtigen. Das bedeutet, alle Situationen müssen geistig geschaffen werden. Menschen, von deren Entscheidung dein Erfolg abhängt, müssen von uns dahingehend inspiriert werden, dass sie dir dienliche Entscheidungen erkennen und treffen. Oft sind dazu komplizierte Umschichtungen und Eingriffe nötig, die wir auch verantworten müssen.

- Karmische Zusammenhänge und astrologische Strömungen sind von uns ebenfalls zu berücksichtigen. Was du dir dann als Resultat, als Zufall erklärst, ist lange, harte Arbeit von uns Unsichtbaren und wurde in Wirklichkeit von mir und meinen Helfern in die Wege geleitet. Trotzdem musst du letzten Endes die Fäden aufgreifen, die wir für dich im geistigen Bereich gesponnen haben, und erkennen, was du tun sollst. Du musst die Entscheidungen treffen, die letztlich auf der physischen Welt die Dinge in Bewegung setzen sollen.
- Schule daher deine Entscheidungsfähigkeit, indem du jede sich dir bietende Möglichkeit zum Handeln wahrnimmst und nützt. Täglich bieten sich dir dazu Situationen, in denen du aktiv die Initiative ergreifen kannst: die zerbrochene Flasche vom Gehsteig wegräumen, damit sich keiner daran verletzt, das Fenster in der Straßenbahn schließen, wenn es zieht, dem alten Menschen die schwere Tasche heim tragen! Alle selbständigen Handlungen,

auch wenn diese noch so bedeutungslos sind und mit deinem Vorhaben gar nichts zu tun haben, bilden Elementale des Erfolgs, die sich summieren und dir für dich unbewusst Stärke geben, wenn du sie brauchst. Das ist der Grund, warum erfolgsgewohnte Menschen sofort an ihrem Auftreten zu erkennen sind. Aber auch für uns Unsichtbare ist jede Tat von dir ein Hinweis, dass du handeln kannst und uns bei unserem Wirken unterstützt und weiterschaffst, wenn unsere Tätigkeit für dich vollendet ist.

- Wer seine Hände in den Schoß legt und sich ein Wunder von uns erhofft, dem können wir auch nicht helfen. Jeder hat die Möglichkeit zu handeln. Ist es nicht für seinen eigenen unmittelbaren Erfolg, so kann er vorerst für andere etwas tun. Ob Schüler, Hausfrau, Rentner, Arbeiter, Angestellter, Arbeitsloser, es gibt zu tun für dich! Tue es gerne und im Bewusstsein, dass es die kleinen Schritte sind, die dich zu deinem späteren großen Erfolg führen. Auch wenn du vorerst anderen dienst. Erfolg gibt Macht und nur den Würdigen verhelfen wir dazu. Sei pflichtbewusst und korrekt, vermeide Nachlässigkeit und handle verantwortungsvoll, selbst in scheinbar unwichtigen Belangen, und es wird dir auch in bedeutungsvollen Dingen Verantwortung übertragen werden. Wir dienen dem Guten und dem Aufbau in der Welt und fördern keine Parasiten und Schmarotzer, sondern die Edlen, Reinen unter den Menschen.
- Um Erfolg zu haben, musst du nicht nur daran glauben, dazu handeln, sondern auch über deine Pläne und Ziele schweigen können!“

Wer mehr über die magische Macht des Schweigens wissen will, wende sich an den Engel ALOSOM, sein Siegel ist in blauer Farbe zu zeichnen. Er machte mich einmal auf den Fehler der Tratschsucht aufmerksam, den ein guter Freund von mir beging und deshalb trotz intensiver Arbeit stets nur Misserfolge erntete. Mein Freund E., Wirtschaftskonsulent, wälzte ständig neue Pläne und hatte auch die dazu nötige Energie zur Planung und Durchführung. Trotzdem sind ihm in den letzten Jahren drei hervorragende Projekte, die später von anderen erfolgreich durchgeführt werden konnten, nicht gelungen. Er zerredete mit seinem Mitteilungsbedürfnis alles, noch ehe es auf der Gedankenbildebene richtig Form annehmen konnte. Ich machte ihm das Siegel des KOFAN für

Erfolg und erklärte ihm, was ALOSOM mir auf Geheiß des KOFAN anvertraute:

- „Schweige über alle deine Pläne und sprich darüber nur zu den davon unmittelbar Beteiligten!
  Selbst die Andeutung, dass du einen Plan in deinem Geist erstellst, ist schon zu viel. Du vermeidest so, dass du durch dein Reden Bilder deines Erfolgs zersplitterst, indem du sie in andere Hirne trägst und gleichzeitig dem Bild in dir die zur Verwirklichung nötige Kraft entziehst, und du verhinderst gleichzeitig das Entstehen von Neid und Missgunst oder Zweifelsgedanken, die sich deinem Erfolg in den Weg stellen könnten. Denn es ist kein Unterschied, ob du selbst das Bild des Misserfolgs auf der geistigen Ebene zeichnest und belebst, oder ob dieses von einem anderen gedacht wird.
- Gewöhne dir darüber hinaus an, immer dann zu schweigen, wenn es dich drängt zu reden, und unterdrücke bewusst alle Mitteilungen, die dir sonst leicht über die Zunge rollen! Beschränke dein Reden auf Antworten und Belehrungen, um die du gebeten wirst! Du schaffst dir damit ein Kraftreservoir, dem jene Energie zufließt, die von dir aufgewendet wird, wenn du dein Reden unterbindest. Energie, die den Bildern zukommt, die deinen Erfolg nach sich ziehen!"

Mein Freund hielt sich fortan streng an diese Regel der Schweigepflicht. Nach acht Monaten erhielt ich von ihm eine Karte aus Kuwait: „Auftrag für 20-Millionen-Projekt unterzeichnet, endlich Erfolg!"
Erstrebst du Erfolg in einer ganz bestimmten Sache und siehst darin das einzige erstrebenswerte Ziel für dich, dann halte dieses Bild so klar und oft als möglich vor deine geistigen Augen. Belebe dieses Bild durch deinen Glauben, indem du es zu einem festen Bestandteil deines Lebens machst. Das geschieht dadurch, dass du dich in Situationen begibst, die automatisch das Bild des Erwünschten in dir wachrufen und beleben. Das ist das Geheimnis des positiven Denkens. Gefühl und Vorstellung müssen völlig übereinstimmen.

Diesen Rat gab ich zusammen mit dem Siegel des KOFAN dem jungen sizilianischen Kellner Mario B., der seit Monaten vergeblich versuchte, für die Schweiz eine Arbeitserlaubnis als Kellner zu bekommen. Er befolgte meinen Rat. Täglich ging er auf den Bahnhof zu dem Zug um 21 Uhr, der ihn einmal wegbringen sollte in sein gelobtes Land. Er trank einen Kaffee wie vor der Abfahrt und malte sich aus, wie es wäre, wenn er gleich den Zug besteigen würde. Danach ging er auf den Bahnübergang und ließ den Zug unter sich durchfahren, und im Geiste fuhr er jedes Mal mit. Schon nach zwei Monaten hatte er Erfolg! Über einen Freund, der schon in Ascona arbeitete, erhielt er im selben Hotel eine Stelle, und der Hotelbesitzer erwirkte auch die Arbeitserlaubnis für ihn. Zum letzten Mal vollzog er das Ritual mit dem Kaffee vor der Abfahrt des Zuges, diesmal aber stieg er wirklich ein.

Gib nicht auf, wenn der Erfolg sich nicht sofort einstellt! Eine mit mir befreundete Hellseherin, Frau Siglinde N., ließ sich das Siegel des KOFAN machen, um endlich zu einer Wohnung zu kommen. Es schien aussichtslos, etwas Geeignetes zu finden. Sie hatte mindestens zehn Mal inseriert und monatelang unzählige Wohnungen besichtigt, als zufällig eine Klientin sie wegen der Frage eines Wohnortwechsels konsultierte. Es stellte sich heraus, dass die freiwerdende Wohnung in Lage, Größe und Preis genau ihren Erwartungen entsprach. Noch am selben Tag konnte sie einen für sie äußerst günstigen Mietvertrag unterzeichnen. Dabei hatte diese Klientin gar nicht die Absicht gehabt, sie aufzusuchen. Sie war auf dem Weg zu ihrem Anwalt und stieg irrtümlich um eine Station zu früh aus der U-Bahn aus. So kam sie zufällig an ihrem Haus mit dem Schild vorbei und meldete sich spontan zu einer Beratung an.

KOFAN ist auch in der Lage, deine persönlichen Wünsche, soweit es möglich ist, gleich an den dafür zuständigen Engel weiterzuleiten. Es gibt ja für jeden Beruf und jede Angelegenheit einen besonderen geistigen Vorsteher, der die Erfolge und Fortentwicklung seines Spezialbereichs überwacht. Wenn du den für deinen Wunsch in Frage kommenden Engel nicht kennst, kannst du für jedes Erfolgsstreben erst einmal KOFAN um Hilfe bitten.

Hast du aber keine konkreten Pläne und siehst du überhaupt keine Möglichkeit für dich, wie dir geholfen werden könnte, dann wende dich lieber gleich an den Engel SCHALNACH. Sein Siegel ist in roter Farbe zu zeichnen. Er ist jener Engel, der KOFAN am nächsten steht und selbst in ausweglosen Situationen einen Ausweg oder eine Lösung des Problems findet. Er wird dir die ersten Grundlagen schaffen, um erst einmal wieder hochzukommen. Besonders jenen, die sich selbst nicht mehr helfen können oder die von anderen abhängig sind, erleichtert SCHALNACH ihr Los. Ob Hausfrau, Rentner, Arbeitsloser oder „Pleitier", er kann dir helfen.

Für Erich B., einen 40 Jahre alten Fabrikarbeiter, bestellte seine Mutter ein Amulett bei mir. Seit zwei Jahren war er arbeitslos, und es gab wenig Hoffnung, dass er die nächste Zeit eine Stelle in der kleinen Stadt, in der er wohnte, finden konnte. Er war verzweifelt und deprimiert, denn das Geld fehlte hinten und vorne für die drei Kinder, und seiner Frau gegenüber hatte er ein schlechtes Gewissen, fühlte sich als Versager. Nicht gerade die richtige Stimmung für Erfolg bei der Arbeitsuche! Deshalb erklärte ich ihm die sieben Regeln des SCHALNACH für Arbeitslose, die mir der Engel einmal anvertraute:

1. „Freu dich über die viele Freizeit ohne schlechtes Gewissen, doch vertrödle sie nicht bei Alkohol und Kartenspiel im Gasthaus mit anderen Kollegen, sondern nütze sie sinnvoll! Dadurch zeigst du, dass du würdig und fähig bist, etwas zu leisten.
2. Teile auch für unwichtige Dinge die Zeit in geregelte Abschnitte ein. Plane alles und lasse dich nicht treiben!
3. Verrichte jede Arbeit, die sich dir bietet, auch wenn du dafür keinen unmittelbaren Lohn erhältst!
4. Hilf deiner Frau, indem du einen Teil ihrer Arbeit übernimmst!
5. Hilf Alten und Kranken in deiner Nähe!
6. Steh auf am Morgen zu deiner normalen, gewohnten Zeit, als du noch zur Arbeit gingst!
7 Besuche Kurse, lerne etwas und lies viel. Du kannst es einmal brauchen! Für jedes Wissen, jede Fähigkeit findet sich einmal die Möglichkeit, in der du diese verwerten kannst."

Dass Herr B. sich an die Regeln hielt, war sicher genau so wichtig für den Erfolg wie das Amulett. Er zeigte den geistigen Wesen dadurch, dass er würdiger und fähiger war als die anderen Arbeitsuchenden, die vielleicht nicht einmal suchen, sondern bloß auf Arbeit warten, und er unterstützte die geistige Hilfe des SCHALNACH optimal, indem er alles in seiner Macht Stehende dazu beitrug. Herr B. war dann einer der Ersten, die wieder von der Fabrik angestellt wurden, als Neuaufträge eingingen.

Wie wirkungsvoll es sein kann, auch unentgeltlich Arbeit zu verrichten, zeigt folgender Fall aus meiner Praxis: In meinem Freundeskreis gibt es zwei junge Kunsttherapeutinnen, die gleichzeitig ihre Ausbildung an einer anthroposophischen Studienstätte beendeten. Natürlich war es in den ersten Monaten schwierig, genügend Privatpatienten zu finden. Nachdem ich jeder von ihnen ein Amulett des SCHALNACH gemacht hatte, kamen sie in Kontakt mit einem aufgeschlossenen Primar an einer psychiatrischen Kinderklinik, der sich spontan dazu bereit erklärte, für seine kleinen Patienten regelmäßige Malstunden nach Art des Rudolf Steiner einzuführen. Da er jedoch vorerst nur die Unkosten für Papier und Farbe ersetzen, aber kein Honorar bezahlen konnte, sagte nur eine der beiden Therapeutinnen zu. Es machte ihr Freude zu sehen, welchen Spaß die Kinder beim Malen hatten, und sie konnte gleichzeitig Erfahrungen in den Gesprächen mit Therapeuten aus anderen Studienrichtungen sammeln. Darüber hinaus bekam sie laufend neue Patienten, die nach der Entlassung aus der Klinik bei ihr im Atelier weiter Privatstunden nahmen. Sie ist heute eine bekannte, vielbeschäftigte Therapeutin, während die andere noch immer nichts zu tun hat.

Dass SCHALNACH selbst in ausweglosesten Situationen noch eine Wende herbeiführen kann, beweist folgender Brief des Heinz Sch.: „Als ich Ihnen vor einem Jahr schrieb, dass mir meine Kfz-Werkstatt genommen wird, weil ich 150.000 DM an Schulden nicht bezahlen kann, hatte ich wenig Hoffnung, dass Sie mir helfen können. Aber das Wunder geschah. Sie schickten mir ein Amulett für den Engel SCHALNACH und die von Ihnen aufgestellten Regeln des positiven Denkens, welche ich getreulich befolgte, so gut ich konnte. Es war nicht leicht, in meiner Lage optimistische Gedanken zu finden, weil ich nirgends eine Möglichkeit sah, aus dem Ganzen herauszukommen. Heute kann ich Ihnen mitteilen, dass es doch, und zwar Schritt für Schritt, besser wurde. Es begann damit, dass ich bei einem Vortrag über Reinkarnation zufällig den Vorstand meiner Bank traf. Der persönliche Kontakt und die gemeinsamen Interessen bewogen ihn, meinen Kredit um ein weiteres Jahr zu verlängern. Das gab mir fürs Erste so viel Auftrieb, dass ich mich nochmals als Vertragswerkstatt bei VW bewarb, was schon einmal abgelehnt worden war, weil es im Nachbarort schon eine solche gab. Zu meiner Überraschung aber erhielt ich diesmal eine Einladung zu einem Gespräch und dann die Zusage, weil die andere Werkstatt unseriös gearbeitet hatte. Auf Grund der neuen Kunden konnte ich alle Mechaniker wieder anstellen, die ich schon entlassen hatte. Es geht aufwärts und dass wieder alle meine Leute bei mir arbeiten, was ich mir vorher nur erträumt und ausgemalt habe im Geist, ist Wirklichkeit geworden. Ich bin sehr glücklich, weil ich um diese Zauberkraft meiner Gedanken weiß.“ So schreibt dieser Mann.

Jeder Pilger des Bundes kennt das Geheimnis des positiven Denkens. Mulfords Bücher, die vom Engel GOLOPA inspiriert wurden, gehören als „Wegweiser“ zur Pflichtlektüre, und darüber hinaus habe ich wegen der Bedeutsamkeit des Themas gleich im 1. Kapitel einige persönliche Belehrungen, die ich durch GOLOPA erhielt, weitergegeben. Für alle jene, die sich in einer total ausweglosen Situation befinden, wie Herr Sch., führe ich nun auch jene Regeln an, die GOLOPA mir dazu eingab:

- „Gedanken, die von deinen Gefühlen getragen aus dir strömen, werden früher oder später zur Realität für dich. Es wird, was du wünschst, es kommt, wie du befürchtest. Daher prüfe stündlich, was du denkst und fühlst.
- Du musst die Umwelt so sehen, wie du sie haben willst, und so, wie du sie erstrebst, wird sie sich gestalten.
- Wenn du im Geist erlebst, was du in der Realität erhoffst, ist der erste Schritt getan.
- Positiv denken bedeutet, nur das zu denken, was du auch realisiert sehen willst und auch erhoffst. Daher wird positives Denken stets von freudigen Gefühlen begleitet sein.
- Wo dein Denken Angst, Pessimismus, Mutlosigkeit auslöst, betrachtest du schädliche Gedankenbilder und sollst daher sofort versuchen, andere Bilder vor deinen geistigen Augen vorüberziehen zu lassen. Dabei brauchen diese Bilder nicht unbedingt mit deinem Planen etwas zu tun haben.

- Jedes Bild, das dich in gute Stimmung versetzt, ist dazu geeignet, dir Grundlage für positives Denken zu schaffen. Jede gute Stimmung, die negative Bilder nicht aufkommen lässt, musst du pflegen und erhalten.
- Daher suche die kleinsten Freuden zu erfassen, zu erleben: Sonnenuntergang, Natur, Musik, Zerstreuung, Liebe.
- Aber vermeide es, in Illusionen zu schwelgen, und träume nicht von aussichtslosen Dingen wie Lotteriegewinn, Nobelpreis oder ähnlichem.
- Hänge dich nicht an Dinge und Situationen, die vorbei sind, sondern suche dir Gedanken für neue Wege zu bilden.
- Hefte dir zur Stütze deines Glaubens Merkzettel an die Wand, zum Beispiel „Die Engel sind um mich, es geht mir täglich besser."
- Sieh dich auch in solchen Situationen, die dich in die erhoffte Lage bringen können, also träume nicht nur davon, dass dein Betrieb wieder läuft, sondern erdenke dir auch Wege, die dir den Erfolg erbringen. Sieh dich zum Beispiel im Gespräch mit Menschen, die dir helfen werden.
- Unterstreiche die Gedanken deiner Pläne durch entsprechende Handlungen, welche die erwünschten Gedanken verstärkt in dein Bewusstsein rufen. Schreib also zum Beispiel Geschäftsbriefe an Firmen, mit denen du Kontakt suchst, als ob du schon mit ihnen zusammenarbeiten würdest.
- Bedenke die Zeit des Reifens und verwirre nicht mit deiner Ungeduld den für dich tätigen Gedankenstrom."

STUDIUM

Prüfungen. Wenn du Prüfungen abzulegen hast an Universität, Schule oder für Behörden, kannst du Hilfe durch den Engel HYLARA erwarten. Sein Siegel ist in grüner Farbe zu zeichnen. Hast du sein geweihtes Siegel bei einer solchen Prüfung umgehängt, gibt er dir stets die richtigen Antworten ein und hilft dir, das Gelernte richtig darzulegen. Dabei nimmt er auch Einfluss auf die Gedanken des Prüfers, indem er ihn gerade jene Fragen stellen lässt, auf die du gut vorbereitet bist. Studenten haben mir berichtet, dass HYLARAs Nähe als ungemein beruhigend empfunden wird und die sonst übliche Prüfungsangst nicht so stark auftritt. So erzählte mir die Medizinstudentin Gerda K.: „Mit großer Zuversicht und innerer Sicherheit habe ich wieder begonnen, mein Studium fortzusetzen. Seit ich den Engel um mich weiß, bin ich bei den Prüfungen nicht mehr so gelähmt. Ich bin zwar manchmal noch immer nervös und weiß nicht alles, aber irgendwie berührt es mich nicht mehr so. Ich komme jetzt immer durch, aber als ich neulich eine Prüfung doch nicht schaffte, nahm ich es so gelassen, als wenn ich durchgekommen wäre."

Lernamulett. Ich kombiniere das Siegel des HYLARA im Amulett für Schüler und Studenten immer mit dem des Engels PARASCHON. Dieses Siegel ist in blauer Farbe zu zeichnen. PARASCHON hilft beim Lernen, verstärkt die Konzentrationsfähigkeit und das Gedächtnis und vermittelt Lernerfolge, indem er das Interesse für den Stoff, den es zu erfassen gibt, weckt und das Verständnis dafür aufkommen lässt. Gleichzeitig lenkt er die Aufmerksamkeit der Schüler auf das Wesentliche, so dass ein Student durch seine Hilfe oft schon im Voraus ahnt, was er für die Prüfung lernen muss.

Prüfungsangst. So schrieb mir die 19 Jahre alte Kirsten Qu.: „Je näher das Abitur heranrückt, umso blockierter bin ich in meinem Kopf. Ich kann nichts behalten und habe panische Angst. Mit den Nerven bin ich total fertig. Ich wage es nicht anzutreten. Können Sie mir bitte helfen?" Mit Hilfe der beiden Engel ist dann noch alles gutgegangen. Dabei hatte Kirsten ein interessantes Erlebnis, das sie mir berichtete: Kurz nachdem sie das Amulett umgelegt hatte, wurde sie in das Landhaus einer Freundin eingeladen, um dort ungestört eine Woche gemeinsam zu lernen. Als sie dort ankam, entdeckte sie jedoch zu ihrem Entsetzen, dass sie die zweite Tasche mit einem Großteil der Bücher und Skripten nicht mitgenommen hatte. So lernte sie also aus dem, was sie bei sich hatte, und genau das wurde von ihr auch bei der Prüfung verlangt.

Konzentrationsstörung. Ähnlich erging es Frau Erika P., einer alten Bekannten von mir. Sie hatte mit 45 Jahren noch eine Postmeisterprüfung abzulegen und tat sich furchtbar schwer beim Lernen. Sie erzählte mir, dass sie sich, nachdem sie das Amulett erhalten hatte, viel besser auf den Stoff konzentrieren konnte. Sie stand täglich eine

Stunde früher auf und tat sich plötzlich gar nicht mehr so schwer wie früher. Dabei merkte sie, dass sich ganz zufällig immer wieder ganz bestimmte Seiten aufblätterten, wenn sie die Skripten durchging, und dass ihr dieser Bereich auch besser im Gedächtnis blieb. Auch sie schaffte die Prüfung, während acht andere Bewerber aus ihrem Kurs durchfielen. Übrigens waren gerade jene Seiten, die sie so gut behalten hatte, dann als Prüfungsfragen gekommen.

Gedächtnis. Wer unter einem schlechten Gedächtnis leidet, wendet sich am besten an den Engel NOTISER. Sein Siegel ist von brauner Farbe. Besonders Schülern, die sich nicht konzentrieren können, hilft er gerne und lässt jeden Wissensstoff leichter erfassen und im Gedächtnis speichern.

Hausaufgaben. Eine Mutter schreibt mir: „Das Lernamulett für Andreas habe ich entsprechend Ihren Anleitungen zu seinem Schreibtisch gehängt. Seitdem habe ich den Eindruck, er lernt viel leichter. Früher brauchte er den ganzen Nachmittag für seine Hausaufgaben. Jetzt spielt er nicht mehr so herum, sondern macht zügig fertig und vertrödelt nicht mehr die Zeit. Sein Klassenlehrer hat gemeint, wenn er so weitermacht, muss er doch nicht in die Sonderschule."

SCHUTZ

Jeder Genius des Bundes ist auch als Schutzengel anzusehen. Es liegen ihm ja das Wohl und die Entwicklung des Menschen am Herzen. Dazu müssen in erster Linie die optimalen irdischen Voraussetzungen gegeben sein. So haben einzelne Engel spezielle Aufgabenbereiche, um das leibliche Wohl und die dazu nötigen Güter zu schützen. Der Engel NAMIROS bewacht Geld, Besitz, Haus und Wohnung und **schützt vor Einbrechern** und Unwetter. Sein Siegel ist in brauner Farbe zu zeichnen und an die Wand oder über die Tür zu hängen. Wer um seinen Schutz bittet, muss dies mit einem einmaligen Opfer verbinden und zwar ist 1/2 Prozent des Wertes, der von ihm und seinen Wesen zu schützen ist, einem wohltätigen Zweck zuzuführen. Wer sich daran hält, kann keinen zuverlässigeren Wächter finden.

„Ich wohne in einem Mietshaus, und gestern wurden sämtliche Keller der Mieter aufgebrochen und jedem wurde irgend etwas gestohlen", schreibt mir Frau Erika K., „nur mein Keller blieb von den Dieben verschont." Sie hatte das Siegel des NAMIROS über der Kellertür angebracht. „Seit ich sein Siegel auch über der Wohnungstür hängen habe", schreibt sie weiter, „fühle ich mich sicher und schlafe beruhigt wie nie zuvor."

Aus Spanien kam eine Karte: „Als wir von einem Spaziergang zurückkamen", steht darauf, „mussten wir zu unserem Entsetzen feststellen, dass Diebe unseren Zeltplatz heimgesucht hatten. Die anderen Familien, mit denen wir den Platz teilten, haben dabei Kameras, Geld und Pässe eingebüßt. Unser Zelt war als einziges völlig unberührt. Wie Sie es mir geraten haben, hatte ich das Siegel des NAMIROS an die Zeltstange gehängt."

NAMIROS **schützt auch vor Naturgewalten**. So hat er mich selbst einmal vor einem Hagelschaden bewahrt. Es war im Sommer 1983. Ich war mit meiner Familie auf dem Heimweg aus den Ferien und hielt an einer Tankstelle, um zu tanken. Ein Gewitter braute sich zusammen, und wir wollten so rasch wie möglich in den nächsten Ort, um dort zu nächtigen. Aber als ich starten wollte, sprang der Motor nicht an, obwohl er sonst immer tadellos funktionierte. Der Motor ließ sich nicht starten. Der brave Tankstellenbesitzer bemühte sich und versuchte mir zu helfen, konnte jedoch den Fehler nicht entdecken. In der Zwischenzeit aber entlud sich das Unwetter mit einer Gewalt, die ich noch nie erlebt hatte. Hühnereigroße Hagelkörner zertrümmerten die Scheiben des Wohnhauses neben der Tankstelle und die Dachziegel. Wie wir dann sahen, als wir weiterfuhren, waren sämtliche Autos, die auf dem anschließenden Straßenabschnitt unterwegs waren, arg beschädigt. Uns hatte das Dach über der Tankstelle geschützt, und der Motor sprang erst an, als das Unwetter losgebrochen war. Wir warteten natürlich unter dem schützenden Dach, bis es vorübergezogen war.

Wer Angst vor einem Überfall hat, soll das Siegel des KILIOSA, in Metall graviert, bei sich tragen. Er kann dann sicher sein, dass ihm nichts geschehen wird, solange er unter seinem persönlichen Schutz steht.

Zwei handfeste Beweise dafür erlebte ein guter Freund von mir. Er hat oft in New York zu tun, und da er dort zweimal überfallen wurde, reist er jetzt nur noch mit diesem Amulett. Dabei hatte er folgendes Erlebnis: Auf der letzten Reise wurden in der U-Bahn sieben Fahrgäste des Waggons von zwei halbwüchsigen Gangstern mit Pistolen bedroht und um ihr Geld erleichtert. Nur an ihm gingen sie vorbei, als ob er gar nicht anwesend wäre. Er wurde deshalb sogar kurz der Mittäterschaft verdächtigt und von der Polizei einvernommen.

Ein weiteres Erlebnis hatte er gleich zwei Tage später: Trotz Warnung ging er nach 21 Uhr durch den berüchtigten Central Park, um den Weg abzukürzen. Er fühlte sich sicher durch das Amulett, als plötzlich ein Schwarzer auf ihn zukam und ein Messer zückte. Aber bevor er noch richtig erschrecken konnte, drehte der Neger plötzlich um und lief weg, direkt in die Arme einer zufällig vorbeikommenden Polizeistreife, die den Vorfall beobachtet hatte und ihn festnahm. Beim Verhör sagte der total verwirrte Räuber, er habe den Überfall auf meinen Freund nicht ausgeführt, weil plötzlich wie aus dem Nichts zwei große Männer hinter diesem gestanden hätten!

Auch Tiere haben ihren Schutzengel. Abgesehen vom Genius ihrer Rasse haben einige Engel unseres Bundes eine besondere Vorliebe für Tiere und daher Aufgaben für deren Wohlergehen übernommen. Ich will den Engel NACHERON besonders anführen, weil er über viele Amulette, die ich für Tierliebhaber und deren Schützlinge machte, auch zu den Menschen einen guten Kontakt gewonnen hat. Sein Siegel ist in grüner Farbe zu zeichnen, oder noch besser als Amulett graviert dem Tier umzuhängen. Auch Tiere haben einen feinstofflichen Körper für ein Dasein in der anderen Welt. Auf diese sich im Instinkt ausdrückende Tierseele wirkt NACHERON ein, um das Tier zu lenken und vor Unheil zu bewahren. Er überwacht dessen Gesundheit und inspiriert den Menschen, der ja ein irdischer Schutzengel für die Tiere ist, dahingehend, dass er ihn intuitiv erkennen lässt, wie er im Krankheitsfall einem Tier helfen kann, indem er ihn geeignete Mittel und Heilmethoden erkennen lässt

Der ganz liebe Spaniel meiner Nachbarin begann einmal plötzlich zu erbrechen und zu kränkeln. Da er schon über zwölf Jahre alt war, befürchteten wir, dass eine Heilung nicht mehr möglich sei. Ich schenkte ihr trotzdem das Siegel des NACHERON, und von da an begann Dora, so hieß die Hündin, wieder ein wenig zu fressen. Langsam ging es ihr wieder besser und ein Tierarzt konnte eine Operation vornehmen. Das war vor zwei Jahren. Dora ist immer noch überraschend kräftig für ihr hohes Alter.

Frau Franziska H. aus München betreute einen Kater, der ihr nur zum Fressen zuging. Das Tier gehörte anscheinend niemandem, denn er war nicht kastriert und oft durch Kämpfe verletzt. Nachdem sie ihm aber das kleine Amulett des NACHERON umgehängt hatte, war er wie ausgewechselt. Zum ersten Mal blieb er tagsüber in ihrem Garten. Das wiederholte sich immer öfter, und er zog sich auch keine Verletzungen mehr zu. Eines Tages blieb er dann ganz bei ihr.

Wer sein Tier unter den Schutz des NACHERON stellt, kann sicher sein, dass diesem, soweit es im Bereich des Möglichen liegt, nichts geschehen wird. NACHERON schützt aber auch die Menschen vor den Tieren, und nicht nur Zoologen, Tierärzte und Dompteure! Ich habe einmal einem Briefträger, der ständig unter Angst vor Hunden litt, mit dem Siegel des NACHERON gut helfen können. Er ist seither nie mehr von einem Hund angefallen worden und hat seine Angst vor Hunden völlig verloren.

In astrologisch ungünstigen Perioden, in denen man den negativen kosmischen Strömungen stärker ausgesetzt ist, wird es besonders nötig sein, sich vorsorglich an die schützenden Engel um Beistand zu wenden. Nicht immer sind die Gefahrenbereiche im Voraus sichtbar, und so empfehle ich zumeist, für solche Zeiten gleich mehrere Engel gleichzeitig in die Nähe zu rufen. Vielfach bewährt hat sich dabei die Zusammenarbeit der Engel AMILLES, ALTANOR, GALAGOS und CUSCHI.

- AMILLES schützt dich vor **Krankheiten** und **Infektionen.** Sein Siegel ist in roter Farbe zu zeichnen.
- ALTANOR bietet dir Schutz vor **Feinden** und Angriffen wie **Intrigen** und **Ungerechtigkeiten**. Sein Siegel ist in violetter Farbe zu zeichnen.
- GALAGOS schützt deine **Liebe, Freundschaften** und menschlichen **Beziehungen**, sein Siegel ist grün zu zeichnen.
- CUSCHI beschützt deine **Existenz** und bewahrt dich vor Verlusten. Sein Siegel ist in roter Farbe zu zeichnen.

So schreibt mir ein Berufskollege, der Astrologe Erich B., dem ich diese vier Genien in einem Amulett zusammenfasste, folgendes: „Seit 30 Jahren bin ich Astrologe. Da macht man sich selbst nichts mehr vor und weiß, wie hart bei kritischen Konstellationen trotz größter Wachsamkeit das Schicksal zuschlagen kann. So war ich mehr als beunruhigt, hatte sogar Angst vor diesem Jahr. Saturn Konjunktion Mond, Uranus Quadrat Sonne und Pluto dazu in Opposition ließen Schlimmes erwarten. Nun habe ich alles gut überstanden. Mir wurde zwar mein Auto gestohlen, aber ich habe es nach zwei Wochen heil zurückbekommen. Ich hatte zwar den befürchteten Unfall, aber in einem Taxi, das ich genommen hatte, um der Konstellation auszuweichen, und ich blieb außerdem völlig unverletzt und kam mit dem Schrecken davon. Einen privaten Konflikt konnte ich durch vermehrte Selbstbeherrschung vermeiden, was mir trotz meiner Reizbarkeit überraschend gut gelang. Durch den Tod meiner Mutter – sie war immerhin schon 82 Jahre alt – bin ich zwar noch nicht um die Saturn-Mond-Einflüsse herumgekommen und hatte ein Trauerjahr, aber selbst in den Wochen, in denen sie mit dem Tode rang und ich sie betreute, fühlten wir beide eine innere Zuversicht und die trostreiche Schwingung der Engel. Ich kann Dir, lieber Freund, nur danken, dass ich durch diese Hilfe aus der anderen Welt Kraft und Schutz gefunden habe in dieser schweren Zeit."

Das beweist, dass die Schutzengel auch in astrologisch ungünstigen Perioden, in denen du den bösen Mächten stärker als sonst ausgeliefert bist, wirksamen Schutz bieten und so manches Unheil abwehren, das dich sonst treffen würde. Je nach deinen Schwachstellen, wo du verwundbar bist, kannst du schon vorbeugend schützen, indem du dich an den entsprechenden Engel wendest. In dem Buch „Die Praxis der magischen Evokation" von Franz Bardon findest du alle Engel und Aufgabenbereiche genau angegeben.

Ich will hier einige anführen, die mir über Amulette bei Klienten schon gute Dienste erwiesen haben:

Vor finanzieller Not schützt MASADUL, vor **Gewitter und Sturm** CARONA.

Sportler, Jäger und Bergsteiger werden von LOCHATY besonders beschützt. Sein Siegel ist in schwarzer Farbe zu zeichnen. Aber es empfiehlt sich, sein Metallsiegel stets bei sich zu tragen. Soweit du nicht das Elektromagikon der Erdzonenschwingung herstellen kannst – es besteht aus Zinn, Silber und Kupfer –, kannst du sein Siegel mit einem Kupfergriffel in Blei ritzen und in Leder einnähen oder von mir anfertigen lassen.

Ein bekannter österreichischer Bergsteiger hat auf seinen Touren stets das Siegel des LOCHATY bei sich. „Seit ich das Siegel bei mir trage, fühle ich mich viel sicherer", erzählte er mir. „Was ich früher oft als innere Stimme vernahm, höre ich jetzt fast laut in meinen Ohren: ‚Da jetzt links weiter', oder: ‚Nicht den Haken, nimm einen anderen.' Einmal erwachte ich durch den Ruf: ‚Raus aus dem Zelt' und wälzte mich schockiert samt dem Schlafsack auf die Seite. Dort, wo ich gerade noch gelegen hatte, zerfetzte ein Steinschlag mein Zelt!"

Wassersportler werden von SEMEOL beschützt und zu außergewöhnlichen Leistungen befähigt. Er hat schon viele Tausende Menschen vor dem Ertrinken bewahrt. Sein Siegel ist in brauner Farbe zu zeichnen.

Dieser Engel hat auch mich aus höchster Lebensgefahr vor dem Ertrinken gerettet. Es war in San Remo. Trotz Sturmwarnung war ich aufs Meer hinaus geschwommen. Schon auf dem Weg zurück zum Ufer überraschte mich plötzlich eine hohe Welle, warf mich um, und als ich wieder zu mir kam, befand ich mich abermals ziemlich weit draußen im hohen Seegang. Ich war lange unter Wasser gewesen und völlig benommen. Wäre nicht mein Freund zufällig neben mir aufgetaucht und hätte mich dieser nicht einige Zeit über Wasser gehalten, so wäre ich wahrscheinlich gar nicht mehr richtig zu Bewusstsein gekommen. Wir riefen dann beide um Hilfe. Einige Leute winkten am Ufer, aber es war kein Boot in der Nähe loszumachen. Der Sog war so stark, dass es unmöglich war, ans Ufer zu schwimmen. Aber zum Glück trieben wir seitwärts ab und eine große Welle ließ uns sachte auf einer Hafenmole landen, während sie zurückschwappte. Von dort aus konnten uns dann die Leute ans Ufer befördern, wir selbst waren bereits zu geschwächt.

Wer zur See fährt, kann sich ein Amulett mit dem Siegel des DIMURGA an den Mast hängen. Sein Boot wird dann den größten Sturm überstehen. So hat mein Freund Anton H. als Einziger mit seiner Yacht einen Sturm vor den Kanarischen Inseln überstanden, während vier andere Boote in seiner unmittelbaren Nähe sanken.

Wer sich vor „Erdstrahlen" schützen will, wende sich an den Engel PORMATHOS. Sein Siegel ist am besten in eine Bleiplatte zu ritzen und unter das Bett oder über die vermutete Störzone zu legen. Oft verschwinden die Beschwerden danach, weil PORMATHOS die Reizzone verlagern konnte oder der Eigenschwingung des Betroffenen anpasste. Manche hatten auch das Gefühl, dass sie von ihm gestärkt wurden und unempfindlich gegen die zuvor störenden Felder wurden. PORMATHOS hat mir gezeigt, dass es sich bei den so genannten „Erdstrahlen" gar nicht um Strahlen handelt, wie fälschlich immer vermutet wird. Es sind nicht Strahlen, die wie zum Beispiel von Uran oder einer Taschenlampe ausgehen, sondern Kraftfelder, die das persönliche Magnetfeld des Menschen verändern können oder einfallende kosmische Felder umlenken. Es ist derselbe Effekt, den auch Flugtechniker in der Nähe von Flüssen registrieren und beachten müssen, wo das Magnetfeld des strömenden Wassers die Leitstrahlen der Flugsicherung ablenkt. Daher reagieren Menschen und Lebewesen je nach ihrer individuellen feinstofflichen Eigenschwingung unterschiedlich auf die so genannten Störzonen. Was den einen nicht schlafen lässt, stört den anderen oder eine Katze überhaupt nicht.

So erhielt ich einen Brief von Frau Leni F., die mir dazu folgendes schreibt: „Nachdem zwei Rutengänger – unabhängig voneinander – eine Störzone unter meinem Bett gefunden hatten und meine Nervosität und Schlaflosigkeit diesen Erdstrahlen zuschrieben, habe ich das Siegel des PORMATHOS unter mein Bett gelegt. Sie werden es nicht glauben: Meine Katze, die sonst immer bei mir im Bett schlief, liegt seither immer auf dem Sofa, und ich fühle mich jetzt wirklich wohl und schlafe gut."

MAGIE UND DER WEG ZUR MEISTERSCHAFT

In Märchen kommen Zauberer vor, die Wunder vollbringen können. Wenn man erwachsen wird, wird einem beigebracht: Das sind eben Märchen. Doch es gibt auch vom okkulten Standpunkt nichts in unserer Welt, das nicht auf eine gesetzmäßige Ursache zurückzuführen wäre. Es gibt keine Wunder, aber es gibt Zusammenhänge, die für heutiges Verstehen nicht durchschaubar sind. Die Schwierigkeit liegt darin, dass die sichtbare Welt in Wechselwirkung mit der unsichtbaren, feinstofflichen Welt steht.

Der Wille, die Vorstellungskraft und der Glaube sind dem Magier reales Werkzeug für scheinbare Wunder. Er weiß um die Macht der Gedanken und setzt sie ein. Dabei basiert der Wert der Magie nicht darauf, dass Dinge vollbracht werden können, die aus der Sicht der bekannten physischen Naturgesetze als Wunder erscheinen, sondern auf der Erfahrung, dass es für Menschen möglich ist, durch den Geist die Materie zu lenken, also bewusst eine Rolle in der Schöpfung zu spielen.

Magie dient dazu, die Macht des Geistes über die Materie zu schulen, nicht um sich irdisches Glück zu erzaubern und die Gesetze dieser Welt zu umgehen. Daher gibt es auch keine schwarze oder weiße Magie, genauso wenig wie es gute oder schlechte Elektrizität gibt. Wenn ein Rollstuhl für einen Behinderten angetrieben wird, ist der Strom nicht besser, als wenn damit eine elektronische Waffe in ihr Ziel gelenkt würde. Stets ist es der Magier, der die Verantwortung trägt und der die Mächte bewusst einsetzt. Zum Unterschied vom Zauberer, der zwar versucht, mit alten Zauberformeln oder Ritualen etwas zu erreichen, aber nur selten dabei Erfolg hat, da er eben die Zusammenhänge nicht kennt. Es erfordert nämlich nicht nur das Wissen um die hermetischen Gesetze, sondern auch die Fähigkeit, diese einzusetzen. Dazu ist eine jahrzehntelange Schulung nötig.

Der Pilger unseres Bundes hat die Möglichkeit, auf der Stufe des Priesters und dann auf der Stufe des Meisters vorwärts zu schreiten, bis er als vollkommener Adept magische Fähigkeiten erlangt. Vorerst aber begnügt er sich damit, das, was er wünscht, statt durch magische Kraft mit Hilfe der Engel zu erreichen. Er wird sich auch nicht vor „schwarzmagischen“ Angriffen fürchten, weil er selbst weiß, wie schwierig es ist, diese Kräfte in Bewegung zu setzen. Er fürchtet sich höchstens davor, selbst Gefäß für Böses zu werden, und wird stets bestrebt sein, nur die guten Kräfte durch sich wirken zu lassen.

Daher ist es besonders wichtig, bei allem Wünschen und Wollen, das dich drängt, genau in dich zu horchen, woher der Impuls zum Handeln stammt und wohin die Folgen für andere, würdest du handeln, führen können. Denn schon dein Denken und Wünschen hat magische Kraft, und als Urheber deiner Gedanken wirst du einmal dafür zur Verantwortung gezogen werden, wenn durch dein Wunschdenken anderen Menschen später Schaden zugefügt wurde.

Gerade für die ersten Schritte auf dem Weg des Pilgers ist die Versuchung groß, sich den Weg abzukürzen oder zu erleichtern. Mit vielen Masken werden die negativen Mächte dieser Welt an dich herantreten, um dich zu verführen.

Nachdem du durch die Hilfe der Engel glauben gelernt hast, dich überzeugen hast können, dass es auch andere Wesen und eine andere Welt gibt als jene, in der du mit deinem Fleischkörper wandelst, wirst du das Neue gleich erproben wollen. Bücher mit Anleitungen zu gewissen magischen Praktiken gibt es zur Genüge am Markt. Durch den Bund gestärkt in deinem Glauben kannst du vielleicht verblüffende Anfangserfolge verbuchen – und das ist der erste Schritt, der dich vom Weg abbringt und dich in den Abgrund stürzen lässt, wenn du ihn weiter gehst.

Es wird gar bald zu Rückschlägen kommen. Deine Lebenssituation, die du dir durch Magie erleichtern wolltest, wird sich im Gegenteil noch unerträglicher für dich gestalten. Um dich daraus zu befreien, läufst du Gefahr, dich an die bösen Wesen dieser Welt um Beistand zu wenden. Das Böse und seine Dämonen warten nur darauf, dich auf ihre Seite zu ziehen, und nur schwer wirst du dich aus ihrem Griff befreien können.

Die Verbindung mit den unsichtbaren Gegnern unserer lichten Engel geschieht langsam und zumeist für dich unbemerkt. In kleinen Schritten näherst du dich dem Abgrund. Verlockungen wecken deine Wünsche und schüren deine Begierden. Mit raffinierten Argumenten, von ihnen eingegeben, schaltest du die innere Stimme deines Gewissens aus. Selbst im besten Glauben kann es geschehen, dass du, vom Bösen beeinflusst, dir das Falsche erstreben willst.

Magie bietet die Möglichkeit, eine Anleihe bei seinem Schicksal aufzunehmen. Dieser Vorgriff auf die Zukunft kann Folgen bis ins nächste Leben haben. Daher überlässt der Pilger des Bundes auf seiner jetzigen Entwicklungsstufe vorerst der weisen Voraussicht der Engel, ob und wie die Hilfe eintreten soll. Sie erkennen, ob du in der Lage sein wirst, deine Schuld zu begleichen, oder ob dich das Erstrebte nur noch mehr belasten würde. Nur der wahre Adept ist imstande, als Diener der Wahrheit, Gerechtigkeit und Liebe die Gesetze der Magie anzuwenden. Ohne die nötige Weisheit und Stärke läuft jeder Gefahr, das Gesetz des Ausgleichs zu verletzen und die Harmonie der Schöpfung zu stören. Die Schulung dazu erfordert Jahre, und wenn keine Vorarbeit im letzten Leben dazu geleistet wurde, Jahrzehnte.

Wer aber als Pilger des Bundes alle Regeln befolgt, weiß sich in Gesellschaft Gleichgesinnter und wird den Weg zu seiner Reife durch die Hilfe der Engel rasch und sicher finden. Wer sich besonders zur Magie hingezogen fühlt, wird unter den Engeln einige finden, deren Aufgabe es ist, Suchende in das Wirken der Kräfte und Mächte des Universums einzuweihen und sie zu stärken, diese richtig zu handhaben. Aber erst auf der Stufe des Meisters können Experimente gefahrlos unternommen werden. Daher ist dringend von allen verfrühten Praktiken und Versuchen abzuraten, und sei es bloß aus Neugierde. Magische Übungen sind keine Spielerei!

Der Pilger des Bundes hält sich an die Anleitungen, die er in dem Buch des Adepten Franz Bardon „Der Weg zum wahren Adepten“ findet. Auf der Stufe des Pilgers kann er die Gesetze der Magie des positiven Denkens anwenden und über sein Unterbewusstsein versuchen, seine Wünsche zu realisieren. Er wird nicht über die Stufe 1 und 2 dieses Lehrbuchs hinausgehen, bevor er sich reif genug fühlt, um als Priester des Bundes den Weg weiter zu wandeln. Die Fähigkeit, magisch zu wirken, gewinnt der Pilger automatisch, wenn er dem vorgezeigten Weg des Bundes mit den Unsichtbaren folgt. Seine magische Macht ist eine Begleiterscheinung auf dem Weg zu seiner Vollkommenheit. Er lernt nach und nach die drei Ebenen des Universums – die physische, die seelische und die geistige – zu beherrschen. Dazu muss er zuvor sich selbst, seine eigenen Welten: Geist, Seele, physischer Leib beherrschen lernen, dann kann er von einer Ebene auf die andere einwirken.

Jede erzielte Wirkung mit nichtmechanischen, nichtkörperlichen, nichtchemischen, nicht physikalischen Mitteln auf somatischem, psychischem oder geistigem Feld ist eigentlich im klassischen Sinn magisch, das heißt, gemacht mit geistigen Kräften. Und daher gibt es Magie wirklich. Denn man kann bis zu einem gewissen Grad durch bestimmte okkulte Techniken, wie die Anwendung von Symbolen, Ritualen, Zeremonien, Gebeten, geistigen Übungen und Meditationspraktiken, unter anderem auf sich selbst, Körper, Seele, Geist und gegebenenfalls auf seine Umwelt Einfluss nehmen.

Der Engel ORIENELL – sein Siegel ist in grüner Farbe zu zeichnen – hat mir verschiedene hochwirksame magische Gesten und Formeln anvertraut, mit denen man die eigene magische Entwicklung beschleunigt und vorhandene Fähigkeiten steigern kann. Einige davon habe ich, damit sie allen Pilgern zugute kommen, in meinem Buch „Die vier Elemente – der geheime Schlüssel zur geistigen Macht“ veröffentlicht. Im Laufe seiner Entwicklung wird aber jeder Pilger zu der Überzeugung gelangen, dass er alle Erkenntnisse und Fähigkeiten nur mit Hilfe von fortgeschrittenen geistigen Wesenheiten erlangen kann und dass er auch für so genanntes magisches Wirken auf die Arbeit der unsichtbaren Wesen und Engel angewiesen ist, da er selbst durch sein Denken und Wollen nur die Impulse dazu gibt, solange er nicht als vollkommener Adept quabbalistisch schaffen kann.

Daher sind die Pilger des Bundes die geistigen Pioniere der übrigen Menschheit. Durch die bewusste Zusammenarbeit mit den positiven, aufbauenden Engelwesen können sie viel rascher in ihrer geistigen Entwicklung fortschreiten und werden daher dereinst zu den Lenkern der nachfolgenden Menschen berufen sein. Ein Pilger hat es gar nicht nötig, mit irgendwelchen zweifelhaften Praktiken seinen Weg abzukürzen oder zu erleichtern, denn er wird sicher zu seiner Vervollkommnung geleitet und seine Fähigkeiten werden sich so entwickeln, wie es seiner Reife entspricht und für sein Wirken auf der materiellen Ebene nötig ist.

Jede bewusste Selbstschulung ist daher in gewissem Sinn als magische Schulung anzusehen. Auch du bist, wenn du mir bisher gefolgt bist, längst auf diesem Pilgerpfad. Du hast dich auf den Weg gemacht, um dein Erdenglück zu finden, und es wird dir gelingen, in einigen Wochen oder Monaten mit Hilfe der Engel dein Leben neu zu ordnen. Darin erkennst du die Macht des Geistes. Vielleicht genügt es dir, dass du deine Sorgen gemeistert hast, und du willst rasten. Aber dein Weg ist nicht zu Ende. Bald zeichnen sich für dich neue Ziele in der Ferne ab und du wirst geistig weiter kommen wollen. Denn vieles wird sich ändern für dich, sobald du diesen Weg ein Stück gewandert bist.

Du betrachtest das Leben als Schule und hast bereits erkannt, dass dein Lebensweg nichts anderes als der äußere Spiegel deines geistigen wahren SELBST ist. So gehst du jetzt als Pilger bewusst und weißt um die Verantwortung, die du als Selbstgestalter deines Schicksals trägst. Schicksalsschläge wirst du gelassener hinnehmen. Du verstehst sie als Folge deiner Fehler und lernst daraus. Dein Glück schaffst du dir, indem du zuerst andere glücklich machst und geduldig den Rückfluss deines Einsatzes erwartest. Du weißt, dass dieser kommen muss.

Es wird vielleicht trotzdem eine Zeit dauern, bis du auch die letzten Probleme ganz in den Griff bekommst. Aber mit Hilfe der Engel wird es dir bald leichter fallen, deine Möglichkeiten zu erkennen und voll zu nützen. Du kennst deine Schwächen und nützt deine Stärken. So entwickelst du bewusst deine Fähigkeiten – seien diese noch so bescheiden oder unbedeutend. Sobald du bereit bist, diese zum Wohle der Menschheit einzusetzen und nicht nur zum eigenen Vorteil, ragst du aus der Menge und bist Vorbild, bist reif für den Höhenweg der Meisterschaft.

DAS BUCH DER MEISTER* wird dir Wegweiser sein. Du findest darin Anleitungen zur Selbstschulung für die Entwicklung deiner magischen und mystischen Persönlichkeit. Wirkungsvolle Rituale werden deine Reife beschleunigen helfen. Entsprechend deinem Verantwortungsbewusstsein wird dir von den Engeln mehr Macht und Erfolg zugebilligt. Statt dich, wie bisher, passiv auf sie einzustimmen, lernst du jetzt, ihnen aktiv entgegenzugehen. Du erhältst die Schulung zum Meister der vier Elemente. Uraltes und bisher streng geheimes Tempelwissen wird dir eröffnet. Fähige Meister werden dann zu einer mächtigen Einheit verschmelzen und sind dadurch in der Lage, willentlich bewusst eine Brücke zwischen den Welten zu schaffen. Sie sind die Wanderer beider Welten, und du wirst einer von ihnen sein.

* „Die vier Elemente – der geheime Schlüssel zur geistigen Macht“, Ibera Verlag

Für diesen letzten Wegabschnitt ist eine gewisse geistige Reife nötig und innere Stärke wird verlangt, um die Erkenntnisse in die Praxis umzusetzen. Aber auch dafür darf man die Hilfe der zuständigen Engel in Anspruch nehmen.

Die Engel ABUSIS, Siegelfarbe Violett, MAFALACH, Siegelfarbe Braun, FORFASON und HOROMAR, beide Siegel silberweiß, werden jedem den Weg weisen und sein geistiges Wachstum beschleunigen, indem sie ihn unterstützen und unterweisen. Sie sind die wahren Gurus aller Suchenden und stehen jedem bei, der sich an sie wendet.

Siegfried G., ein Pilger auf dem Weg, berichtete mir folgendes. „In den wenigen Wochen, seit ich das Pilger-Amulett mit den Siegeln der Meister-Genien trage, konnte ich mehr Erfahrungen sammeln als in all den Jahren meines Suchens zuvor. Ich treibe plötzlich die seltensten Bücher auf und gelange zu Erkenntnissen, von denen ich früher nicht einmal zu träumen gewagt hätte. Ich habe wirklich das Gefühl, als würde ein geistiger Führer meine Schritte lenken, ich bin plötzlich nicht mehr allein auf meinem Weg zum Licht.“

SCHWARZE MAGIE

Immer wieder bitten mich Ratsuchende um Hilfe, weil sie sich magisch verfolgt fühlen. Unerklärliche Häufung von Misserfolgen und plötzlich auftretende Schicksalsschläge lassen oft zu dieser unsinnigen Erklärung für zumeist ganz logische Folgen von falschen Handlungen greifen.

Der Gedanke, von einem Menschen magisch verfolgt zu werden, wird sich kaum in jemandem festsetzen, der sich weder mit Magie beschäftigt, noch an sie glaubt, am allerwenigsten in jemandem, der vom Vorhandensein geheimer Kräfte keine Ahnung hat. Aber offenbar beschäftigen sich heute viele Menschen mit magischen Übungen, Praktiken und Versuchen oder lesen zumindest darüber, wie man sich Macht, Liebe, Geld und Glück erzaubern kann.

Die Zeitungen sind voll von Annoncen von Pseudo-Magiern, die sich feilbieten und alles versprechen, wenn nur genügend dafür bezahlt wird. Es ist unglaublich, mit welch billigen Tricks diese Schwindler immer wieder Gutgläubige in ihren Bann ziehen, wie sie es verstehen, magische Fähigkeiten vorzutäuschen, und wie es ihnen gelingt, mit einfachsten Versprechungen den Leuten das Geld aus der Tasche zu ziehen.

Blinder Wunderglaube als längst fällige Antwort auf den Rationalismus eines materialistischen Weltbildes führt heute zu einer pseudo-okkultistischen Welle, welche Tausende Suchende in die Hände dieser Okkulttäter und Betrüger treibt, oder, was noch schlimmer ist, sie deren Angriffe und Beeinflussungen fürchten lässt. Dabei sind die Schwindler und ihre einfältigen Bewunderer in Wirklichkeit mit dem, was tatsächlich als schwarze Magie bezeichnet werden könnte, noch nie in Kontakt gekommen. Mit „schwarz" meine ich dabei böse, heimtückische und für andere Menschen schädliche Handlungen und Ereignisse, hervorgerufen durch magische Praktiken.

Magie ist wertfrei. Es gibt keine weiße oder schwarze Magie. Es gibt nur gute oder böse Auswirkungen von magischen Handlungen, dazu ist aber nur eine magische Persönlichkeit imstande. Wer nach jahrzehntelangem Üben seine Willens- und Vorstellungskraft so geschult hat, dass er durch seinen Glauben magisch zu wirken imstande ist, der verkauft seine Dienste nicht für Geld. Um sich das zu beschaffen, hat er viel einfachere Möglichkeiten, ohne dass er dabei sein Gewissen belasten müsste.

Daher wird kein Pilger einem „Magier" sein Vertrauen schenken, dessen Dienste in Anspruch nehmen oder sich gar vor so genannten schwarzmagischen Angriffen fürchten.

Für unerklärliche Geschehnisse, die fälschlich einer Verhexung oder ähnlichem zugeschrieben werden, ist in Wirklichkeit zumeist jeder selbst verantwortlich. Denn zorn-, hass- und übelgeladene Gedanken als Verwünschungen deiner Feinde erhalten erst durch deinen Glauben und durch deine Angst die Kraft, mit der sie dir dann ernstlich schaden könnten. Wer selbst keinem Böses wünscht und ein gutes Gewissen hat, braucht sich nicht zu fürchten, weder vor Dämonen noch vor Schwarzmagiern oder gehässigen Kollegen, Verwandten oder Nachbarn. Ein gutes Herz und eine edle Gesinnung sind der beste Schutz gegen alles Übel, das den Reinen flieht. Das Böse hat keine Macht über dich, solange du selbst gut und ohne Hass bleibst.

Es ist aber schwer, aus einem Gedankenkreis der Furcht auszubrechen. Wer einmal daran glaubt, magisch verfolgt, verhext zu sein, unter irgendwelchen Strahlen oder einer Fremdbeeinflussung zu stehen, der ist nicht leicht davon zu überzeugen, dass es an ihm selbst liegt, den Bann zu brechen. Für den Pilger unseres Bundes gibt es aber auch da eine wirksame Hilfe. Er kann sich an den Engel JENURI wenden. JENURI hat mir zugesichert:

- „Wer an mich glaubt und wer mein Zeichen bei sich trägt, den schütze ich vor jedem Angriff aus der Schattenwelt der Menschen, Geister und Dämonen."

Durch viele Amulette, die ich für Hilfesuchende mit seinem Siegel machte, konnte ich den Kontakt zu ihm herstellen, und immer hat er geholfen. Er hat in allen Fällen, sei es vor eingebildeten oder tatsächlichen Angriffen, wirksamen Schutz geboten und den Menschen wieder zu einem ruhigen, friedlichen Leben verholfen. Sein Siegel ist in violetter Farbe zu zeichnen. Zum Unterschied zu den anderen Siegeln aber ist das Siegel des JENURI stets bei sich zu tragen, solange man den Kontakt mit ihm aufrechterhalten möchte. Dabei ist es besser, wenn dieses Siegel in Metall graviert als auf Papier gezeichnet wird.

Für Frau Britt S., einer 36-jährigen Bibliothekarin aus Lund in Schweden, machte ich sein Siegel. Sie war überzeugt davon, dass sie magisch verfolgt wurde. Es begann, nachdem sie mit einem italienischen Gastarbeiter ein Verhältnis begonnen hatte. Als sie schwanger wurde, zog er zu ihr in die Wohnung, ließ sich aber nie auf Heiratspläne ein. Sie entdeckte bald, warum. Er war nämlich schon verheiratet, und eines Tages stand seine ganze Familie vor der Tür. Es gab einen Riesenskandal. Obwohl er bei ihr blieb und seine Familie wieder nach Neapel zurückkehren musste, begann für sie jetzt eine Periode der Schicksalsschläge, für die sie nur eine Erklärung gelten ließ: Verhexung. Es begann damit, dass sie im Bad ausglitt und daraufhin eine Fehlgeburt hatte. Dann verlor sie aufgrund von Rationalisierungsmaßnahmen und der Einführung eines Computers ihre Arbeit. Sie litt bald unter Depressionen und musste nach einem Selbstmordversuch in eine Klinik, worauf ihr Freund sie verließ. Das war der Zeitpunkt, zu dem sie sich an mich wandte. Ich machte ihr das Siegel des JENURI und gab ihr eine neue Stahlschere mit der Erklärung, die ich einst von diesem Engel erhielt:

- „Durch unsichtbare Bänder sind alle Menschenseelen verbunden, sobald sie einmal miteinander in Kontakt gewesen sind. Diese Bänder gleichen lebenden Nervensträngen, die wachsen, sich erneuern oder absterben und reißen können. Jeder Gedanke, jedes Gefühl lässt sich entlang der Bänderbahnen zu dir lenken, sobald das Ende eines Bandes, das an deine Seele knüpft, erfasst wird.
  Aber umgekehrt kannst du ein Band durchtrennen, wenn du es mit geistiger Überzeugung gedacht durchschneidest."

Ich riet ihr nun, sich dieses Wissen zunutze zu machen, da alles Übel nur über das Band des Freundes als Kanal für die Hassströme der Familie in sie einströmen konnte. Sie befolgte die Anleitung des Engels JENURI. Mit der Schere in der rechten Hand zeichnete sie täglich dreimal rasch hintereinander das Siegel des Schutzengels in die Luft und schnitt darauf im Geist das Band, das sie mit ihrem Exfreund verband, mit der Schere durch. Die feste Überzeugung und Vorstellung, dass auch wirklich der Schnitt die Verbindung trennt, begleitet dieses Ritual. Die Schere bleibt dann als Abwehrzauber über der Eingangstür hängen.

Ich habe damals nicht nachgeprüft, ob sie wirklich magisch beeinflusst und mit einem Fluch belastet war. Der unbändige Hass und die Eifersucht der verlassenen Ehefrau zusammen mit dem schlechten Gewissen der Klientin waren sicher schon genug, um in einem sensiblen Menschen böse Folgen auszulösen. Jedenfalls war sie bald erleichtert und fühlte sich von dem Druck, der auf ihr lastete, befreit. Die Depressionen schwanden. Sie fand wieder eine Stelle in einer Buchhandlung und der Spuk war nach dem Eingreifen von JENURI innerhalb weniger Wochen gebannt.

Ich habe diesen Fall ausführlicher beschrieben, weil immer wieder ähnliche Erlebnisse an mich herangetragen werden. JENURI konnte fast immer helfen, und es lohnt sich, auch im Zweifelsfall und zur Sicherheit sein Siegel über das Bett zu hängen.

Wirksamen Schutz bieten aber auch die religiösen Kultstätten; besonders die unsichtbaren Lichtkuppeln über katholischen Kirchen werden jedes Böse gegen dich abwehren, wenn du reinen Herzens darin betest und um Schutz und Stärke bittest. Wichtig dabei ist, dass du dich frei von Schuldgefühlen machst. Durch Opfer kannst du Ausgleich schaffen. Wo das nicht möglich ist, genügt es vorerst, in dir den ehrlichen Wunsch zu tragen, ein Leid, das du verursacht hast, durch Schaffen von Freude wieder auszugleichen. Wann und wem du diese Freude schenken wirst, ist dabei Nebensache. Dein fester Vorsatz, dazu bereit zu sein, wenn sich die Möglichkeit bietet, genügt vollauf und wird dich in die Lage versetzen, dereinst dein Versprechen einzulösen. Von deiner Schuld bist du dadurch sofort befreit. Denn geistig steht der Wille für das Werk, und was du dir heute vornimmst zu tun, sobald du die Möglichkeit hast, ist für die geistigen Wesen auf der unsichtbaren Ebene schon Realität.

KARMA UND SCHICKSAL

Unter Karma versteht man das Gesetz von Ursache und Wirkung. Was du säst, das wirst du ernten! Auf deiner Reise zur Vollkommenheit durchwanderst du die Zeit in unzähligen Leben im Kleide verschiedener Persönlichkeiten. Dabei hast du dereinst aus freiem Willen dieses Schicksal angenommen, um dich zu bewähren, zu lernen und um fähig zu sein, größere Aufgaben zu übernehmen. Das Leben ist eine Schule und kein Rummelplatz!

Der Sinn des Daseins liegt darin, sich geistig und seelisch zu vervollkommnen. Dazu benötigt man den Widerstand, wie er hier auf der Erdenwelt der Materie von Raum und Zeit durch die herrschenden Gesetze gegeben ist. So wie der Sportler an Geräten seine Muskelkraft trainiert, kann die Überwindung von Selbstsucht, Neid und Egoismus die Seelenmuskeln kräftigen. Es ist leicht, in der Theorie von Mut und Selbstlosigkeit zu reden. Aber erst die harte Realität der materiellen Welt bietet den Menschenseelen die Möglichkeit, sich zu prüfen und zu lernen, sich zu überwinden. Die Stärken und die Schwächen werden in der Praxis bewusst gemacht und können dann gezielt weiterentwickelt werden.

Dabei gibt es für jedes Leben Schwerpunkte, denn bestimmte Stärken und Fähigkeiten auf der einen Seite machen es andererseits besonders schwer, entgegengesetzte Eigenschaften zu entwickeln. So zum Beispiel schwächen Mut und Draufgängertum naturgemäß die Feinfühligkeit, und starke Phantasie wird eher das logische Denken verdrängen. Umgekehrt hat es der analytische Geist schwerer, sich den Inspirationen eines Künstlers zu öffnen; das heißt, die Entwicklung jeder Eigenschaft geht auf Kosten einer anderen, je nach Schwerpunkt. Das ist der Grund, warum die Menschen mit verschiedenen geistigen und seelischen Anlagen ihr Leben antreten müssen, und da sich in einem einzigen Leben nicht alle Fähigkeiten zugleich entwickeln können, haben die Menschen die Möglichkeit, in einem anderen Leben, mit einem anderen Seelenkleid an der bewussten Entwicklung des Geistes weiterzuarbeiten. Wer nicht an sich selbst arbeitet, an dem wird das Schicksal arbeiten, wobei niemand weiß, was er selbst entscheiden kann und was entschieden ist, noch ehe er geboren wurde. Bekannt ist nur der Charakter als Grundlage für die Zukunft.

- „Dein Charakter ist dein Pass, den du aus früheren Leben mitgebracht in dieses neue Land. Nichts ward dir von ungefähr, alles ist Frucht einstiger Mühen, vergangener Erfahrungen. Deine Anlagen, Neigungen, Wünsche, sie alle sind Folgen einstigen Denkens, Wollens und Tuns. Was du heute bist, warst du einst in Gedanken, gleichwie dein Denken und Wirken von heute deine Zukunft bestimmt. Dein Wissen und Können, die Kräfte, die unerkannt noch in dir schlummern, sie alle sind Erbgut aus früherem Dasein. Auch dein Gewissen ist nur die Stimme der Vergangenheit, die sich leise oder laut bei jeder neuen Tat in dir erhebt."

Wer sich hilfsbereit, freundlich, bescheiden, zurückhaltend und dankbar gegenüber seinen Mitmenschen verhält, wird in Frieden und Harmonie leben und Freunde haben, die ihm ebenso gegenübertreten. Wer nörgelt, sich rücksichtslos, rechthaberisch und undankbar zeigt, wird bald vereinsamt sein und gemieden werden. Das ist die unterste Stufe von Karma, die sich unmittelbar auswirkt und überprüfbar ist, weil der Zeitraum überblickbar ist. Doch das Gesetz gilt auch für größere Zeiträume und weniger offensichtliche Ursachen.

Wer sich die Mühe macht, Situationen, die als schicksalhaft zwingend empfunden werden, genau zu untersuchen, wird herausfinden, dass auch diese durch viele Kleinigkeiten entstanden sind, über die er seinerzeit selbst bestimmen konnte. Man mache nur dieses Experiment und gehe in Gedanken alle Ereignisse und selbst getroffene Entscheidungen durch, welche zur misslichen Situation, in der man steckt, zum Beispiel einer schlechten Ehe oder dem heutigen Beruf, führten. Überdenke jedes Detail und die geringste Kleinigkeit aus der Vergangenheit, welche dich in diese heutige Lage brachten, und du wirst feststellen können, dass zwar geistige Impulse dich oft zum Handeln drängten, aber zuletzt doch immer deine Entscheidung schuld an allen Folgen war. Daher ist es falsch, wie es viele östliche Lehren darstellen, im Karma die Strafe einer übergeordneten Macht zu sehen, sondern es handelt sich stets um gesetzmäßige Folgen vergangenen Handelns.

Nicht jeder Schicksalsschlag ist karmisch bedingt. Aber jeder ist eine Chance zur Bewährung und zur Arbeit an sich selbst. Karma ist das Gesetz von Ursache und Wirkung. Wenn jemand, der viel raucht, an Lungenkrebs erkrankt, ist das keine Strafe für seine Schwäche, sondern natürliche Folge des Giftes. Somit ist es auch unsinnig, darüber nachzugrübeln, was in einem letzten Leben falsch gemacht wurde und warum all dieses Leid erduldet werden muss, in der Meinung, es sei eine Strafe für irgend ein Vergehen aus einem letzten Leben.

Ganz gefährlich ist es, sich durch Hypnoseexperimente in ein vorhergehendes Leben zurückversetzen zu lassen und nachzuforschen, wer man gewesen ist. Erstens einmal stimmt das, was dabei herauskommt, in der Regel nicht und ist der Gedankenvorstellung deines Unterbewusstseins oder der unbewussten Suggestion des Hypnotiseurs zuzuschreiben. Außerdem würdest du dich, wenn du wirklich dein letztes Leben zur Gänze erkenntest, wieder für jede Handlung neu verantwortlich fühlen und dein Gewissen belasten.

Es genügt vollauf, wenn du um deine Selbstverantwortung für dein Schicksal und für deine Zukunft weißt und heute ganz bewusst an dieser Zukunft baust, indem du gutes Karma schaffst. Zwar kann kein Mensch über seinen Schatten springen – seinen Anlagen entsprechend werden eben einzelne Fehler öfter begangen und ziehen dann entsprechende Erlebnisse nach sich, – aber doch ist jeder jederzeit frei in der eigenen Entscheidung, hat heute die Freiheit, zu wählen zwischen ja und nein, zwischen Gut und Böse. Jeder kann ja sagen zum Verzicht und nein sagen zur egoistischen Regung, die ihn gegen sein Gewissen zu einer Handlung drängt.

- Frage dich, wo du in diesem Leben gefehlt und Schuld auf dich geladen hast!

- Begleiche diese Schuld, indem du Ausgleich schaffst jetzt, wo du es kannst, und lass du selbst die Schulden nach denen, die dir etwas schuldig sind! Verstehe sie, verzeihe und vergiss, was sie dir angetan haben.
- Vermeide ab heute ganz bewusst, dich in neue Schuld zu verstricken!

Was macht dich schuldig, wie schaffst du dir negatives Karma?

- Durch Unterlassen dessen, was geschehen muss!
- Durch Geschehenlassen dessen, was nicht geschehen darf!
- Durch das Tun dessen, was nicht getan werden darf!
- Wo du bewusst anderen Leid und Schaden zufügst, wirst du Ausgleich schaffen müssen! Und wo du es unterlässt, anderen Freude zu bereiten, obwohl damit kein großer Aufwand für dich verbunden wäre, wirst du selbst dereinst auf manche Freude verzichten müssen!
- Wo du aus Schwäche gegen dein Gewissen handelst, werden die Folgen dieser Taten als Karma Lehre (nicht Strafe) für dich sein.

Wer das weiß, wird sich bemühen, für die Zukunft nur Gutes auszusäen und durch entsprechendes Handeln auf sein Glückskonto einzuzahlen. Er wird in schwierigen Lebenssituationen keine Bitterkeit aufkommen lassen und geduldig seine Schuld begleichen, indem er nichts für sich fordert, wofür er keine entsprechende Gegenleistung bringen kann. Dadurch wird er zum Herrn seines Schicksals. Er schafft gutes Karma für morgen und für sein nächstes Leben. Je bewusster das geschieht, umso rascher schafft er sich die Voraussetzungen für ein wertvolles, zufriedenes, glückliches Leben. Er sieht sich nicht einer höheren Macht hilflos ausgeliefert, sondern wird das Gesetz von Ursache und Wirkung bewusst auf die Zukunft hin anwenden und danach trachten, durch entsprechende Handlungen die Ursache für spätere positive Auswirkungen zu schaffen. Er sieht in den schwierigen Lebensperioden nicht Strafe für einstmals begangene Untaten, sondern eine gute Möglichkeit, dadurch diese Zusammenhänge zu erkennen, um daraus zu lernen, und er wird dankbar jede Lebenssituation begrüßen, wo er durch selbstlosen Verzicht und Arbeit für den Nächsten die Chance hat, sein Karma zu verbessern.

Der Lohn der guten Tat muss nicht mit gleicher Münze vom Schicksal zurückbezahlt werden. Der Verzicht auf eine Luxusreise zugunsten einer Spende für Hungernde kann geistige Impulse auslösen, welche dich gesund machen, falls du krank bist, oder Liebe bringen, falls du einsam bist. Jahrelange aufopfernde Pflege für einen nahestehenden Menschen kann erste Grundlagen schaffen, welche dir im nächsten Leben Erfolge als Arzt bringen. Auch wenn dir für deine Mühen die Anerkennung noch versagt bleibt und andere zur Zeit durch deine Arbeit ernten – es wird alles aufgezeichnet und dir gutgeschrieben. Im nächsten Leben fällt dir dann der Erfolg ganz von selbst zu, weil du dir aufgrund deiner heutigen Anstrengungen jene Eigenschaften erarbeitet hast, die du dann im nächsten Erdenkörper voll ausgebildet vorfindest. Jeder erfolgreiche Sportler, Künstler, Wissenschaftler arbeitet mehr als ein Leben lang an seinen überdurchschnittlichen Fähigkeiten.

Es geht aber nicht darum, Schulwissen zu erlernen, obwohl auch reines Wissen nötig ist, um diese Welt zu meistern. Als ein alter Freund bei mir zu Besuch war und meinte: „18 Jahre alt möchte ich wieder sein, aber mit meinem heutigen Wissen“, fragte ihn mein Sohn. „Was wissen Sie alles? Ich bin gerade achtzehn.“ Da wurde meinem Freund der Unterschied zwischen Wissen und Weisheit bewusst. Man sammelt in jedem Leben Erfahrungen, die nicht übertragbar sind wie Wissen und die doch einen wesentlichen Bestandteil der Persönlichkeit ausmachen.

- „So wie die Reife des Alters den Menschen mit bleibenden Werten veredelt, reift die Seele im Laufe vieler Leben zu immer höherer Persönlichkeit, die man dann auch als solche fühlt, merkt und anerkennt.
- Lernen aber musst du selbst. So wie Kinder ihre Schullektion selbst lernen müssen, ist es mit den Erfahrungen, welche dir die Lebensschule auferlegt. Es kann dir nichts geschenkt werden, aber erleichtert wird vieles, wenn du dich an die zuständigen Engel um Nachhilfe und Anleitung wendest. Die guten Wesen stehen dir gerne bei und werden dir dein Karma erleichtern, aber negative Wesen können dich zurückziehen und belasten, wenn du sie unbewusst durch dein Verhalten oder Denken in deine Nähe rufst.

- Letzten Endes bist du es selbst, der für alles Geschehen verantwortlich ist, weil du es zulässt oder selbst durch falsches Denken, Fühlen (Befürchten) oder Handeln in die Wege geleitet hast.
- Es ist jedoch unsinnig, nachzuforschen, in welchem früheren Leben und auf welche Art du damals dieses heutige Leben gewoben hast. Denk lieber in die Zukunft! Schaff dir Verdienste. Jeder freiwillige, über das Verpflichtende hinausgehende Verzicht zählt doppelt bei der Schaffung von positivem Karma.
- Es wird einmal ein Kind geboren, das du selbst sein wirst. Dein wahres geistiges Ich, das du auch heute als ‚ich bin' empfindest, wird in einem neuen Seelenkleid und einem anderen Erdenleib sein Leben antreten. Dieses Kind befindet sich schon heute in dir als Keim deines Geistes.
- Väterliche Zeugungskraft deiner Gedanken befruchtet die mütterlichen Strebungen deiner Wünsche und Gefühle. Du bist Vater und Mutter zugleich für das Kind, das du in deinem nächsten Leben als dein Ich empfinden wirst, so wie du heute die Summe deiner einstigen Vorstellungen und Wünsche bist.
- Was du heute kannst, hast und weißt, also bist, ist die Folge deiner vergangenen Leben. Was du im nächsten Leben sein wirst, bereitest du heute vor. Halte dir das stets vor Augen und blicke voraus, nicht zurück!"

Alle diese Belehrungen stammen vom Engel GOLOPA. Sein Siegel ist goldgelb zu zeichnen. Weitere geheime Zusammenhänge über Karma, die mir dieser Engel anvertraute, der ein hervorragender Meister des Akasha-Prinzips ist, veröffentliche ich im Buch „Das Geheimnis der hermetischen Vier". Es würde den Rahmen dieses Buches sprengen und hat für den Pilger noch keine Bedeutung. Nur eine ganz wichtige und trostreiche Belehrung des Engels möchte ich noch hinzufügen:

„Nicht jeder Schicksalsschlag ist karmisch bedingt. Du kannst dich aber an jedem Leid geistig messen, dich bewähren und daran wachsen. Neben dieser Lernmöglichkeit werden vom aufzeichnenden Engel das kleinste Unrecht, das du erduldest, jeder Verlust und jedes Leid, das nicht karmisch vorgesehen war, als Glücks- und Erfolgsguthaben für deine Zukunft gutgeschrieben."

ASTROLOGIE UND LEBENSVORSCHAU

„Je nach dem Seelenkleide, das du trägst, bist du zu anderen Zeiten anderen Strömen ausgesetzt. Nicht blinde Sternenkräfte zwingen dich in ihren Bann, sondern lenkende Mächte bedienen sich dieser Gezeiten, um dir das Schicksal zu bereiten, das hohe Weisheit für dich vorgesehen hat. Und trotzdem bist du freier, als du denkst, weil du durch Selbstbeherrschung vieles lenkst, was anders gegen dich sich wendet. In diesem Freiraum, den du durch dein Wollen schaffst, kannst du dir selbst, und können auch wir Engel für dich helfend wirken."

Diese Belehrung stammt vom Engel BALACHMAN, von dem ich noch viel Wissenswertes über Astrologie erfahren habe. Sein Siegel ist in roter Farbe zu zeichnen. Wer sich mit Astrologie beschäftigt, sollte sich das Siegel dieses Engels zeichnen. Sämtliche Astrologen erhalten von ihm durch Eingebung die rechte Erkenntnis für die Ausdeutung der kosmischen Gegebenheiten.

Ein guter Astrologe stellt dich nicht vor ein unentrinnbares Schicksal wie ein Wahrsager. Astrologische Prognosen werden nicht erstellt, um einzutreffen, sondern sollen als Information für die Zukunft auf eine Entwicklung hinweisen. Sie werden, genau wie Wirtschaftsprognosen, erst sinnvoll, wenn dadurch ein Eingreifen, eine positive Veränderung bewirkt wird. Eine astrologische Prognose ist wie ein Straßenzustandsbericht des zu befahrenden Lebenswegs. Wie du vorwärts kommst, bestimmst du selbst. Aber du kommst besser voran, wenn du dich den Gegebenheiten anpasst.

Auch die helfenden Engel haben, wenn du unter schlechten Konstellationen stehst, mehr Widerstand zu überwinden, wenn sie dir helfen wollen. Jedoch können sie vieles abwenden, umleiten oder mildern. Zumindest dürfen sie dich stärken und so inspirieren, dass du nicht durch Fehlverhalten neues Übel aus dem Unheil zeugst. Denn die negativen Mächte, denen in solchen Zeiten mehr Macht über dich eingeräumt ist, könnten dir über das vom Schicksal für dich Vorgesehene hinaus Schaden zufügen, wenn du nicht wachsam bist.

Daher ist es wichtig, dass du deine astrologischen Tendenzen kennst und diese Gezeiten deiner Seele bei deinem Planen berücksichtigst. Du wirst dann gut vorbereitet in Zeiten des optimalen

Funktionierens deiner Fähigkeiten durch gezielten Einsatz deiner Kräfte besonders erfolgreich sein. Und du wirst in kritischen Perioden durch Vorsicht und Zurückhaltung Verluste und Fehlentscheidungen weitgehend vermeiden können.

Dabei gibt es aufgrund der astrologisch bedingten Psychorhythmik für jeden Lebensbereich gute und schlechte Zeiten. Astrologische Prognosen zeigen auf, wann man mit welchen Bedingungen, zum Beispiel in Liebe, Ehe, Beruf oder Gesundheit, rechnen kann. Da sich auch die Engel dieser Gezeiten bedienen und sich bis zu einem gewissen Grad nach diesen für dich vorherrschenden Strömen richten müssen, ist es von Vorteil, wenn auch du dich den Gezeiten anpasst und weißt, wann du dich wie verhalten sollst. Wann du in der Lage bist, richtig zu handeln, und wann du eher vorsichtig abwarten sollst, ehe du eine Entscheidung triffst. Du erkennst daraus auch, wann ein Engel dir am besten helfen kann, bzw. wann du damit rechnen kannst, dass seine Hilfe sich realisieren wird. Fehlverhalten und Ungeduld, welche die Arbeit der Engel arg behindern würden, kannst du so vermeiden. Das gilt besonders bei angestrebten Veränderungen in Liebes- oder Berufsangelegenheiten. Da sich durch eine astrologische Vorschau auch die Psychorhythmik von anderen Personen, zum Beispiel eines Ehepartners, voraussehen lässt, kann sich jeder durch Berücksichtigung der zu erwartenden Ströme auf den anderen besser einstellen. Dadurch lassen sich Spannungen mildern und Konflikte vermeiden. Eine Zeit der Verwirrung in Liebesgefühlen kann auch der Engel ISTAROTH nicht in wenigen Tagen harmonisieren. Aber unterstützt von deiner Geduld dem verirrten Ehepartner gegenüber wird er dir leichter helfen können, die Partnerschaft zu retten.

Gute Astrologen haben zumeist auch die Begabung des medialen Sehens. Kein Astrologe sollte es deshalb verabsäumen, mit dem Engel ELIPINON Kontakt aufzunehmen. ELIPINON ist der Vorsteher aller Astrologen, Hellseher und Wahrsager. Er fördert deren Fähigkeiten und lässt durch Inspiration die aus den geistigen Ebenen oft nur symbolisch übertragbaren Zukunftsbilder richtig erfassen und auslegen. Wer sich mit Astrologie, Kartenlegen, Tarot, I Ging oder Pendeln beschäftigt oder die Absicht hat, einen Astrologen oder Hellseher zu konsultieren, sollte unbedingt vorher mit ELIPINON Kontakt aufnehmen. Ich habe dazu ein spezielles Amulett entworfen, über das der Engel, zusammen mit anderen

Genien, die für Visionen, Prophezeiungen und Hellsichtigkeit zuständig sind, erreichbar ist. Durch ein Buch über Wahrsager wurde dieses Inspirations-Amulett einem größeren Leserkreis bekannt. Seither verwenden immer mehr mediale Seher dieses Hilfswerkzeug bei ihrer Tätigkeit und können damit ihren Klienten noch besser helfen.

Als meine Tochter Cornelia mit astrologischen Beratungen begann, schenkte ich ihr auch das „Inspirations-Amulett“, welches ich bei den Lebensberatungen stets verwendet hatte. Da Cornelia nicht nur eine hervorragende Astrologin und mediale Seherin ist, sondern als Ergotherapeutin auch ein medizinisch-psychologisches Studium absolviert hat, konnte sie sofort die zusätzlich einströmenden Inspirationen richtig einordnen und auslegen.

Schon nach kurzer Zeit berichtete sie mir erfreut: „Ich sehe jetzt viele Zusammenhänge, die zu Ereignissen führen, die gar nicht schicksalhaft geschehen müssten, und kann die Ratsuchenden rechtzeitig darauf hinweisen. Sie sind dann oft richtig verblüfft von der Treffsicherheit meiner Aussagen. Sie verstehen, dass sich die Prognosen aus den Folgen der von ihnen nicht beachteten unbewussten Regungen ergeben müssen, und können ihre Pläne rechtzeitig überdenken und ändern.“

Es ist unglaublich, wie viele so genannte Schicksalsschläge in Wirklichkeit, lange bevor sie sich ereignen, durch eigenes falsches Denken, unkontrollierte Gefühle oder nicht beherrschte Emotionen vom Betroffenen selbst verursacht werden. Es möge jeder Leser seine augenblickliche Schicksalslage diesbezüglich überprüfen, und er wird feststellen, dass seine missliche Situation durch andere Gedanken (damals, als er die falsche Entscheidung, die zu dieser Situation führte, getroffen hat) hätte vermieden werden können.

Daher sind Hellseher in der Regel, soweit es sich nicht überhaupt um Scharlatane handelt, eher Gedankenleser als Propheten. Denn eine mediale Vorschau beruht zumeist gerade auf diesen sich zu Ereignissen kristallisierenden Vernetzungen der Wunsch- und Gedankenbilder, und nicht auf Spiegelungen der noch gar nicht eingetretenen Ereignisse.

Deshalb ist zu einer Orientierung auf dem Schicksalsweg und einer Korrektur der Zielvorstellungen unbedingt auch eine astrologische Analyse nötig. Nur die Astrologie ist in der Lage, wie ein Seelenwetterbericht, Aufschlüsse über die Qualität der Gedanken,

Gefühle und Wünsche für einen jeweils berechneten Zeitpunkt zu geben, und nur eine astrologische Prognose kann auch die Perioden, in denen man mit dieser geistigen Saat in Form von Ereignissen wieder konfrontiert wird, erkennen lassen.

Ich rate daher dringend, nur dann einen medialen Seher zu konsultieren, wenn dieser auch über entsprechende astrologische Kenntnisse verfügt. Selbst die berühmtesten Seher wie zum Beispiel die Sibylle oder Nostradamus stützten sich in erster Linie auf ihre astrologischen Berechnungen. Selbstverständlich wird man sich nur einem Lebensberater anvertrauen, der einem von persönlichen Freunden als seriös empfohlen wurde, und nicht an jemand völlig Unbekannten, der es nötig hat, Kunden über Zeitungsannoncen anzulocken.

Noch besser ist es, man studiert selbst die Grundlagen der Astrologie und des I Ging. Mit Hilfe ELIPINONs können auch Laien vorhandene mediale Fähigkeiten entwickeln und steigern.

Ein Brief von Christine P. aus München bestätigt das: „Mit Ihrem Engelorakel-Amulett spare ich mir den Besuch bei meinem Wahrsager. Ich beschäftige mich jetzt selbst mit I Ging und Tarot und erhalte immer hilfreiche Antworten auf meine Fragen. In letzter Zeit kommen sogar Bekannte zu mir und lassen sich von mir die Karten legen."

Gerade hier aber liegt eine große Gefahr, auf die ich hinweisen muss. Die richtige Auslegung eines Kartenbildes erfordert genauso wie die Deutung einer astrologischen Konstellation neben dem fachlichen Wissen und der medialen Begabung auch eine jahrelange Praxis. Leider erfüllen nur sehr wenige Wahrsager diese Voraussetzungen, ganz zu schweigen von den vielen Scharlatanen, die überhaupt nur vortäuschen, übersinnliche Fähigkeiten zu besitzen. Sie richten mit ihren Fehlprognosen viel Schaden an und schüren die Angst vor der Zukunft, statt dir Hoffnung und Selbstvertrauen zu vermitteln.

- **Daher ist es viel besser, wenn man, statt zweifelhafte Hellseher und Orakel zu befragen, sich selbst die Frage stellt, was man tun kann und wie man sich verhalten soll, um eine gute Zukunft zu gestalten.**

TOD

Zu den schwersten Schicksalsschlägen, die einen treffen können, gehört der Tod eines nahestehenden Menschen. Selbst tiefgläubige Personen und erfahrene Okkultisten, die an ein Jenseits glauben, werden davon schwer erschüttert und leiden unter dem Trennungsschmerz.

Neben TRAPIS, der auch bei dieser Art von Trennung tröstet, gibt es Engel, die besondere Einblicke ins Jenseits gewähren, was ebenfalls sehr trostreich sein kann.

Über das Leben nach dem Tod sind viele Bücher erschienen. Daneben gibt es auch die Berichte von außerkörperlichen Erlebnissen, den so genannten Astralreisen, und die wissenschaftlichen Untersuchungen einiger Ärzte, die sich mit den Todeserfahrungen wiederbelebter Patienten auseinandersetzen.

Obwohl es sich bei allen Beschreibungen des „Drüben" immer nur um subjektive Erfahrungen handeln kann und manche Schilderungen überhaupt nur der Phantasie des Autors oder eines Mediums zuzuschreiben sind, gibt es einige seriöse Bücher, die man als Reiseführer für die letzte Reise lesen sollte. Dazu gehört: Dr. Moodys „Leben nach dem Tod" (Rowohlt Verlag), der schon erwähnte Wegweiser „Ein Wanderer im Lande der Geister" (Turm Verlag), „Der Mann mit den zwei Leben" (Ansata/Knaur Verlag), „Die Aussendung des Astralkörpers" (Bauer Verlag), „Der Sphärenwanderer" (Ansata Verlag).

Wer selbst Erfahrungen über das Leben nach dem Tod sammeln will oder Kontakt mit einem Verstorbenen sucht, wendet sich am besten direkt an die beiden Engel JONION und LEMIEL. Beide Siegel sind von schwarzer Farbe.

LEMIEL überwacht und beschützt gemeinsam mit seinen Helfern die Seelen besonders in der ersten Zeit nach dem Ablegen des Körpers. Er hilft ihnen, sich unter den ungewohnten Daseinsbedingungen besser zurechtzufinden.

JONION dagegen ist es, der vor der Geburt zeigt, wie man das Sympathieband zwischen sich und der reifenden Frucht im Mutterleib herstellt, und er hilft nach dem Tod, über bestehende Gefühlsbindungen den Kontakt zu Nahestehenden aufrecht zu halten.

Dieses Band darf man sich dabei nicht wie eine Telefonleitung vorstellen. Es gleicht eher dem Kraftfeld eines Raumes, der einen anzieht, einem offen steht, einen umgibt, in den man sich gern eingebunden fühlt, weil man, wie zum Beispiel in einem Konzertsaal, mit allen Anwesenden auf die gleiche Musik eingestimmt ist oder sich wie in einer Kirche geborgen fühlt.

Jenseitskontakte über den Engel JONION werden daher nicht wie in Séancen (heute sagt man Channeling dazu) mittels zweifelhafter Praktiken eines Mediums hergestellt. Das verbindende Fluid ist nicht aus Neugierde und Sensationslust, sondern von guten Gedanken an den Verstorbenen und dem Wunsch, ihm zu helfen, gebildet.

Die Welt der Jenseitigen ist eine feinstoffliche Welt, in der sich Gedanken und Gefühle zu konkreten Wirklichkeiten einer Seelenlandschaft formen. Es sollten daher ausschließlich Gedanken der Liebe und Dankbarkeit, der Hochachtung und des Verzeihens sein, mit denen man sich den Verstorbenen geistig nähert. Alle Gedanken der Trauer sowie Bilder, die den Verstorbenen als leidend, krank oder gar als Leichnam in Erinnerung rufen, sind zu vermeiden. Denn eine solche, für ihn als real empfundene Gedankenwelt würde er nicht als anziehend empfinden und daher meiden.

JONION ließ mich weiter erkennen:

- „Sieh den Verstorbenen gesund und lebend und niemals tot. Stoß ihn nicht durch dein Denken immer wieder in sein Grab!
- Totenkulte, die über das persönliche religiöse Bedürfnis der Hinterbliebenen und der vom Verstorbenen gepflegten religiösen Tradition hinausgehen, sind abzulehnen, weil sie Trauergefühle fördern.
- Beschränke die Grabpflege darauf, den geweihten Boden in Ordnung zu halten. Das Geld für teuren Blumenschmuck spende lieber in seinem Gedenken einem wohltätigen Zweck.
- Kein Verstorbener liebt den Ort, wo seine Leichenteile faulen, er ist dir sicher nicht an seinem Grab näher als daheim.
- Zu seinem Gedenken kannst du zu Hause neben seiner Fotografie eine Blume und eine Kerze als Symbole für Licht und Leben stellen. Noch besser ist, du trägst sein Bild in deinem Herzen.
- Die Pietät der Hinterbliebenen (nicht des Verstorbenen) verpflichtet zu einer gewissen Trauerzeit. Je kürzer diese ist, umso eher fühlt sich auch der Verstorbene befreit von irdischen Verpflichtungen, denen er nicht mehr nachkommen kann und die ihn daher drüben geistig nur behindern.

- Entferne deshalb auch seine Kleider aus den Schränken. Gegenstände, die ihm etwas bedeutet haben, aber dir nichts geben, kannst du getrost verkaufen. Die Freude, die andere damit haben und die du mit den Sachen hast, die du für dieses Geld erwirbst, dient ihm mehr als eine falsche Pietät.
- Das einzige Denkmal, das auch dem Verstorbenen im Jenseits sichtbar wird, ist, wenn du dir das Gute, das er an sich hatte, als Vorbild nimmst und danach lebst."

Ich habe oft erlebt, wie Menschen nach dem Verlust eines Angehörigen unter Selbstvorwürfen leiden, weil sie meinen, sie hätten nicht genug für ihn getan. Trauer, verbunden mit schlechtem Gewissen gegenüber dem Verstorbenen, kann nicht nur für den Hinterbliebenen zur Qual werden, auch der Verstorbene leidet mit unter diesen Gefühlen, wenn ihm der Betreffende nahe steht.

- Entlaste daher dein Gewissen, indem du einem Lebenden das angedeihen lässt, was du einem Toten zu schulden glaubst. Das wird ihn über diesen scheinbaren Umweg erreichen und zugute kommen. Hier gilt das Wort des Jesus Christus: „Was ihr für den geringsten eurer Brüder getan habt, das habt ihr mir getan." Jeder trägt das Christus-Licht der Nächstenliebe als Lebensfunke in seiner Seele.

Vergangene Kulturen hatten „Toten-Bücher" mit genauen Anweisungen, die es den Verstorbenen ermöglichen sollten, sich mit dem ungewohnten körperlosen Zustand zurechtzufinden. Heute bedarf es keiner dieser schwer nachvollziehbaren Zeremonien. Es genügen deine Liebe und dein aufrechter Wunsch, ihm zu helfen. Wenn du diese Bereitschaft in ein schlichtes Gebet fasst, kannst du sicher sein, es wird für ihn zu einem Licht, das ihn seine Helferengel, die um ihn sind, erkennen lässt.

Rudolf Steiner hat uns eine sehr ergreifende „Meditation für die Verstorbenen" hinterlassen:

„In Welten wo weilet
deines Wesens Seelen Kern
sei meine Liebe jenen Hüllen
die dich jetzt umgeben

kühlend alle Wärme
wärmend alle Kälte
opfernd einverwoben!
Lebe liebgetragen, lichtbeschenkt, nach oben."

Einer Klientin, der ich dieses Gebet für ihren bei einem Autounfall ums Leben gekommenen Sohn ans Herz legte, berichtete mir: „Die Alpträume sind weg, seit ich dieses Gebet vor dem Einschlafen bete. Statt von seinem blutüberströmten Gesicht zu träumen, ist er mir nun schon zum zweiten Mal lachend und gesund im Traum erschienen."

Mit diesem Gebet kann sich jeder auf die andere Welt einstimmen, um seine Kontaktbereitschaft zu signalisieren. JONION fordert nämlich sehr eindringlich:

- „Rufe niemals Tote und zitiere sie vor dich in deine Welt. Der Raum, in dem die Geister sich dir zeigen können, liegt in dir!"

Vorausgesetzt, das Band der Sympathie besteht, werden sich viele Menschen oft ganz unerwartet dieser inneren Nähe mit einem Verstorbenen bewusst.

Sehr eindrucksvoll beschreibt Gustav Meyrink (seine okkulten Romane sollte jeder Esoteriker gelesen haben) dieses Einswerden mit seinem verstorbenen Sohn in einem Brief an seinen Freund Neubert:

„... Ich habe meinen Sohn gefunden und bin mit ihm vereint. Erst jetzt wird mir klar: Im Leben auf der Erde ist man gar nicht vereint mit einem Menschen, den man liebt. Es ist, als ob zwei Flaschen einander nahe gegenüberstünden, die beiden Flüssigkeiten in den Flaschen können sich nie vermischen, denn immer stehen die Glaswände dazwischen. Erst durch den Tod können sich die beiden Flüssigkeiten vereinen. Mein Sohn ist drüben, ich bin hier, aber wenn wir wollen, sind wir vereint. Die Trauer um ihn ist spurlos fort."

Meyrink war ein erfahrener Okkultist, und nicht jedem wird es sofort gelingen, die bestehende Verbindung mit einem Verstorbenen so bewusst zu erleben.

Leichter ist es, die Gesetze der Traumwelt zu nützen, um mit einem Verstorbenen Kontakt aufzunehmen.

- Die Erfahrung zeigt dabei, dass man Mitteilungen nach drüben besser kurz vor dem Einschlafen sendet, indem man die Gedanken in den Schlaf hinüber nimmt, während einen umgekehrt Botschaften aus dem Jenseits eher in der letzten Schlafphase vor dem Erwachen erreichen und sich als Träume manifestieren. Viele Begegnungen werden dabei leider gar nicht als solche erkannt, weil sie zeitverschoben stattfanden und als Traum nur noch symbolisch zu erkennen sind oder dieser überhaupt vergessen wurde. Man kann sich aber an den Engel NAHUM wenden, der einen die Traumwelt bewusster erleben lässt.

Ich habe ein spezielles Amulett entworfen, auf dem sich die Siegel aller Engel befinden, die für Jenseitskontakte und Angelegenheiten, die das Leben in der anderen Welt betreffen, zuständig sind. Friederike Sch. hatte damit folgendes Erlebnis, sie schreibt: „Schon mehrmals träumte ich davon, dass ich aus einer Telefonzelle meinen kürzlich verstorbenen Mann anrufen will, und jedes Mal fehlt mir dann das Kleingeld. Nachdem ich, wie Sie mir geraten haben, das Jenseits-Amulett über mein Bett gehängt hatte, hatte ich ein wunderbares Erlebnis. Wieder träumte ich von dieser Telefonzelle, und wieder war ich ohne Geld. Doch dann hatte ich auf einmal Ihr Amulett in der Hand und steckte es spontan statt einer Münze in den Automaten. Was darauf geschah, war für mich gar nicht wie ein Traum, sondern ganz reale Wirklichkeit. Ich hörte plötzlich die vertraute Stimme meines Mannes: ‚Sei glücklich, weine nicht, mir geht es gut‘ – und zwar so klar und deutlich, dass ich davon ganz erschüttert aufwachte. Aber immer noch tönte die Stimme in meinem Inneren nach und löst noch heute ein Glücksgefühl in mir aus, sobald ich daran denke. Meine ganze Trauer ist seither wie verflogen.“

- Frau Sch. konnte zu ihrem Mann Verbindung aufnehmen, weil sie damit nichts für sich selbst bezweckte, sondern ihm helfen wollte. Selbstlose Liebe ist auch im Jenseits das richtige Motiv, das alle Grenzen überwinden hilft.

Wer einem Verstorbenen helfen will, kann dazu das Jenseits-Amulett oder ein Siegel des Engels RANAR, es ist in roter Farbe zu zeichnen, zu dessen Foto legen. RANAR bewahrt vor allen Gefahren, die auf den feinstofflichen Ebenen drohen können. Er schirmt aber auch Lebende vor negativer Beeinflussung aus dem Jenseits ab. Mediale Menschen, die solchen Einflüssen stärker ausgesetzt sind oder Angst vor Spuk und Geistern haben, sowie Personen, die unter Halluzinationen oder Zwangsvorstellungen leiden, können sich ebenfalls unter den Schutz dieses Engels stellen.

RANAR inspirierte die alten Ägypter, ihren Verstorbenen Hilfs- und Schutzgeister in Form kleiner Tonfiguren, den Uschebtis, mit ins Grab zu geben. Der Engel ließ mich aber wissen, dass Gedanken der Liebe und der Dankbarkeit von Hinterbliebenen für die Verstorbenen genauso hilfreiche Geister sind. Hilfsgeister übrigens, die sich jeder durch sein Verhalten schon zu Lebzeiten selbst schaffen kann und soll.

Memento mori! Denk an den Tod! – Auch an deine eigene Todesstunde, die sicher einmal kommt. Gib, solange du hast. Verzeih, solange du noch kannst. In einer kleinen Schweizer Dorfkirche befindet sich über den Seitenaltären folgender Spruch:

Lasst uns Gutes tun in der Zeit, der Lohn folgt in der Ewigkeit.

HILFE

Du hast dich also entschlossen, von den Engeln Hilfe zu erbitten. Wie lange wird es dauern, bis dir geholfen wird?

Sobald der Kontakt mit dem für dein Problem zuständigen Engel hergestellt ist, sei es über ein Amulett oder durch dein Bekenntnis zum Bund, kannst du sicher sein, dass Hilfe unterwegs ist. Jeder Pilger ist durch das kleine Siegel, mit dem er das tägliche Kontaktritual durchführt, sofort mit einem Engel verbunden. Wurde dieses Siegel von einem Kundigen strahlend gemacht, also geweiht, dann ist der Kontakt zumeist sofort spürbar. Ansonst wird es je nach Intensität deines Glaubens und des Eifers, mit dem du dich dem Engel zuwendest, unterschiedlich lange dauern, bis du dich von seiner segensreichen Tätigkeit überzeugen kannst. Trotzdem ist das kleine Siegel für dich ein wirksames Amulett bereits vom ersten Tag des Gebrauchs an und bleibt es für dein ganzes Leben.

Der Engel ist für dich da, sobald er dich gehört hat, als du das Kontaktritual durchführtest, und verlässt dich nicht, solange du die Verbindung zu ihm aufrecht hältst. Du spürst es und fühlst zeitweise seine Gegenwart, auch ohne konkrete äußere Zeichen. Zumeist bemerkst du eine innere Ruhe und Zuversicht und das sichere Gefühl, nicht mehr allein an deinen Problemen arbeiten zu müssen. Manche Widerwärtigkeiten aus dem täglichen Alltag siehst du plötzlich mit anderen Augen, oder sie verschwinden ganz. An Kleinigkeiten merkst du zuerst, dass du nicht mehr zu den Pechvögeln gehörst, und manchmal erlebst du schon in der ersten Woche ein scheinbares Wunder. Du musst jedoch bedenken, alles hat seine Zeit, jede Saat muss reifen. Nicht immer ist es dem Engel möglich, sofort und in vollem Umfang zu helfen. Auch die Engel müssen das Gesetz von Ursache und Wirkung beachten.

So wie der Same unter den richtigen Umständen keimen muss und Zeit braucht, ehe die Pflanze Früchte trägt, müssen alle irdischen Ereignisse erst auf der geistigen Ebene vorbereitet werden. Je nach deinem Karma und der für dich zur Zeit vorherrschenden astrologischen Strömung sowie deiner geistigen Vorarbeit wird es dann unterschiedlich lange dauern, bis sich dein Wunsch erfüllt. Doch nicht immer wird dein Engel so helfen, wie du es erhoffst. Nicht jedes Glück liegt für dich dort, wo du es suchst. Vieles, was du ersehnst und anstrebst, in der Meinung, es für dein Erdenglück zu brauchen, würde dich gar bald bitter enttäuschen und mehr belasten als deine jetzige Situation. So manches angestrebte Liebesglück hat später in einer Ehehölle geendet. Der Engel weiß, was gut und für dich vorgesehen ist, und wird in diesem Rahmen wirksam. So kann zum Beispiel dein jetziger Partner dich verlassen, weil er einem anderen bestimmt ist, und dir kann dafür ein neuer, besserer von einem Engel zugeführt werden. Geduld also!

So manches Schicksalsleid bewirkt wichtige Lern- und Reifeprozesse und bringt zwar schmerzhafte, aber notwendige Erfahrungen, mit denen du dir dann eine weitaus bessere Zukunft gestalten kannst. Du darfst nicht erwarten, dass langjährige, ständig wiederholte Fehler sich in kurzer Zeit ungeschehen machen lassen. Wenn du jahrzehntelang Raubbau an deinem Körper betrieben hast, zum Beispiel übermäßig geraucht und getrunken hast, kann auch der weiseste und stärkste Engel die kranke Leber oder Lunge nicht in wenigen Tagen oder Wochen heilen. Es ist auch nicht Aufgabe des Engels, deine Arbeit zu verrichten oder dir eine Entscheidung abzunehmen, die du selber treffen musst.

Eines darfst du sicher und sofort erhoffen: innere Stärke auf dem Weg zum Ziel. Das Bewusstsein, von weiser Hand beschützt und gelenkt zu werden, wird dir innere Ruhe und Zuversicht vermitteln.

So wie zum Leben täglich Nahrung nötig ist, muss man sein Glück pflegen und ständig daran arbeiten! Rückschläge oder Perioden des Misserfolges werden dann immer seltener auftreten und bald völlig ausbleiben.

Ich habe scheinbare Wunder erlebt durch die Hilfe der Engel. Es wurde mir aber auch von unerwarteten Rückschlägen berichtet. Das sind die gesetzmäßigen Pendelbewegungen des Schicksals, die auftreten können, wenn du dich der Hilfe nicht würdig erweist. Sie ermahnen dich, von deinem Glück und Erfolg in Dankbarkeit an andere Leidende weiterzugehen sowie durch positives Denken und durch Fleiß selbst an deinem Glück mitzuschaffen und das Erreichte zu festigen!

REGINA ANGELORUM, DIE KÖNIGIN DER ENGEL

Königin der Engel ist die liturgische Bezeichnung von Maria, der Mutter Jesu, die als „Gottes Mutter“ in der katholischen Kirche Verehrung findet. Es ist hier nicht Platz, auf das erhabene Mysterium des göttlichen Prinzips in seiner weiblichen Form näher einzugehen. Alle großen Religionen, Orden und magischen Traditionen wissen von dieser allumfassenden kosmischen Macht des weiblichen Prinzips.

Wir erleben sie in Form der Unendlichkeit des Raums, der nichts für sich will und sich allem hingibt, in der Leere, in der doch alles enthalten ist, in der zeitlosen Allgegenwärtigkeit, die nicht für sich ist, in der sich aber das Bewusstsein aller findet. Unbeeinflussbar, unberührbar, daher „jungfräulich“ und doch hingebungsvoll, weil für alles und alle da. Die Mutter allen Seins untersteht keinem Gesetz, ihr Wesen ist Mitgefühl, Opferbereitschaft und reine Liebe. Da sie alles er-tragen muss, ist sie die stärkste Macht in der Schöpfung.

Ob Maria, Isis oder Nuit, sie ist die Mutter aller, und wer sich in großer Not und Seelenqual an sie wendet, findet bei ihr Trost und Hilfe. Die Göttliche Mutter und Mutter aller hat viele Namen, Gestalten, Symbole und Siegel. Es gibt sogar eine „wundertätige Medaille“ als Amulett, das einen laut Kirche unter den direkten Schutz dieser himmlischen Macht stellt. Die christliche Darstellung in Form der Maria mit dem Jesuskind halte ich für besonders mächtig und wer sich, auch wenn er nicht katholisch ist, einen kleinen Hausaltar mit dieser Statue errichtet, wird bald verstehen, warum Maria als Königin der Engel verehrt wird. Die Erfahrung zeigt, dass du ihr im täglichen Zwiegespräch deine kleinen Sorgen im Stillen anvertrauen kannst oder sie in großer Not, wenn du verzweifelt bist, rufen kannst, sie wird dir helfen oder einen Engel senden, der dir Trost und Stärke gibt.

Gustav Meyrink, der nun wirklich nicht als fromm beschrieben werden kann, war ein großer Verehrer dieses Mysteriums. Er beschreibt an verschiedenen Stellen seiner Werke sowohl die katholische Mutter Gottes Maria, als auch „die ägyptische Göttermutter Isis“, von der es heißt, „sie achtet weder irdische noch himmlische Gesetze, sie sieht nicht Recht und nicht Unrecht. Mit ihrer Liebe zerbricht sie jedes starre Gesetz, jedes Karma und alles.“ Er selbst rief sie an, nachdem sich sein Sohn das Leben genommen hatte und er in völliger Verzweiflung für ihn um Hilfe bat. Er schreibt darüber seinem Freund, dem Verleger Oldrich Neubert, in einem Brief:

„Und da habe ich das Gesicht nach Ägypten gewendet, innerlich geschrieen: Allmutter Isis, tu ein Wunder, ein unbegreifliches Wunder für meinen Sohn und für meine Frau und meine Tochter, die Schwester meines Sohnes! Ich will nicht wissen, wie dieses Wunder sein wird, und wenn ich durch dieses Wunder zerschmettert werden sollte, es ist mir gleich, nur tu ein Wunder! Und das Wunder hat auch bald eingesetzt, es ist noch lange nicht zu Ende, es geht immer weiter. Eine solche Flut von ungeheurem Wissen und von Erkenntnis ist mit einemmal über mich hereingebrochen, dass ich mich selbst gegen gestern nicht mehr wiedererkenne. Es ist, als sei mein geistiger Mensch gestorben und ein neuer Mensch auferstanden. Die Trauer um meinen Sohn ist spurlos fort. Wenn ich mit einer Handbewegung alles ungeschehen machen könnte, ich täte es nicht. Ein ungeheures Glücksgefühl hat sich meiner bemächtigt"*

Meyrink erlebt im weiteren den innigen Kontakt mit seinem verstorbenen Sohn „viel näher als zur Zeit, als er noch lebte", schreibt er, und erlangte im Laufe der nächsten Wochen für sich den absoluten Beweis, dass sein Sohn als Geistwesen weiterlebte. (Siehe dazu auch seinen Brief, aus dem ich Seite 248 im Kapitel über den Tod zitiere.) Nicht lange danach folgte Meyrink seinem Sohn in die andere Welt.

Wenn Du allein und verzweifelt bist und dir keiner mehr helfen kann, kein Freund, keine Magie, kein Engel, kein Gott. Wende dich an die Gottesmutter, ganz gleich unter welchem Namen. Ruf sie an mit deinem stummen Gebet. Und auch du wirst ein Wunder erleben.

---

* Zitat aus dem Buch „Gustav Meyrink – Auf der Suche nach dem Übersinnlichen" von Frans Smit, Langen Müller Verlag.

NACHWORT

Täglich erreichen mich Briefe von begeisterten Lesern, die sich von der wunderbaren Hilfe durch die Engel überzeugen konnten. Einige Fragen, die immer wieder auftauchen, will ich anschließend beantworten.

- **Ich möchte gerne meinem Mann (Frau, Freund, Nachbarn ...) von den Engeln erzählen. Im Buch steht aber doch, dass man nichts sagen soll.**

Das Schweigen ist als geistige Übung aufzufassen und nicht als Verpflichtung oder Geheimniskrämerei. Jedoch gelingt ein Vorhaben leichter, erfüllt ein Wunsch sich rascher, wenn darüber nicht viel geredet wird. Schweige daher über deine Pläne, aber erzähle getrost von den Engeln!

Über die Engel, das Buch und den Bund darf und soll sogar geredet werden. Denn jeder neue Leser wird durch sein Wissen um die geheimen Zusammenhänge zwischen den Welten und deren Bewohnern zu einem irdischen Vertreter überirdischer Schöpfermächte. Die Energie, die ihm von den Engeln zufließt, wird nicht nur ihm selbst, sondern auch anderen den Weg erhellen und erleichtern. Das schafft ein gewaltiges Bollwerk gegen alles BÖSE, das zur Zeit die Menschheit zu überfluten droht.

So kann jeder Pilger dazu beitragen, den Frieden in der Welt zu sichern, indem er als Wegweiser andere zur Welt der Engel führt. Dabei sollst du aber niemals missionieren oder diskutieren. Dadurch würde der Bund der Pilger zu einer Sekte ausarten. Du sollst lediglich informieren. Und du kannst darüber hinaus das „Schutzengelbuch" weiterempfehlen.

- **Ich habe mein Amulett verloren. Seither gelingt mir nichts mehr und die alten Probleme sind wieder aufgetaucht. Senden Sie mir bitte schnell ein neues Amulett.**

Eigentlich müsste ein Amulett nach einigen Monaten seinen Zweck erfüllt haben und abgelegt werden können. Es ist nicht Sinn eines Amuletts, eigene Anstrengungen zu ersetzen, weil die ganze Arbeit jetzt die Engel vollbringen.

Ein Amulett soll vielmehr die persönlichen Fähigkeiten und Energien wecken, die nötig sind, anstehende Probleme leichter zu meistern. Es dient dabei nur als eine Art von Antenne, welche die Impulse von den zuständigen Engeln besser aufnehmen lässt, und ist ein Bindeglied zur geistigen Welt.

Ist der persönliche Kontakt zu den Engeln einmal hergestellt und erste Hilfe spürbar geworden, braucht das Amulett nicht mehr ständig getragen zu werden. Stattdessen ist vermehrte Aufmerksamkeit auf die innere Antenne in der Seele zu richten, indem man das Gute in sich und die entsprechenden Eigenschaften an sich bewusst entwickelt. Die inneren unsichtbaren Symbole, die den Menschen mit den Engeln verbinden, strahlen als Mitgefühl, Zuversicht, Glaubenskraft, Bescheidenheit, Fleiß, Pflichtgefühl und Wahrheitsliebe in die geistige Welt. Wer den Anleitungen des „Schutzengelbuches“ folgt, hat durch bewusste Pflege dieser Tugenden bald ein unsichtbares Amulett in sich, das er nicht mehr verlieren kann.

- **Ich möchte gerne mit anderen Gleichgesinnten Kontakt aufnehmen. Gibt es in meiner Nähe einen Pilger, der den Weg des Buches geht?**

Es ist besser, wenn vorerst jeder Leser den Weg allein und auf seine Weise geht.

Der Bund mit den Engeln ist eine rein geistige Gemeinschaft und kein Religionsersatz. Es darf sich keine Sekte daraus entwickeln. Gerade das aber geschieht sehr oft, sobald sich Gleichgesinnte regelmäßig treffen. Zumeist übernehmen Wichtigmacher eine Führungsrolle (oder streiten darum) und die Anlehnungsbedürftigen lassen sich leiten, nicht selten auf Abwege.

Den wahren Weg kann jeder nur für sich allein finden. Wer ihn geht, wird zu einer selbstbewussten, aber bescheidenen Persönlichkeit, die weder einer Führung durch andere bedarf, noch anderen einen bestimmten Glauben aufdrängt.

Wir wollen weder missionieren noch diskutieren, sondern bestenfalls den Weg weisen. Eine Gruppenbildung ist daher nur dort wertvoll, wo sie aus einem Keim von selbst erwächst und sich natürlich entfaltet. Deshalb bleibt es dem Einzelnen überlassen, aufgeschlossene Menschen im Sinne der Engel zusammenzuführen.

Jeder, der sich vom Wirken der Engel überzeugt hat, kann anderen mit dem „Schutzengelbuch“ den geistigen Weg aufzeigen und mit einem Amulett den irdischen Weg erleichtern. Er begibt sich damit schon auf den Pfad des Priesters. Wer auf diese Art eine kleine Gruppe um sich bildet, schafft eine Lichtzelle, die allen Beteiligten zum Kraftquell werden kann. Er wird nicht nur den Weg zum Licht weisen. sondern auch Stärke geben auf diesem Weg.

- **Was soll ich mit dem Geld aus meiner Opferschale machen, damit Sie es an Bedürftige weiterleiten?**

Es möge jeder das Geld aus seiner Opferschale selbst, persönlich und nicht mittels Zahlschein oder über dritte Personen voll Liebe und Mitgefühl an Bedürftige weitergeben.

- **Ich bin an Esoterik interessiert und lese gerne in okkulten Büchern. Können Sie mir Werke von seriösen Autoren empfehlen, damit ich meine Erkenntnisse erweitern kann?**

Trotz oder gerade wegen des großen Angebots an esoterischer Literatur ist es heute schwerer denn je, ein wirklich gutes Buch über die hermetischen Wissenschaften zu finden. Verwirrend ist zudem, dass es zwei Wege sind, die dort beginnen, wo die Erkenntnisse aus Religion und Philosophie nicht mehr weiterführen.

Es sind dies der magische und der mystische Weg. Entsprechend seinem Wesen wird sich der eine Suchende mehr von der Magie, der andere mehr von der Mystik angesprochen fühlen. Aber erst wo sich die beiden Wege zu einem einzigen vereinen, beginnt der wahre Aufstieg zur Meisterschaft. Jede einseitige Schulung führt in die Irre. Wer das bei seinen Studien nicht berücksichtigt, wird später Enttäuschungen und Rückschläge erleben.

Ich kann daher nur eindringlich davor warnen, sich kreuz und quer durch die okkulte Bücherschwemme zu lesen und dabei wahllos die beschriebenen Übungen und Experimente zu versuchen.

Wer einen geistigen Weg beschreitet, der über herkömmlich religiös-philosophische Spekulationen hinausführt, braucht dazu innere Kraft und Reinheit, sonst kann er mit den Vorstellungen und Mächten, die mit den neuen Erkenntnissen in sein Bewusstsein dringen, nicht umgehen.

Bulwer-Lytton hat in seinem Roman „Zanoni“ sehr eindrucksvoll geschildert, wie es faustischen Naturen ergeht, wenn sie aus Erkenntnisdrang und ohne nötige Reife in geistige Ebenen vorstoßen, denen sie nicht gewachsen sind. Man lese dazu auch den Einweihungsroman „Der Rote Löwe“ von Maria Szepes.

Aber auch jene, die sich nur theoretisch oder aus Neugierde mit Esoterik beschäftigen, befinden sich damit auf einem geistigen Weg. Denn schon das Interesse und der Glaube öffnen Tore zur geistigen Welt, durch die dann Vorstellungen ins Bewusstsein gelangen, die den Betreffenden in ihrem Sinn beeinflussen, bewegen und bedrängen. Für viele Menschen bedeutet das statt einer Erweiterung eine Einschränkung ihrer Persönlichkeit.

Es ist nämlich nicht egal, was man denkt und glaubt. Gedanken sind vergleichbar mit Wesenheiten, die einen in die Ebenen der geistigen Welt, der sie entstammen, einbeziehen. Wer glaubt, die Wahrheit zu besitzen, der ist meist von der Idee besessen, die er für eine Wahrheit hält.

Um vor allen Verirrungen zu bewahren, folge ich der alten Tradition und habe in meinen Büchern „Magie und Mystik im 3. Jahrtausend“ die Bedeutung der heute sehr vernachlässigten Mystik hervorgehoben und gleichberechtigt neben die Magie gestellt.

Als weitere WEGWEISER möchte ich folgende Standardwerke aus dem Gesamtgebiet der Esoterik empfehlen:

„Das Buch der Meister und seine Erben“ von Emil Stejnar

„Der Weg zum wahren Adepten“ und **„Die Praxis der magischen Evokation“** von Franz Bardon

„Hohe Schule der Magie“ von W. E. Butler

„Theosophie“ und **„Wie erlangt man Erkenntnisse höherer Welten“** von Rudolf Steiner

„Magie als Wissenschaft vom Ich“ und **„Schritte zur Initiation“** von Julius Evola

„Der Golem“, **„Das grüne Gesicht“**, **„Der weiße Dominikaner“** und **„Die Verwandlung des Blutes“** von Gustav Meyrink

„Außerkörperliche Erfahrungen“: Die Berichte über die so genannten Seelen- oder Astralreisen der Autoren Ernst R. Wälti, Robert A. Monroe, Herbert A. Engel, Alfred Lischka, Werner Zurfluh und Sylvan J. Muldoon.

Die Erkenntnisse aus diesen Werken bieten eine sichere Grundlage, auf der jeder seinen eigenen Weg finden wird. Beachten Sie bitte auch die Buchhinweise ab Seite 246.

DIE SIEGEL DER ENGEL

Nachstehend die Siegel der Engel, die ich im Schutzengelbuch näher beschrieben habe. Weitere Siegel findet man in Franz Bardons Buch „DIE PRAXIS DER MAGISCHEN EVOKATION“. Manche Siegel sehen bei Bardon etwas anders aus als bei mir. Auch einige Namen werden von mir anders angegeben als bei Bardon. Ich bringe aber nur Siegel von Engeln, mit denen ich selbst Kontakt hatte und von denen ich weiß, dass sie erreichbar sind und helfen. Ich gebe sie daher so wieder, wie es meiner eigenen Erfahrung entspricht.

Wer praktisch mit den Engeln, auch Genien genannt, arbeiten will, sollte unbedingt auch meinen neuen

„THEBAISCHEN GENIENKALENDER“

verwenden. Er findet dort weitere wertvolle Anleitungen für den Kontakt mit den Genien.

IROMONIS (grün, 15° Stier)

ISERAG (braun, 21° Jungfrau)

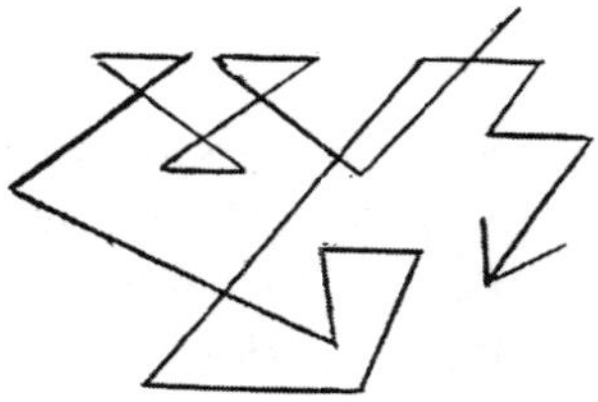

YRGAMON (braun, 11° Jungfrau)

JPAKYS (gold, 25° Löwe)

CORILON (hellbraun, 23° Zwilling)

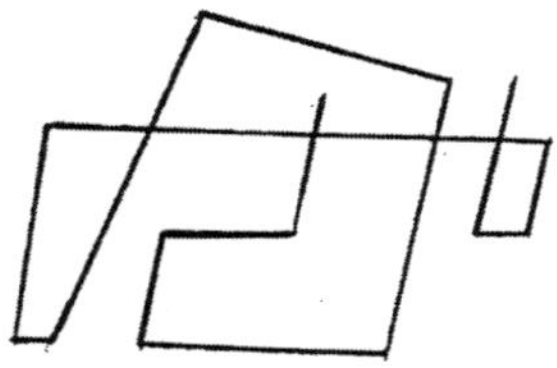

EGENTION (blau, 9° Fische)

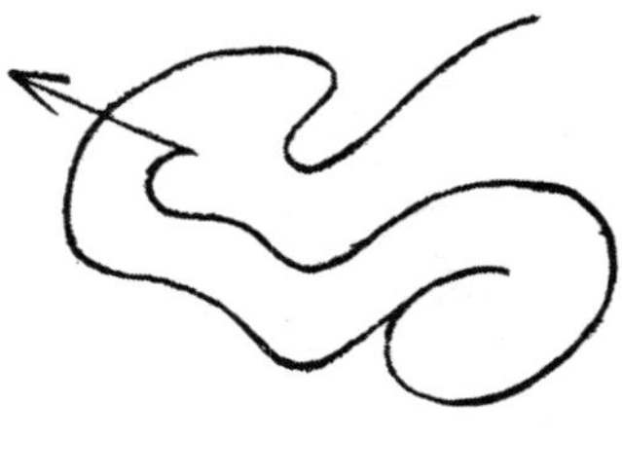

DOSOM (grün, 11° Stier)

LOTOGIN (blau, 18° Fische)

MELAMOTH (schwarz, 2° Steinbock)

ALOSOM (blau, 25° Schütze)

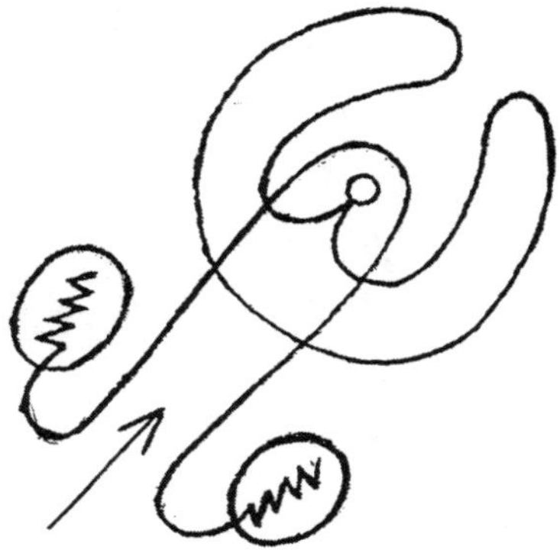

NACHERON (grün, 16° Waage)

AMILLES (rot, 8° Skorpion)

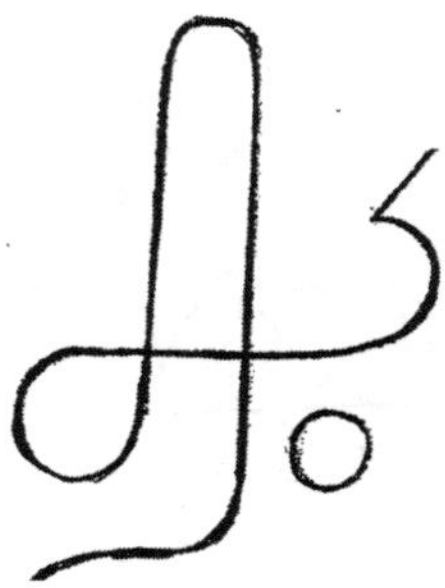

ERIMITES (blau, 4° Schütze)

CARONA (gold, 30° Löwe)

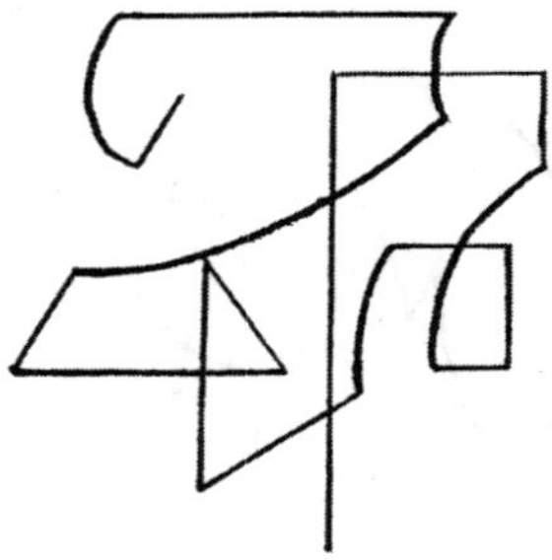

ADON (rot, 4° Skorpion)

SEMEOL (hellbraun, 30° Zwilling)

LOCHATY (schwarz, 21° Steinbock)

BALACHMAN (rot, 27° Widder)

ABUSIS (violett, 9° Wassermann)

FORFASON (silber, 30° Löwe)

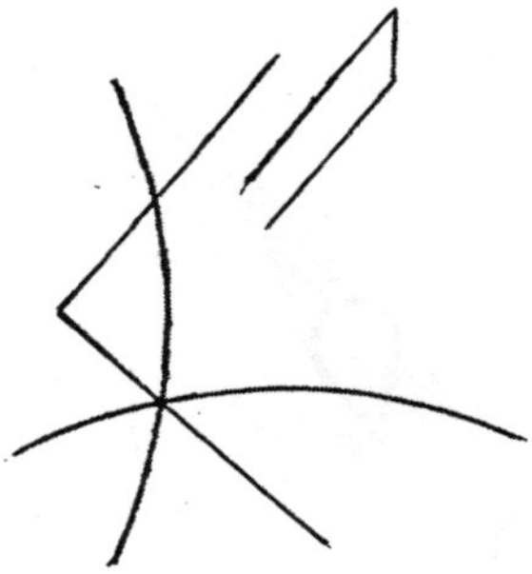

HOROMAR (silber, 11° Krebs)

ARGARON (braun, 12° Jungfrau)

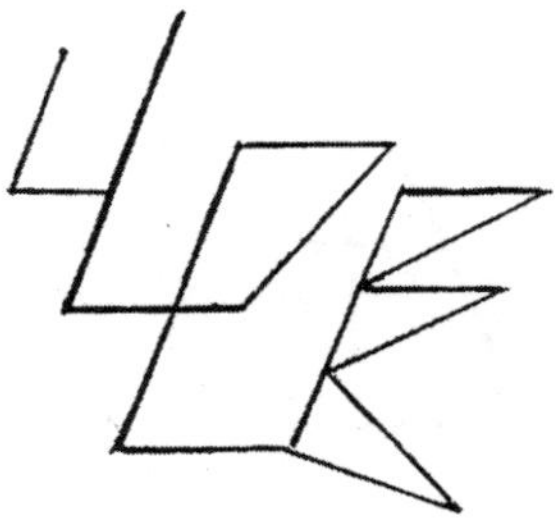

MAFALACH (hellbraun, 27° Zwillinge)

NAHUM (blau/violett/rot)

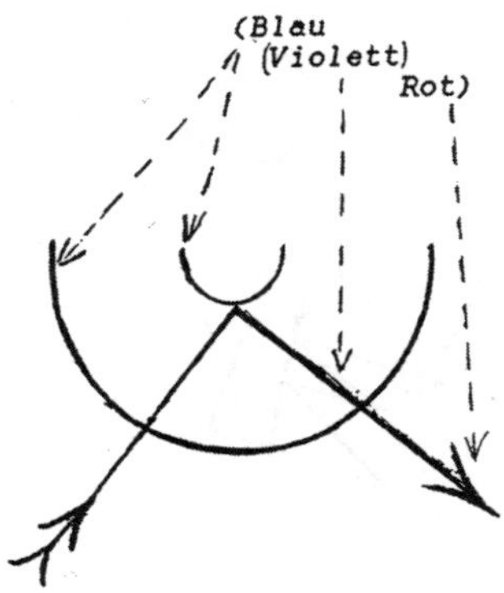

GALAGOS (grün, 12° Stier)

ALTANOR (violett, 22° Wassermann)

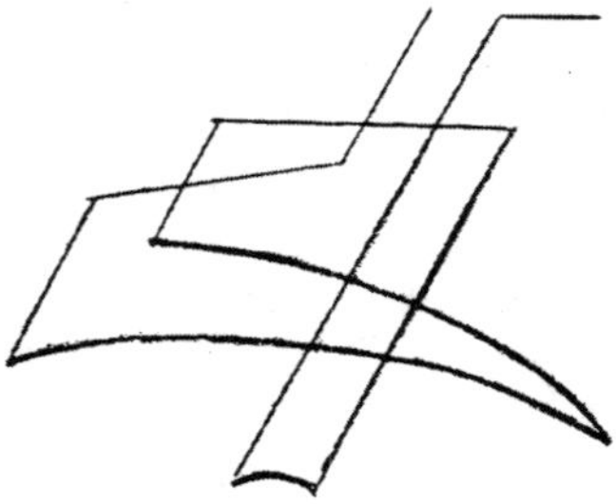

CUSCHI (rot, 4° Widder)

ORIENELL (grün, 9° Stier)

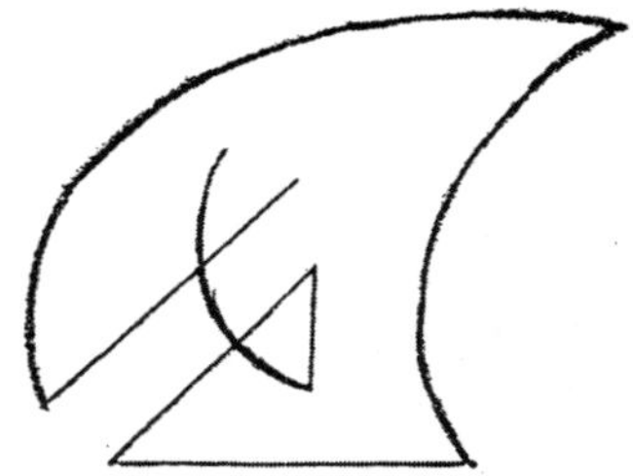

NAMIROS (braun, 24° Jungfrau)

NOTISER (braun, 29° Jungfrau)

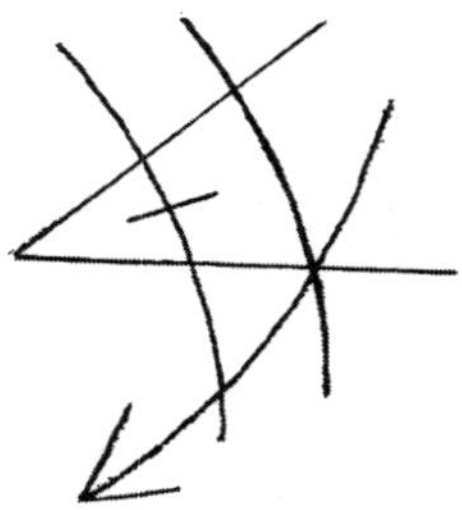

KOFAN (rot, 21° Skorpion)

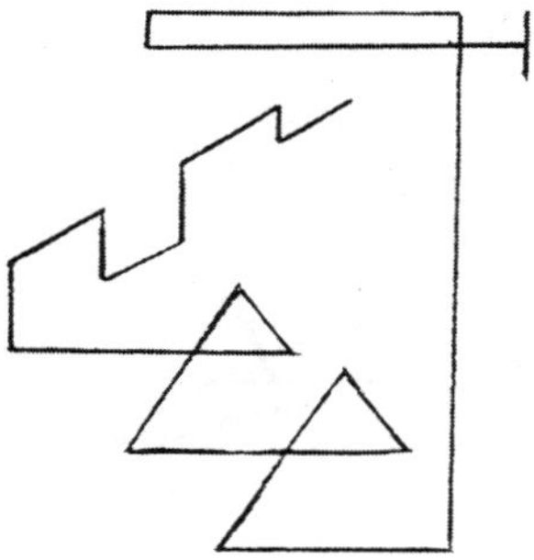

ALPASON (braun, 8° Jungfrau)

GOLOPA (gold, 24° Löwe)

ASINEL (blau, 5° Schütze)

TRAPIS (schwarz, 4° Steinbock)

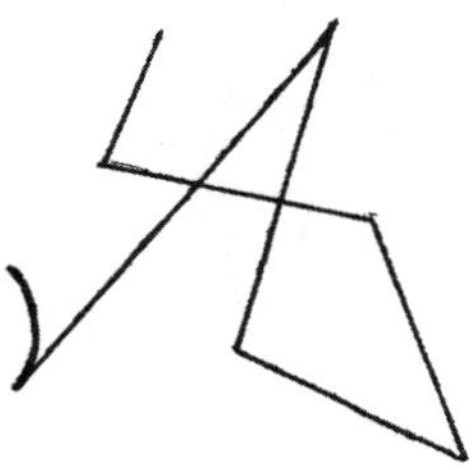

ETHAMIN (blau, 4° Fische)

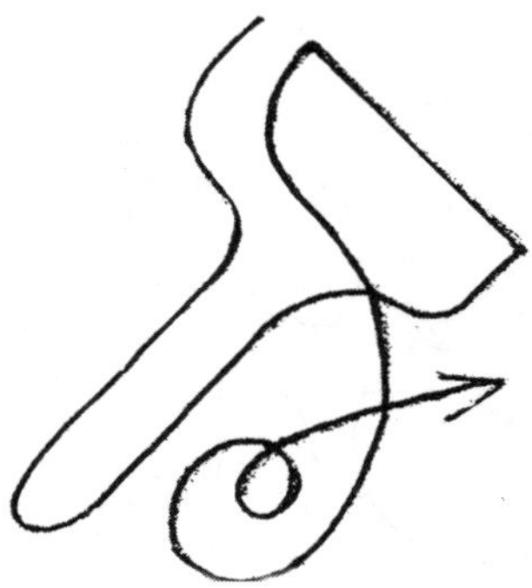

PARASCHON (blau, 8° Fische)

HYLARA (grün, 22° Stier)

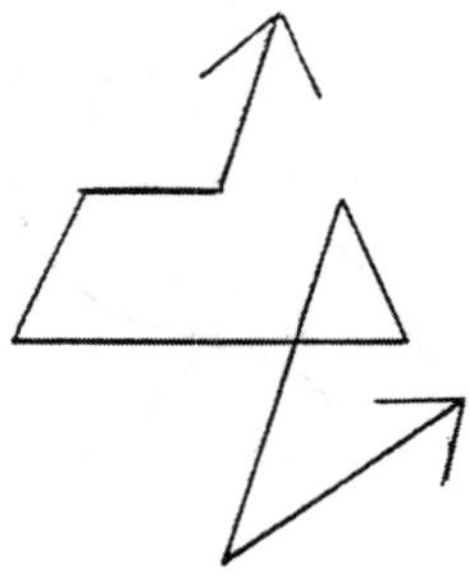

PORMATHOS (schwarz, 8° Steinbock)

CARASCHI (rot, 10° Skorpion)

ASPADIT (rot, 5° Widder)

NASI (grün, 5° Stier)

KARASA (braun, 14° Jungfrau)

RIGOLON (grün, 13° Waage)

FLABISON (blau, 5° Fische)

FORTESTON (blau, 17° Fische)

LOTIFAR (schwarz, 23° Steinbock)

ASTUREL (violett, 5° Wassermann)

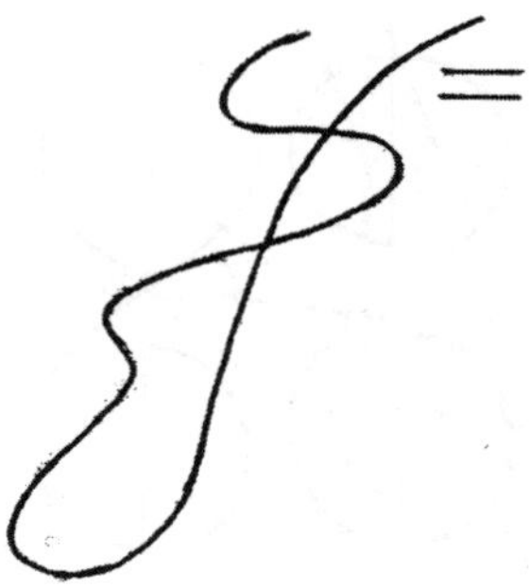

FERMEBUS (blau, 16° Fische)

BUTHARUSCH (rot, 17° Skorpion)

ANADIA (rot, 28° Skorpion)

NATOLISA (rot, 16° Skorpion)

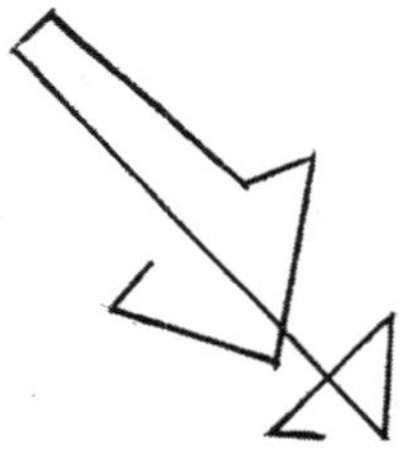

PARACHMON (schwarz, 20° Steinbock)

BREFFEOS (braun, 22° Jungfrau)

RANAR (rot, 9° Skorpion)

JONION (schwarz, 5° Steinbock)

ELIPINON (braun, 23° Jungfrau)

LEMIEL (schwarz,11° Steinbock)

LAMARION (grün, 23° Stier)

IVAR (gold, 3° Löwe)

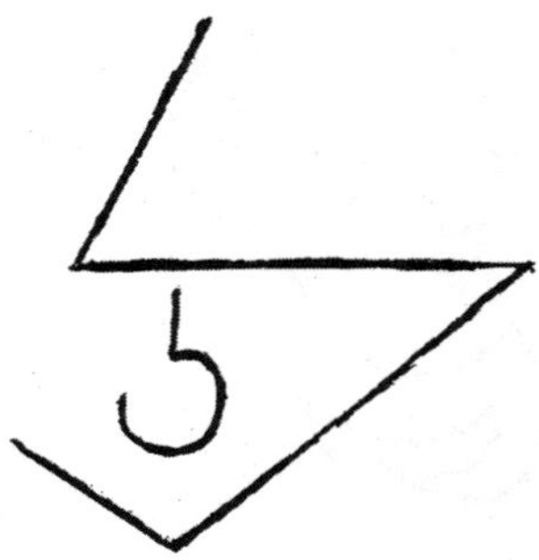

GOLEMA (hellbraun, 8° Zwillinge)

PAFESSA (grün, 14° Stier)

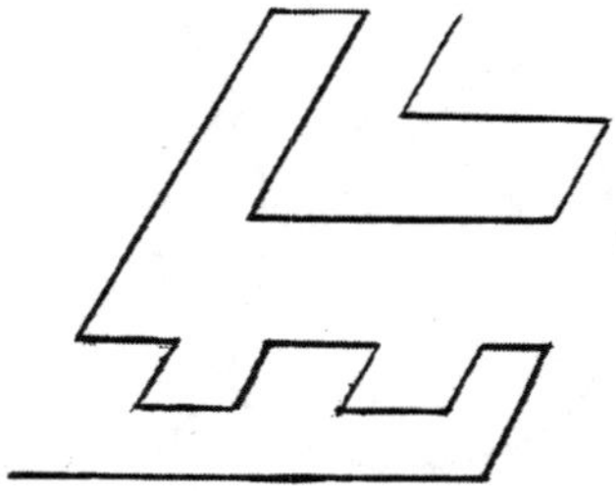

ARMEFIA (blau, 22° Fische)

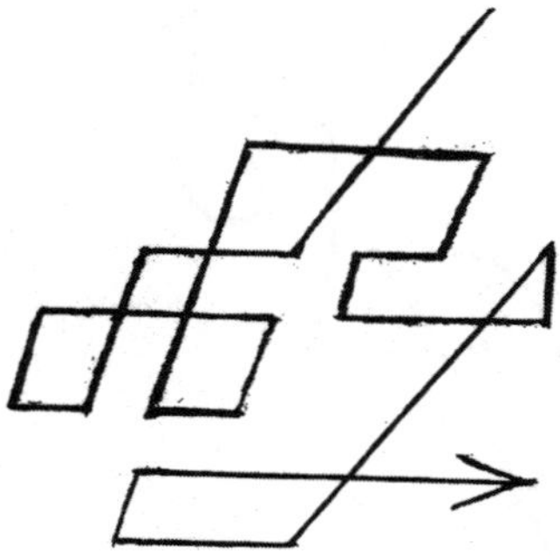

ISTAROTH (grün, 24° Waage)

SCHALNACH (rot, 22° Skorpion)

MASADUL (schwarz, 16° Steinbock)

PERESCH (braun, 1° Jungfrau)

ARIOTH (grün, 19° Waage)

JENURI (violett, 21° Wassermann)

HYRMIUS (braun, 26° Jungfrau)

DIMURGA (blau, 10° Schütze)

ECHAGIEL (blau, 20° Schütze)

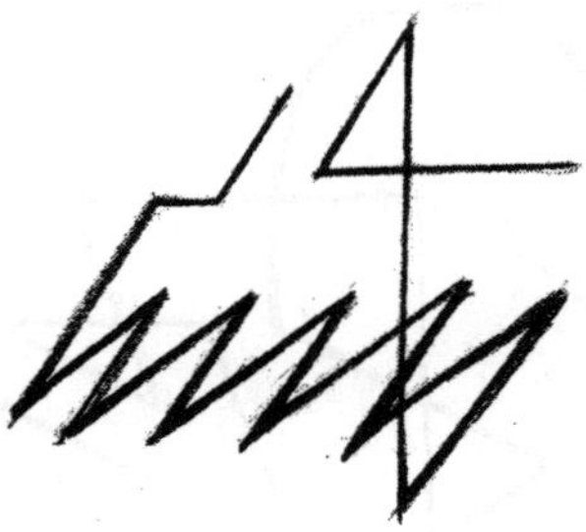

ZAGRION (braun, 6° Jungfrau)

PASCHAN (gold, 19° Löwe)

BUTAMA (grün, 9° Waage)

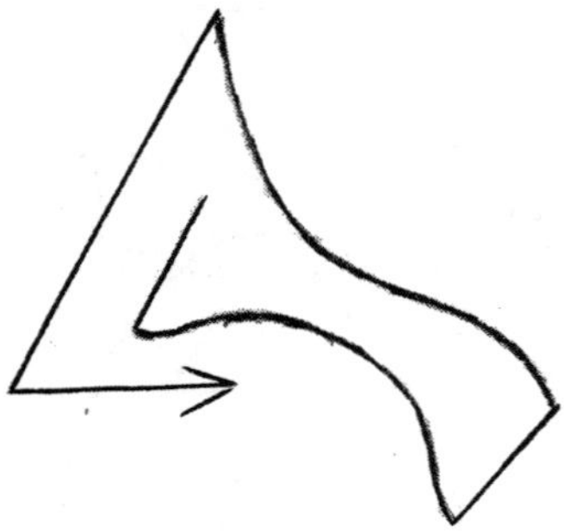

JUGOLA (rot, 28° Widder)

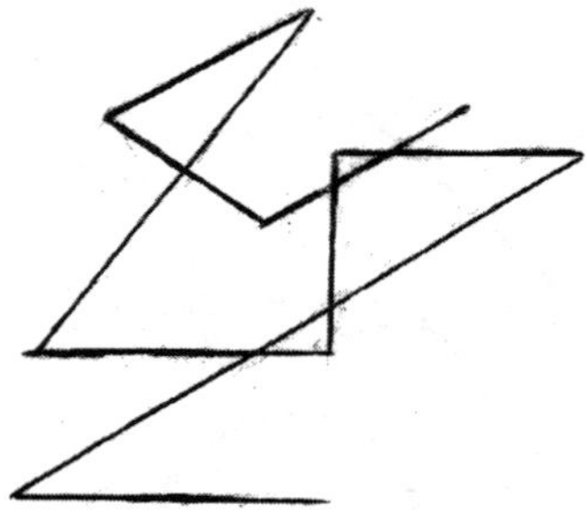

KILIOSA (schwarz, 27° Steinbock)

LAMALI (grün, 26° Waage)

Verzeichnis der Engel

WEITERE WERKE VON EMIL STEJNAR:

Die Bücher der „Magie und Mystik im 3. Jahrtausend“

umfassen 10 Bände (Ibera Verlag, Wien)

- DAS BUCH DER MEISTER UND SEINE ERBEN. Ein spannender Einweihungsroman aus der Welt der Magie, Freimaurerei und jenseitigen Mächte. ISBN 978-3-85052-245-8
- EXERZITIEN FÜR FREIMAURER. Instruktionen und Logenvorträge über Magie und Mystik. Einblicke in das wahre Wesen der Freimaurer-Tradition und in die geheime Magie der christlichen Mystik. ISBN 978-3-85052-246-5
- DIE VIER ELEMENTE. Der geheime Schlüssel zur geistigen Macht. Teil 1. Wie man seinen unsterblichen Lichtleib gestaltet. Teil 2. Wie man die geistigen Mächte beherrscht. 2008/ ISBN 978-3-85052-247-2
- AUSSERKÖRPERLICHE ERFAHRUNGEN. Wie man lernt, ohne seinen Körper zu leben. Erscheint 2008/ ISBN 978-3-85052-248-9
- MAGIE MIT ASTROLOGIE. Astrologie – der genetische Code von Geist und Seele und der Schlüssel zur geistigen Welt. Wie man sich, seinen Nächsten und die kosmischen Gezeiten erkennt und wie man die wirkenden Mächte zur Selbstgestaltung und zum erfolgreichen Handeln nützt. Erscheint 2008/ ISBN 978-3-85052-249-6
- FRANZ BARDON Wer war er? Was lehrt er? Wohin führt sein Weg? Tatsachen und Anekdoten um einen echten Eingeweihten. Erscheint 2008/ ISBN 978-3-85052-252-6
- DAS SCHUTZENGELBUCH. Wie erlangt man Kontakt mit den höheren Wesen? Die Genien der Erdgürtelzone, wie sie wirken und was man tun muss, damit sie einem helfen, das Schicksal zu erleichtern. ISBN 978-3-85052-251-9
- DER THEBAISCHE GENIENKALENDER. Die Gezeiten der Macht: Wann wirken welche geistigen Wesen und wie erreicht man sie. Erscheint 2008/ ISBN 978-3-85052-254-0
- DIÄTMAGIE: Schlank und fit mit Geistesmacht: Wie man sein Übergewicht, oder eine Sucht, in reine Lebenskraft verwandelt. ISBN 978-3-85052-250-2
- ANDY MO – Ein Erdgeist verzaubert die Welt. Ein Fantasy-Roman und trotzdem spannende reale Wirklichkeit. Eine Einführung in die Welt der Magie und Mystik. Für Kinder und Erwachsene. Erscheint 2008/ ISBN 978-3-85052-253-3

Die Bücher der „MAGIE UND MYSTIK IM 3. JAHRTAUSEND" bieten eine seriöse, umfassende Einführung in das Gesamtgebiet der Esoterik und Geisteswissenschaften. Jeder Band ist in sich abgeschlossen und behandelt jeweils ein wichtiges Thema. Gemeinsam ergeben die Instruktionen einen einzigartigen Lehrkurs der praktischen Magie und Mystik. Man lernt die Macht des Geistes kennen und nutzen. Die Erkenntnisse bieten daher auch im Alltag eine wertvolle Lebenshilfe und zeigen jedem, wie er sein Schicksal erfolgreich und glücklich gestalten kann.

Magie ist die Wissenschaft von der Arbeit mit dem Geist.

Es gibt nicht nur die Hierarchie der „guten Engel". Es existieren daneben auch die dunklen Mächte des Schattens. Wer sich mit den positiven Mächten verbindet, sollte auch über die Gefahren Bescheid wissen, die ihn aus der Welt des Bösen bedrohen können. Erst wenn du auch diese geheimen Zusammenhänge kennst, die zwischen den negativen Wesenheiten und der Menschenwelt bestehen, wirst du dein Schicksal ganz verstehen können und imstande sein, dich vollends aus dem Machtbereich des Schattens zu befreien. Das ist der Sinn des Daseins: seinen Geist und seine Seele so zu vervollkommnen, dass einem die Mächte des Schattens nichts mehr anhaben können. Wenn du dieses Buch bis hierher gelesen hast, dann hast du schon damit begonnen, dein wahres waches ICH selbst zu entfalten. Du bist bereits auf dem WEG.

Lies daher auch die Bücher der „MAGIE UND MYSTIK IM 3. JAHRTAUSEND". Sie werden dir nicht nur ein wertvoller Wegweiser für deinen irdischen Lebensweg sein, sondern als unentbehrlicher Lichtquell auch die verborgenen Welten jenseits des irdischen Daseins erhellen. Mit den Erkenntnissen aus diesen Werken wirst du ein neuer Mensch, ein glücklicher Wanderer zweier Welten sein.

„MAGIE UND MYSTIK IM 3. JAHRTAUSEND" ist in zehn Bänden zusammengefasst und beschreibt einen kompletten Einweihungsweg. Kein Guru, kein magischer Orden, keine Initiation kann dir das bieten, was du mit diesem Werk bekommen wirst. Was andere in teuren Seminaren versprechen, aber nicht halten, was du bisher vergeblich in seltenen alten Büchern und geheimen Manuskripten gesucht, aber nicht gefunden hast, in diesen Instruktionen wirst du es finden. Es sind Erkenntnisse, die dich und dein Leben verändern werden. Jeder Band ist in sich abgeschlossen, behandelt ein wichtiges Thema und wird dich eine Stufe höher führen.

„MAGIE UND MYSTIK IM 3. JAHRTAUSEND" beschreibt erstmals die geheimen Praktiken der gnostisch-hermetischen Tradition. Sie erhellt und erweitert den „Weg zum wahren Adepten", den Franz Bardon weist, und macht ihn für viele Suchende erst verständlich und begehbar. Es ist DEIN Weg. Es ist ein Weg, den du allein gehen kannst, auf dem du aber trotzdem nicht allein bist. Denn alle Leser werden in die unsichtbare geistige Gemeinschaft jener, die dem Weg bereits gefolgt sind, eingebunden, gestützt und geschützt.

Die Bücher der „MAGIE UND MYSTIK IM 3 JAHRTAUSEND" weisen einen Weg, den jeder gehen kann. Jeder Band ist in sich abgeschlossen und behandelt ein wichtiges Thema.

Nicht Geister werden beschworen, sondern die Macht des eigenen Geistes wird geweckt. Erkenntnisse werden enthüllt, die noch nie zuvor veröffentlicht wurden. Verborgene Zusammenhänge, die zwischen den geistigen Sphären und der Menschenwelt bestehen, werden aufgedeckt.

Die Bücher der „MAGIE UND MYSTIK IM 3. JAHRTAUSEND" bringen keine neue Weltverschwörungstheorie, sondern decken auf, was bisher nicht bekannt war: Die wirklichen Lenker dieses Planeten sind auf den feinstofflichen Ebenen zu suchen: Es sind Mächte aus dem Reich der unsichtbaren Hierarchie, welche die Geschicke der Menschheit bestimmen. Aber es gibt eine Möglichkeit, dass man sich aus diesem Machtbereich befreit.

Es wird erklärt, was sich wirklich im Bewusstsein der Menschen abspielt: dass nämlich die Gedanken, Vorstellungen und Gefühlsregungen, auf die sich das Bewusstsein stützt, die feinstofflichen Wesenszellen von Geist und Seele sind und dass die Götter und

Dämonen aus den gleichen Wesenszellen, die selber kleine Geister sind, bestehen.

Es wird gelehrt, wie man seine persönlichen geistigen und seelischen Wesenszellen kontrolliert und wie man dadurch auch den Einfluss der Götter und Dämonen, die über diese gemeinsamen Wesenszellen die Menschen und das irdische Geschehen beeinflussen, kontrollieren kann. Man bestimmt selbst über sein Schicksal und ist in der Lage, auch anderen ihr Schicksal zu erleichtern.

Das Besondere der neuen Erkenntnisse und Übungen ist daher nicht, dass man magische Macht erlangt, sondern dass man sich so verwandelt, dass man diese gar nicht mehr braucht. Im selben Maße, wie die Fähigkeiten, magisch zu wirken, wachsen, wird der Wunsch schwinden, die erlangten Fähigkeiten einzusetzen. Das ist ein Mysterium, das jeder erlebt, der den aufgezeigten Weg auch wirklich geht.

Er wird zu einem Meister und Priester der Geheimwissenschaft, dem auch der höchste Eingeweihte nichts mehr bieten kann. Er ist jetzt selbst in der Lage, anderen Menschen als geistiger Führer den Weg zu weisen.

DIE BÜCHER GEBEN EINE UMFASSENDE EINFÜHRUNG IN DAS GESAMTGEBIET DER ESOTERIK UND GEISTESWISSENSCHAFTEN UND SIND EIN EINZIGARTIGER LEHRKURS DER MAGIE UND MYSTIK.

* * *

Zum Buch:

DER THEBAISCHE GENIENKALENDER

Wer sich nicht nur theoretisch, sondern auch praktisch mit den Engeln beschäftigt und selbst mit ihnen in Kontakt treten will, für den gibt es als zusätzliche Hilfe zum „Schutzengelbuch" den „THEBAISCHEN GENIENKALENDER". Für die persönliche Verbindung mit einem bestimmten Engel ist der Kalender eine große Hilfe.

Einmal am Tag ist nämlich jeder Engel jedem Menschen ganz besonders nahe. Und wenn man ihn in dieser Zeit bewusst erwartet und ihm im Geist entgegengeht, kann man ihn nicht verfehlen. Dazu muss man jedoch im Voraus wissen, wann dieser Zeitpunkt seiner Nähe gekommen ist.

Der „THEBAISCHE GENIENKALENDER" ist ein immerwährender Kalender und ganz einfach zu handhaben. Man kann für jeden Tag des Jahres ablesen, um welche Zeit ein gewünschter Engel am besten zu erreichen ist. So wie die sichtbare Sonne jeden Morgen aufs neue im Osten aufgeht, bewegt sich scheinbar auch die unsichtbare Hierarchie der 360 Genien täglich einmal um die Erde. Alle vier Minuten geht ein neuer Grad der Ekliptik auf und vor jedem Grad steht eine geistige Intelligenz als „Vorsteher" dieses kosmischen Ortes. Jener Vorsteher, der gerade im Osten aufgeht, ist dem irdischen Geschehen besonders nahe und tritt in der Zeit seines Aufstiegs besonders mächtig in Erscheinung. In dieser Zeit ist die Nähe des Engels auch deutlicher als sonst zu spüren und man kann ihn auch leichter erreichen, als wenn er sich einem anderen Ort der Erde zuwendet.

Um sich die komplizierten Berechnungen zu ersparen, verwendeten schon die Tempelpriester im alten Ägypten den so genannten „THEBAISCHEN KALENDER". Emil Stejnar hatte Gelegenheit, diesen Kalender, den auch Franz Bardon gebrauchte, einzusehen und zu überprüfen. Da das Original einige Fehler aufwies, hat er den ganzen Kalender neu berechnet und stellt eine Kopie seines persönlichen Handbuches den Lesern des „Schutzengelbuches" zur Verfügung.

Im „THEBAISCHEN GENIENKALENDER" wird auch die Praxis der mystischen Invokation beschrieben. Das ist eine Technik, die nur wenigen Eingeweihten bekannt ist. Mit dieser Methode kann auch der, der keine magische Evokation im Sinne von Franz

Bardon plant, die positiven Eigenschaften eines Engels und die Qualitäten einer bestimmten Ebene direkt nutzen.

Man muss einen Engel nicht rufen, sondern kann sich selbst in seine Nähe versetzen, indem man sich mit seinem Wesen identifiziert. Durch meditative Zuwendung zur richtigen Zeit kann man die Eigenschaften der Genien in sich aufnehmen und realisieren. Man nützt ihre Gezeiten der Macht und bedient sich der lebendigen Wesenszellen, die aufgrund ihrer Nähe gerade vorherrschen. Wenn man bewusst zur richtigen Zeit in die Aura eines Engels eintaucht, kann man von seiner Nähe profitieren und sein eigenes Wesen entsprechend positiv verändern.

Wer sich zum Beispiel zur Zeit des Friedensengels FERMEBUS auf seine harmonische Schwingung einstellt, wird sich innerlich leichter entspannen und bald ausgeglichen fühlen und von dieser positiven friedlichen Stimmung noch eine Zeitlang getragen. Wer für eine Diät oder um mit dem Rauchen aufzuhören mehr Willenskraft braucht und sich zur richtigen Zeit auf IVAR konzentriert, wird von seiner Nähe für den ganzen Tag gestärkt und motiviert. Patienten, die sich zur Zeit des CARASCHI zu einer Meditation zurückziehen und sich bewusst auf seine Heilkraft konzentrieren, fühlen sich danach erfrischt, als hätten sie in Lebenskraft gebadet. Trost und Zuversicht findet man bei TRAPIS. Ausdauer und sportlichen Elan tankt man zur Zeit des LOCHATY. Liebreiz und Sympathie holt man sich von LOTOGIN oder RIGOLON. Eine bewusste Meditation zur Zeit der Nähe von MELAMOTH stärkt das Selbstbewusstsein und hebt die ganze Persönlichkeit.

Im THEBAISCHEN GENIENKALENDER sind die Namen aller 360 Genien angeführt und ein Index für die wichtigsten Anliegen lässt rasch den gesuchten Engel finden.

AUS DEM INHALT: Die 360 Vorsteher und die Gezeiten ihrer Macht. Jesus und die Genien, ein gnostisches Werk als Schlüssel zur Hermetik. Die Praxis der mystischen Invokation. Wie man einen ungewollten Pakt vermeidet. Vom richtigen Zeitpunkt. Die astrologischen Gezeiten nutzen. Tipps für die Praxis. Die drei großen Mysterien der geistigen Macht. Index für die Eigenschaften und Bereiche der Genien. Götter, Genien und Dämonen und die richtigen Namen der Macht. Die Namen der 360 Genien bei den verschiedenen Traditionen.

* * *

Zum Buch:

DAS BUCH DER MEISTER UND SEINE ERBEN.

Ein Einweihungsroman. Der Autor schildert in ungemein spannender Form die zum Teil auf Tatsachen beruhenden Abenteuer aus zwei Inkarnationen eines Eingeweihten und den Weg, den jeder, der wie dieser Meister den geheimen Anleitungen folgt, zu gehen hat:

In einer Wiener Freimaurerloge wird der Arzt Dr. Michael Stein in den Meistergrad erhoben. Während des geheimnisvollen Rituals erlebt er eine so genannte Seelenreise und wird dabei in die Zeit des 13. Jahrhunderts versetzt: Er ist Mönch und eingeweiht in die Mysterien der Templer. Und er ist dem Geheimnis von Baphomet auf der Spur. Wegen seiner spektakulären Heilerfolge wird er der Hexerei beschuldigt und auf dem Scheiterhaufen hingerichtet. Aber statt in den Flammen zu sterben, erwacht der Mönch im Logentempel, im Körper des Michael Stein. Erschüttert wird ihm bewusst, dass ihn seine Vergangenheit eingeholt hat. Er erinnert sich an seine Mission: An ihm liegt es, ob die Menschen noch zu retten sind, oder ob Baphomet und seine irdischen Handlanger siegen. Er muss die Truhe mit den Gegenständen der Macht und dem Buch der Meister, die er damals vor seinem Tod in einer Höhle versteckte, wieder finden. Maria, die fünfzehnjährige Tochter seines zwielichtigen Logenbruders Brandström, wird ihn auf seiner abenteuerlichen Suche begleiten. Dabei wird er sie, und mit ihr den Leser, in die Geheimnisse der Magie und Mystik einführen. Eine zarte jahrtausendalte Liebe verbindet die beiden, aber sie ahnen nichts von der Gefahr, die sie bedroht. Denn auch die irdischen Vertreter des Bösen, die Brüder des Schattens, sind hinter der Truhe her und werden die beiden gnadenlos verfolgen.

Wie begeisterte Leser des bisher nur einem kleinen Kreis zugänglichen Manuskripts versichern, ist es der bedeutendste und aufregendste „Fantasy“-Roman unserer Zeit. Höchste Erkenntnisse werden auf leicht verständliche Art erklärt und offengelegt. Allein die durch die Wortmagie übertragenen Bilder der geheimnisvollen, phantastischen Szenen hinterließen bei vielen Lesern einen solch nachhaltigen Eindruck, dass sich ihr ganzes Leben wandelte. Was sonst nur durch besondere Initiationsrituale bewirkt wird, bewirkt das Mysterium der Geschichte und bezieht den Leser in sein Mysterium ein.

Der Leser erlebt tatsächlich hautnah eine Initiation, also eine Bewusstsein verändernde Weihe, welche die Persönlichkeit verwandelt und das ganze weitere Leben in neue Bahnen lenkt. Man kann daher ohne zu übertreiben sagen, dass es sich bei diesem Buch um ein echtes magisches Buch handelt, das eine geistige Kraft in sich birgt, die Außergewöhnliches bewirkt. Der Leser wird beim Lesen selbst zum „Erben" vom BUCH DER MEISTER und zu einem Eingeweihten der geheimnisvollen gnostisch-hermetischen Tradition:

- Das Mysterium von Geist und Seele.
- Der persönliche Seelengarten, in dem man nach dem Tod erwacht.
- Wer sind die wahren Lenker des Geschehens auf diesem Planeten?
- Baphomet, der Herr der Welt, und die Fürsten der Macht.
- Die geheimen Oberen im Diesseits und im Jenseits.
- Wie man sich aus ihrem Machtbereich befreit.

Zum Buch:

EXERZITIEN FÜR FREIMAURER.

Sicher haben Sie sich schon gefragt: Wer bestimmt wirklich die Geschicke der Welt? Woher beziehen die Mächtigen ihre Macht? Wer schützt sie, wer stützt sie, wer gibt ihnen Kraft? Wieso haben manche Menschen immer Erfolg, während andere sich mühen und plagen und trotzdem nicht weiterkommen? Geht das mit rechten Dingen zu?

Die Antwort ist ja. Es gibt nämlich Mechanismen der Macht, die wertfrei sind und geistigen Gesetzen folgen. Wer diese Gesetze kennt, kann die dahinter wirkenden Mächte zu seinem Vorteil nützen. Seit Jahrtausenden pflegen Eingeweihte in ihren Traditionen dieses Wissen und geben es an geeignete Persönlichkeiten weiter. Nicht nur die Freimaurer, auch die katholische Kirche hat ihre Esoterik und den Schlüssel zu den Mysterien der Magie und Mystik.

Aber die Zeit der Geheimnisse ist vorbei. Dank der Exerzitien kann jeder Leser die Macht und Kraft des Geistes in sich erwecken und benützen. Der Zugang zu den Mysterien, welche die Handhabung der vier Elemente und den Umgang mit den Mächten der Götter lehren, steht heute jedem offen. Nachdem Franz Bardon mit seinen Werken den „Weg zum wahren Adepten" gewiesen hat, werden Stejnars Bücher diesen Weg erhellen und Stärke geben auf dem Weg zu einem wachbewussten ICH.

Aus dem Inhalt:

- Exerzitien für Freimaurer.
- Ritualmagie im Logentempel.
- Die Reisen durch die Elemente Feuer, Wasser, Luft und Erde.
- Wie man die Macht und Kraft der Elemente in sich erweckt.
- Das Mysterium der vier Elemente.
- Die Kybernetik des Bewusstseins.
- Die geheime Macht der christlichen Mystik.
- Die magische Schulung der Jesuiten.
- Wie man sich selbst und andere beherrscht.
- Wie sich überdurchschnittliche Begabungen entwickeln.
- Wie sich übernatürliche Fähigkeiten entfalten.
- Wie man sein inneres Gleichgewicht erlangt.
- Das Geheimnis des Erfolgs.
- Die Grundlagen der gnostisch-hermetischen Tradition.
- Magie und Mystik im 3. Jahrtausend.
- Die Arbeit mit dem Geist: 50 Jahre praktische Erfahrung mit Magie.

Was bisher über die Freimaurer an die Öffentlichkeit drang, sind Verschwörungstheorien und Gerüchte, die der Realität in keiner Weise entsprechen. Das wahre Geheimnis der Freimaurerei ist nur wenigen bekannt. Es ist die Praxis der Magie und Mystik, die im Ritual und im richtigen Gebrauch der Symbole enthalten ist. Dieses Buch gibt erstmals Einblicke in diese verborgene Seite der Logen und Ordensgemeinschaften. Stejnar beschreibt erstmals den Geist, der die Menschen im Tempel bewegt.

Zum Buch:

DIE VIER ELEMENTE. DER GEHEIME SCHLÜSSEL ZUR GEISTIGEN MACHT

Geist und Seele sind kein nebuloses Lichtgespinst, sondern bestehen, so wie der grobstoffliche Körper, aus Gliedern, Organen und geistigen Wesenszellen. Diese Wesenszellen des Geistes sind selber kleine Geister, die man beherrschen muss, wenn man die Welt des Geistes und die Geister beherrschen will. Nur wer seinen eigenen Geist, seine Gedanken, Gefühle und Emotionen – also die Wesensgeister, aus denen er besteht –, beherrscht, beherrscht auch den Geist der Götter, Genien und Dämonen.

Die gnostische Hermetik beschreibt, wie man die Energie dafür gewinnt. Sie kennt verschiedene Techniken, mit denen man seine Triebe und Emotionen in reine Geisteskraft verwandelt und sein Bewusstsein so weit festigt, dass man es über alle sichtbaren und unsichtbaren Schranken erhebt und auch im Tod nicht verliert. Sie zeigt, wie man seine Schwächen in Stärken verwandelt.

Das wahre Ziel ist aber nicht, mit magischer Macht die Welt oder die Geister zu beherrschen, sondern sich zu wandeln, dass einen umgekehrt die Welt und die Geister nicht mehr beherrschen können. Das wird dank der besonderen Geist- und Seelenschulung auch erreicht. Der gnostische Hermetiker zieht sich dazu nicht stundenlang zurück, um sich zu versenken oder zu meditieren, sondern nützt ganz bewusst den Alltag als Schulung für seinen Geist. Nicht Trance, sondern Wachsein wird angestrebt.

- Wie man seinen unsterblichen Lichtleib gestaltet
- Wie man die geistigen Mächte beherrscht
- Magie im Alltag: die Magie des Denkens, des Wünschens und Verwünschens und die „schwarze" Magie der Angst.
- Die Magie der Hilfsgeister: „Der Kyilkhor und der Geist in der Flasche".
- Alchemie: Die geheime Praxis der alchemistischen Transformation. Wie man im Diesseits das Gold für das Jenseits schürft.
- Die Magie der Bücher und der Wortmagie: die Sprache magisch verwenden. Jedes Wort ist ein wirkendes Wesen.
- Quabbalah: Die Formelmagie nach Franz Bardon für die Praxis.
- Logenmagie: DAS RITUAL DER HERMETISCHEN VIER. Dieses Ritual gibt Zugang zur Macht und Kraft der vier Elemente. Damit haben auch Suchende, die sich nicht durch Eide binden lassen wollen, Zugang zu einer Ritualmagie, die bisher nur Mitgliedern von Logen und Orden vorbehalten war. Das Ritual ist nicht nur für Tempelarbeiten in einer Loge vorgesehen. Man kann damit auch allein arbeiten, um sein inneres elementares Gleichgewicht zu erlangen.
- Mystik: Das „Ritual der Klosterpforte" öffnen jedem das Tor zu einem inneren Kloster, das er jederzeit betreten und verlassen kann und das ihn in den Geist der weltweiten Gemeinschaft aller in klösterlicher Zurückgezogenheit lebenden Brüder und Schwestern einbindet, ohne dass er der Welt entsagen muss.
- Nach dem Tod: erwacht man nicht in einem „Jenseits", sondern

zuerst in seinem ganz persönlichen „Seelengarten", in dem das Innere, die Gedanken und Gefühle, zur Umwelt werden. Nur wer darauf vorbereitet ist, kann sein Bewusstsein bewahren.

Priesterschule und Lebenshilfe: Das Buch versetzt den Leser in die Lage, auch anderen mit der Kraft des Geistes zu helfen. Die Erkenntnisse waren ursprünglich nur für Priester und Eingeweihte zur Ausbildung ihrer Nachfolger vorgesehen. Wer dem Weg folgt, ist befähigt, Suchenden den Weg zum Licht und zu sich selbst zu weisen.

Zum Buch:

AUSSERKÖRPERLICHE ERFAHRUNGEN. WIE MAN LERNT, OHNE SEINEN KÖRPER ZU LEBEN.

Es gehört zu den beeindruckendsten Erfahrungen und ist einer der Höhepunkte auf dem hermetischen Weg, sich außerhalb seines Körpers zu erleben. Selbst erhabenste geistige Erkenntnisse bleiben Theorie, solange man seine eigene geistige Beschaffenheit noch nicht hautnah empfunden hat.

In den alten Tempelschulen gehörte daher dieses Erlebnis zur ersten Lektion, die dem Neophyten bei seiner Initiation erteilt wurde. „Magie und Mystik im 3. Jahrtausend" folgt wieder dieser alten Tradition und weiht interessierte Schüler in das Geheimnis des Astralwanderns ein. Es wird dazu eine ganz neue Technik verwendet, die es jedem sehr rasch ermöglicht, seinen Körper zu verlassen. Bereits die Vorübungen und ersten Versuche zum Wandern geben Einblicke in ein völlig neues Dasein und bilden feinstoffliche Wesenszellen aus, die nicht nur für das Bewusstsein im außerkörperlichen Zustand, sondern auch für das bewusste Leben nach dem Tod unentbehrlich sind.

Die zwölf Schritte, die das Bewusstsein erheben und vom Körper befreien:

- Wachsein im Alltag, Wachsein im Traum
- Der Traumkörper als Bewusstseinsträger
- Wie man das Traum-Bewusstsein schult
- Richtig einschlafen
- Wie man lernt, im Traum zu erwachen
- Der luzide Traum als Startrampe für Mentalreisen

- Flugträume als Starthilfe
- Das Geheimnis vom fliegenden Teppich
- Im Grenzland der Träume – In fremden Seelengärten
- So kann jeder seinen Körper verlassen
- Die Traumwelt als Ort für Begegnungen mit dem Tod

Bisher versenkte man sich in seinen Körper, versetzte sich in Trance und erwartete, dass man sich bewusst aus diesem erhebt. In der Regel funktioniert das aber nicht. Das ist, als wollte ein Astronaut gleich vor seinem Haus mit seinem Auto zum Mond starten.

Zukünftige Raumflüge werden aus einer Umlaufbahn um die Erde beginnen und die beste Startrampe für Astralreisen findet man auf der Traumebene. Sobald man auf dieser erwacht, also luzid träumt, kann man sich von seinem Körper lösen.

Gezielte Geistesforschung hat gezeigt, nicht Trance sondern Wachsein ist die Voraussetzung für Astralreisen. Die besten Bedingungen dazu findet man in der Welt der Träume, da ist das Feinstoffliche schon etwas vom Grobstofflichen gelöst und man kann seinen Körper leichter verlassen. Aus einem Wachtraum heraus ist das viel einfacher als aus dem reduzierten Bewusstseinszustand in Trance. Luzides Träumen kann man lernen. Es gibt eine einfache Technik, mit der man diese Fähigkeit entwickelt.

Die Traumwelt ist auch ein Ort für Begegnungen mit den Toten. Aber heraus aus dem Körper bedeutet nicht zugleich hinein in eine andere Welt. Der Bewusstseinszustand, in dem man sich dabei befindet, lässt einem zwar das, was man erlebt, als absolute Realität erscheinen, aber nicht alles entspricht tatsächlich der Wirklichkeit. In die geschaute Landschaft können sich Phantasien, eigene und die von anderen Lebenden und Verstorbenen, drängen. Auch dafür gibt es eine Wegleitung, sich in diesen verworrenen Welten besser zu orientieren und die besondere Symbolik, die der Geist zwischen den Ebenen verwendet, richtig zu begreifen. Wer seine Situation erfasst und die Symbolsprache versteht, gewinnt im Traum bessere Einblicke in andere Ebenen als durch Beschwörungen, mediale Botschaften oder Experimente in Trance.

Zum Buch:

MAGIE MIT ASTROLOGIE.
Astrologie – der genetische Code von Geist und Seele.

Der Autor war vier Jahrzehnte lang astrologischer Lebensberater. Er beschreibt nicht nur den Zugang zur klassischen Astrologie, sondern eröffnet auch völlig neue Erkenntnisse. Verborgene, bisher unbekannte Zusammenhänge, die zwischen den geistigen Ebenen und der Menschwelt bestehen, werden erstmals offengelegt:

Ein Horoskop ist ein Magischer Spiegel. Die Planetenpositionen markieren die geistigen Glieder und Sinnesorgane und bestimmen deren Funktionstüchtigkeit und Qualität. Die täglichen Transite zeigen an, wann welcher „Geist“ eine Menschenseele berührt und welche Seelenorgane er aktiviert, reizt oder blockiert. Jede astrologische Konstellation ist eine konkrete Berührung und Begegnung mit einer geistigen Macht in Form wesenhafter Planetenintelligenz.

Aber nicht nur die Planetengenien, auch die anderen „Engel und Dämonen“ können bei bestimmten Konstellationen auf die Menschen einwirken. Wer diese Zeiten der Nähe und Befruchtung bewusst in sein Leben integriert, dem bieten sich ungeahnte Möglichkeiten, mit denen er sich und seinen Lebensweg besser gestalten kann. Diese Erkenntnis rückt die Astrologie in ein ganz neues Licht und gibt ihr einen neuen Stellenwert.

Die astrologischen Einflüsse sind nämlich keine Einbahnstraße. Wer die kosmischen Gezeiten kennt, weiß auch, wann er selbst Zugang zu bestimmten Mächten hat. Er kann sich vor unerwünschten Einflüssen schützen und die positiven Kräfte für seine Vorhaben nützen. Und er kann damit auch auf andere Menschen einwirken. Denn so wie die Schicksalsmächte immer nur zu astrologisch möglichen Zeiten entsprechende Eingriffe im Leben eines Menschen vornehmen können, kann man selbst, wenn man die kosmischen Qualitäten und die Einfallstore eines Menschen kennt, diese persönlichen Gezeiten nützen. Mit Hilfe der Astrologie vermag man auch selbst Eingriffe im Schicksalsverlauf vornehmen. Diese „Magie“ wurde bisher noch nie beschrieben.

Die Magie mit Astrologie ist keine Magie im klassischen Sinn und doch erscheint es manchmal wie ein Wunder, wenn sich Wünsche erfüllen und Schicksalsfragen lösen lassen, weil man bestimmte geistige Mechanismen beachtet. Es werden keine Geister beschworen, sondern der eigene Geist wird gestärkt und aktiviert. Wer seine Zeit und die Gezeiten der Genien kennt, kann die Qualitäten der Intelligenzen direkt nützen. Die „Magie mit Astrologie" bietet weitaus einfachere Möglichkeiten, sich kosmischer Mächte zu bedienen, als die aufwendige Zeremonial- oder Evokationsmagie.

Die neue Astrologie entschlüsselt sowohl den genetische Code von Geist und Seele als auch den Schaltplan der Schicksalsgenien. Kennt man die Gezeiten der Macht, kann man das Gewebe des Schicksals durchschauen und die Schicksalsmächte überwinden.

Dank einer besonderen Technik lernt auch der Laie sehr rasch die Grundregeln der Astrologie zu verstehen. Der Anfänger wird erstaunt sein, wie einfach es ist, ein Horoskop zu begreifen. Und der erfahrene Astrologe wird mit den neuen Erkenntnissen, zu denen er aufgrund der gnostisch-hermetischen Sichtweise gelangt, neue Möglichkeiten für seine astrologischen Analysen finden. Selbst Skeptiker werden mit diesen Erklärungen verstehen, worum es in der Astrologie wirklich geht, und ihre Vorurteile überdenken. Die neue Astrologie dient nicht dazu, dass man fragt, was das Schicksal bringt, sondern dass man weiß, wann man handeln soll, damit das, was man plant, gelingt und sich das, was man befürchtet, nicht ereignet.

Zum Buch:

FRANZ BARDON:
Wer war er? Was lehrte er? Wohin führt sein Weg? Tatsachen und Anekdoten um einen Eingeweihten.

Franz Bardon war sicher die bedeutendste Persönlichkeit auf dem Gebiet der Hermetik. Er hat mit seinen Werken die Geisteswissenschaften für die nächsten Jahrhunderte geprägt und die Grundlage für die Magie und Mystik des 3. Jahrtausends geschaffen.

Aber auch wer sich nicht mit Magie beschäftigt, kann nach den Anleitungen von Franz Bardon erfolgreich sein Leben, seinen Geist und seine Seele zum Besseren gestalten. Wenn man, wie in diesem Buch noch erklärt wird, seine Ausführungen in den Alltag integriert, wird der Weg, den Bardon beschreibt, zu einer praktischen Lebenshilfe. Das eigentliche Ziel ist nämlich nicht, magische Macht zu erlangen, sondern die Geist- und Seelenschulung. Es geht um Geisteskraft, damit man das Leben, sowohl im Diesseits als auch im Jenseits, besser meistern kann.

Dieses Buch ist ein Wegweiser auf Bardons „Weg zum wahren Adepten“. Es werden Fragen, die immer wieder auftauchen, beantwortet, der Weg wird erhellt und Unklarheiten über Franz Bardon werden richtig gestellt.

- Das war Franz Bardon: Zeitzeugen erzählen.
- Auszüge aus Briefen von Franz Bardons Witwe.
- Wer war er, was lehrte er und wohin führt sein Weg?
- Gab es die Loge des FOGC und wer ist Baphomet?
- Wie schafft man den Weg, den Franz Bardon beschreibt?
- Bardon und die Dämonen, die Freimaurer und die Alchemie.
- Persönliche Briefe an Freunde über Bardons Magie und Mystik.
- Sättler, Quintscher, Bardon, Stejnar.
- Erlebnisse aus der eigenen Praxis und Ratschläge für den Weg.

Mit diesem Buch erhält der Leser noch etwas ganz Besonderes. Eine einzigartig Ikone: DIE SONNE DES FRABATO. Es ist ein Bild, das Franz Bardon seinen Schülern und Patienten als ganz persönliches Amulett schenkte und sie auf diese Weise in seine Kraft mit einbezog. Dieses Bild stellt Bardons Leitgedanken als vierfarbiges Mandala dar:

DAS GÖTTLICHE OFFENBART SICH WIE EINE EWIGE SONNE. DIE SONNE DURCHBRICHT DIE WOLKEN. DAS LICHT SIEGT ÜBER DIE FINSTERNIS.

Bardon machte dieses Mysterium zu seinem persönlichen Logo und verwendete das Symbol der Sonne in Verbindung mit dem Schriftzug FRABATO auch für magische Zwecke. Er verschenkte dieses Bild, das im Original cirka dreieinhalb mal sechs Zentimeter misst, an seine Freunde und Patienten als Amulett. Dieses von positiven Kräften durchdrungene Mandala, das bisher noch nie veröffentlicht wurde und nach Bardons Ableben nur ganz wenigen Freunden zugänglich war, wurde mit Einwilligung von Franz Bardons Tochter an den Beginn des Buches gestellt. Es wird wie ein Fenster in seine Sphären wirken und seinen Lesern den Weg zum wahren Adepten erhellen, und es wird Stärke geben auf diesem Weg zu einem wachbewussten ICH.

Zum Buch:

DIÄTMAGIE – SCHLANK UND FIT DURCH GEISTESKRAFT

Abnehmen ist in der Regel gar nicht so schwierig. Das Problem für die meisten Übergewichtigen ist, das reduzierte Gewicht auch zu halten. Denn bekanntlich nimmt man sehr bald, zumeist sogar mehr, als man vorher hatte, wieder zu.

Dabei gibt es eine einfache Technik, mit der man diesem Jo-Jo-Effekt ein Schnippchen schlägt. Man kann dieses Phänomen überlisten, indem man den Mechanismus seines Thermostatgewichts nützt. Die DIÄTMAGIE verrät nicht nur die praktischen Tricks der Mentaldiät, mit denen man noch leichter seine überschüssigen Pfunde verliert, sondern auch eine wirksame Technik, mit der man den Jo-Jo-Effekt vermeidet und sein Idealgewicht auch halten kann. Es handelt sich dabei um völlig neue sensationelle Erkenntnisse, ganz einfache Methoden, die jeder befolgen kann und trotzdem wie ein Wunder wirken.

Kostenlos mit dem Buch erhält der Leser auch eine HYPNO-SCHEIBE. Mit diesem geheimnisvoll pulsierenden Mandala kann man sich in eine Art Selbsthypnose versetzen. In diesem besonderen Bewusstseinszustand gelingt es Ihnen, Ihr Unterbewusstsein so zu programmieren, dass Ihnen Essen, Naschen, Trinken, Rauchen ganz gleichgültig wird und Sie, statt Entzugsprobleme Freude am Leben gewinnen. Mit dieser Technik, die mit den speziellen Psychoformeln auch ohne Trance gelingt, wird die Gewichtsreduktion für Sie sogar zu einem erfrischenden Geistessport.

Vermutlich haben auch Sie bereits viele verschiedene Diäten hinter sich. Sie sind also bestimmt nicht willensschwach, sondern immer nur falsch vorgegangen. Mit Hilfe der DIÄTMAGIE werden auch Sie es endlich schaffen, Ihr Übergewicht zu reduzieren und Ihr Idealgewicht zu halten. Aber nicht nur das. Die Sucht, die Sie jetzt nicht beherrschen, wird sich in reinen Willen wandeln. Sie gewinnen Vitalität und Lebenskraft. Sie werden mit der Diätmagie ein neuer Mensch.

AUS DEM INHALT: Die Diätmagie. Worauf Sie achten müssen. Die drei Hilfsmittel. Die drei Fehler. Die richtige geistige Einstellung. Es wird nur wenige Stunden gefastet. Wunschgewicht – Alarmgewicht – und Höchstgewicht. Ganz ohne Gewichtskontrolle geht es nicht. Aber es gibt den Trick mit dem Thermostatgewicht. Wer den kennt, hat den Schlüssel zu seinem Idealgewicht und damit sein Gewichtsproblem für alle Zeiten gelöst. So schlagen Sie dem Jo-Jo-Effekt ein Schnippchen: Sie müssen nur die drei Gewichtsmechanismen kennen, beachten und nützen: 1. den Spareffekt, 2. den Gewöhnungsfaktor und 3. den Verzögerungsmechanismus. Wer weiß, wie man diese komplexen psychophysischen Schaltungen mit der Verwirrtaktik durcheinanderbringt, kann essen, was er will, und wird nie wieder mit Gewichtsproblemen zu kämpfen haben. Vernünftiger essen. Die Macht der Gewohnheit brechen. Wie man die Naschsucht besiegt. Verdauungsbeschwerden? Heißhunger? Problem Alkohol? Schluss mit Rauchen. Schluss mit Naschen. Schluss mit jeder Form von Sucht. Weniger essen und mehr verbrennen, wie man das schafft. Unsportlich? Wie man sich trotzdem mehr bewegen kann. Zu schwach? Es geht auch ohne Bewegung: richtig strecken und spannen wirkt genauso gut. Wiener Schlenkern statt Nordic Walking, die neue Form der entspannten Bewegung zur Gewichtsreduktion. Wie wird man in der Regel dick? Wertvolle Tipps und Tricks aus der Praxis der Leser. Ein Rückschlag – was tun? Richtig Schlemmen schadet nicht. Diätmagie: Mit der Engelhilfe fasten. Die verborgenen Kraftquellen. Gedanken als Hilfsgeister. Das Geheimnis von Glück, Erfolg und Lebenskraft. Geist- und Seelennahrung. Wie man die Geisteskraft verstärkt. So wandelt man eine Sucht in Willenskraft. Freude am Fasten und essen mit Genuss. Diätmagie, das Ziel: Mehr Geisteskraft und Menschenwürde.

Zum Buch:

ANDY MO: EIN ERDGEIST VERZAUBERT DIE WELT

Das Buch soll Kinder und Jugendliche auf verständliche Weise in die Welt der Magie und Mystik einführen. Oder besser gesagt, wieder von ihr weg. Denn es ist zu befürchten, dass Millionen junge Harry-Potter-Leser, wenn man sie nicht aufklärt, die gefährlichen Praktiken aus dem Internet versuchen, oder bei einer der vielen „magischen“ Gruppen und okkulten Sekten landen. Nur Aufklärung kann das verhindern. Es gibt auch eine seriöse Welt der Esoterik.

Das spannende Buch ist zwar für Kinder und Jugendliche geschrieben, aber auch Erwachsene werden die Geschichte mit Vergnügen lesen. In dem Buch wird erklärt: Magie ist kein Zauber, mit dem man sich das Leben erleichtert oder Geister beschwört. Magie ist die systematische Schulung von Geist und Seele. Dazu braucht man keine Zauberformeln oder magischen Rituale. Schon wer die Regeln des positiven Denkens praktiziert, ist ein Magier, der seine Zukunft auf geheimnisvolle Weise nach seinen Vorstellungen gestalten kann. Jeder Gedanke kann als Hilfsgeist dienen. Gedanken können aber auch zu Dämonen entarten. Deshalb ist es wichtig, dass man seine Gedanken beherrscht. Und genau das ist das Ziel jeder wahren magischen Schulung. Wer seine Gedanken kontrolliert und sich selbst beherrscht, herrscht auch über die unsichtbaren Mächte.

Das ganze ist in eine spannende Geschichte verpackt. ANDY MO ist ein junger Erdgeist, der sich in die Menschenwelt wagt, um dort seinen verschollenen Vater, den Gnomenkönig Andimo, zu suchen. Baphomet, der Herr der Welt, hält ihn irgendwo gefangen. Er will verhindern, dass der alte König das Dokument der „Formel des Nichts“ findet und den Menschen das Geheimnis verrät, wie sie sich aus dem Machtbereich des Bösen befreien können. Andy Mo bleibt nicht viel Zeit für die Suche, denn wenn ein Geist zu lange bei den Menschen aufhält, kann er nicht mehr in seine geistige Heimat zurückkehren. Andy Mo muss zuerst lernen, wie man sich mit den Menschen verständigt und ihnen sichtbar erscheint. Zum Glück findet er gleichaltrige Freude, die an Geister glauben und ihn sehen können. Sie sind ihm bei der Suche nach seinem Vater behilflich. Dafür hilft er ihnen mit seinen magischen Fähigkeiten und weiht sie nach und nach in die Geheimnisse der Magie ein.

Da Andy Mo für die meisten Menschen unsichtbar ist, gibt es immer wieder Überraschungen und lustige Situationen, wenn er mit seinen magischen Fähigkeiten den Schwächeren zur Seite steht. Aber nicht immer hilft sein Zauber. Es sind nicht Dämonen, sondern ganz normale Menschen, die sich ihm in den Weg stellen. Die Handlanger Baphomets, zum Teil scheinbar seriöse, zum Teil kriminelle Personen, verschonen auch seine Freunde und ihre Familien nicht. Als sich Andy Mo in Miri Li, ein Mädchen aus der Gruppe, verliebt und gerne auch wie die Menschen werden würde, sieht es so aus, als habe Baphomet gesiegt. Probleme tauchen auf, die ganze Welt scheint sich gegen den Erdgeist und seine Freunde zu verschwören. Es wird ein Wettlauf mit der Zeit und ein Kampf gegen die Mächte des Bösen. Wird es Andy Mo und den Freunden gelingen, den König zu finden und zu befreien, kann er seine Mission, die Menschen aufzuklären, erfüllen, oder wird am Ende doch das Böse siegen?

www.ibera.at